의학·과학 편 　질병·인체·유해물질

차이나는 클라스

JTBC 〈차이나는 클라스〉 제작팀 지음

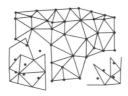

중앙books

뉴 노멀 시대에도
'차클'의 차이는 계속됩니다

우리 모두 이전에 한 번도 겪어보지 못한 세상을 살고 있습니다. 흡사 속옷인 양 이제 마스크를 걸치지 않곤 민망해서 집 밖으로 한 발짝 내딛기도 어렵습니다. 반가운 이를 만나면 저도 몰래 내밀던 손을 멋쩍게 도로 거둬들이기 일쑤입니다. 매일 매순간 하고 싶은 것과 할 수 있는 것을 저울질하며 참고 견딤에 익숙해져 갑니다. 사람과 사람 사이 멀어진 거리, 그만큼 늘어난 나만의 시간을 채울 거리가 새로운 고민입니다.

코로나-19가 불러온 '뉴 노멀'은 언론과 방송에도 크나큰 도전입니다. 어떻게 하면 안전을 지키면서 취재를 하고 녹화를 할 수 있을지 날마다 궁리하고 토론합니다. 방역에 힘쓰는 것 못지않게 바이러스 대유행을 틈타 기승을 부리는 비과학적 정보의 홍수에 맞서는 것 또한 버거운 숙제입니다. 세계 최강국의 지도자가 대놓고 "독감보다 못한 코로나"를 외치는 탈(脫)진실(post-truth)의 시대, 팩트와 합리는 더 이상 대중의 신뢰를 얻는 충분조건이 되지 못합니다.

지난 3년 동안 우리 사회가 마주한 뜨거운 이슈들에 대해 끊임없이 질문을 던지고 답을 찾아온 〈차이나는 클라스-질문 있습니다(이하 '차클'로 줄임)〉 역시 동일한 문제에 직면해 있습니다. 비슷비슷한 프로그램의 범람에도 오랜 시간 꿋꿋이 제자리를 지켜왔다는 자부심만으론 버티기 어려운 환경입니다. 그럼에도 차클은 변함 없이 차클의 길을 가보려고 합니다. 그럴싸한 말과 그림으로 시청자의 눈과 귀를 현혹하는 대신, 확실하게 차이 나는 콘텐츠로 믿음을 얻기 위해 노력하겠습니다. "When they go low, we go high(그들이 저급하게 굴어도 우리는 품위를 지키자)." 몇 년 전 미셸 오바마가 거짓과 혐오로 점철된 미국 선거판에 내놨던 메시지를 거듭거듭 곱씹게 되는 요즈음입니다.

너나 없이 코로나가 심화시킨 가치관의 난맥상에 지쳐가는 지금, 차클이 때마침 선보이는 다섯 번째 책의 주제는 바로 의학과 과학입니다. 잘못된 정보에 대한 맹신이 나와 남의 삶을 송두리째 뒤흔들 수 있다는 걸 절감하는 이 시기에 꼭 한 번 짚어봐야 할 분야가 아닐까 합니다. 잠시 TV 화면으로 일별한 것만으론 못내 아쉬웠던 국내 최고 전문가들의 귀한 강연과 메시지를 두고두고 되새길 수 있도록 잘 간추려 담아봤습니다.

먼저 1부에선 우리의 건강을 위협하는 대표적 요인들을 집중 해부하는 네 분의 강연을 글로 만날 수 있습니다. 국내 감염학계의 권위자인 김우주 고려대 교수가 코로나-19를 비롯해 인류 건강의 적 바이러스의 실체를 낱낱이 소개하고 이에 맞서 싸울 수 있는 해법도 제시합니다. 또한 종양내과 전문의인 강진형 가톨릭대 교수는 DNA의 배신으로 암이 발생하는 과정과 예방법 및 치료법을 자세히 알려드립니다. 그런가 하면 세계적인 나노 독성학자 박은정 경희대 교수와 계명찬 한양대 생명과학과 교수는 각각 나노 물질과 환경 호르몬이 편리함을 추구하는 현대인들의 일상생활 곳곳에 스며들어 각종 질환을 일으키는 위험한 실태를 경고합니다. 더불어 이들 물질로부터 어떻게 우리 몸을 지킬 수 있는지 현명하게 대처하는 법도 가르쳐 드립니다.

이어지는 2부에선 우리 몸을 둘러싼 흥미로운 과학의 세계로 인도하는 네 분의 강연이 글로 펼쳐집니다. 우선 뇌과학 분야의 대가인 강봉균 서울대 교수가 신비한 뇌의 작동 원리와 기억의 메커니즘을 알기 쉽게 설명해드립니다. 미생물학자인 천종식 서울대 교수는 인간의 몸속에 살고 있는 세균이 건강에 어떤 영향을 미치는지, 이른바 '마이크로바이옴'의 중요성을 설파합니다. 한편 현직 병원장인 박종훈 고려대 교수는 사람을 살려야 할 병원에서 왜 반복적으로 의료 사고가 일어나는지, 어떻게 하면 치명적 사고를 막을 수 있는지를 진솔하게 밝혀드립니다. 마지막으로 국립과학수사연구원 초대 원장을 지낸 정희선

성균관대 교수가 최첨단 과학 기술을 활용해 범죄의 가해자를 밝혀내고 피해자의 억울함을 풀어주는 과학 수사의 세계로 안내합니다.

부디 이번 책을 통해서 방송 그 이상의 차클을 경험하시길 바랍니다. 필자를 비롯한 제작진은 앞으로도 차클의 차이 나는 클라스가 계속되도록 최선을 다하겠다는 약속을 드립니다. 모든 분들의 건강과 안녕을 진심으로 기원합니다.

신예리 JTBC 보도제작국장

Contents

004 책을 시작하며 뉴 노멀 시대에도 '차클'의 차이는 계속됩니다
_신예리 JTBC 보도제작국장

Part 1

현미경 속 적들이
인간의 미래를 위협하다

012 김우주 바이러스 vs 인간, 전쟁의 승자는?

048 강진형 DNA의 배신, 암

082 박은정 두 얼굴의 나노, 약인가 독인가

116 계명찬 환경 호르몬, 누구냐 넌?

Part 2

과학, 생명의 시작과
끝을 탐구하다

152 강봉균 우리는 어떻게 기억하는가

182 천종식 당신은 미생물과 함께 잘 살고 있습니까?

218 박종훈 병원은 환자를 살리는 곳인가

254 정희선 진실을 밝히는 과학의 힘

278 〈차이나는 클라스〉를 만들어가는 사람들

Part 1

현미경 속 적들이
인간의 미래를 위협하다

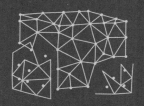

바이러스 vs 인간, 전쟁의 승자는?

김우주

신종 감염병을 파헤치는 감염내과 전문의로 사스, 조류 독감(AI), 신종 플루, 메르스 등 국가적인 감염병 위기마다 방역을 진두지휘한 감염병 전문가다. 전 메르스 대응 민관합동 공동위원장, 전 신종 인플루엔자 범부처 사업단 단장, 전 대한감염학회 이사장을 역임했으며 현재 고려대 의대 구로병원 교수로 재직 중이다.

바이러스는 정복할 수 있는가

"세계보건기구는 1980년도에 공식적으로 천연두가 지구상에서 사라졌다고 발표했습니다. 백신이 있었기에 가능한 일이죠. 인류를 위협하는 감염병을 의학의 발전으로 많이 정복한 것 같지만 아직도 많은 신종 감염병에 대한 백신이나 치료제가 나오지 않았습니다. 투자도 많이 해야 되고 노력도 많이 해야 하는 부분입니다."

•••

차클 2020년은 전 세계적으로 코로나 바이러스 감염증-19(이하 코로나-19)가 유행을 하면서 팬데믹이 선포되는 등 이전에 경험하지 못한 위기를 겪고 있는데요. 최전선인 병원 내 분위기는 어떤가요?

김 아시다시피 코로나-19 환자가 급증하고 이로 인해 돌아가신 분도 상당히 많죠. 최전선에서 환자들을 안전하게 진료해야 되기 때문에 의료인들은 매일이 긴장의 연속입니다.

차클 요즘 단톡방이나 온라인 게시판을 보면 코로나-19 관련 정보들이 어마어마하게 많이 돌아다니거든요. 진위를 알 수 없는 가짜 뉴스도 마구 쏟아져서 더 혼란스러운 것 같아요.

김 2003년에 사스(중증급성호흡기증후군, SARS), 6년 뒤인 2009년에 신종 인플루엔자A(H1N1), 6년 뒤인 2015년에 메르스(중동호흡기증후군, MERS)가 유행했고, 5년 뒤인 2020년 현재 코로나-19가 한창 유행 중입니다. 공교롭게도 평균 5, 6년 간격으로 신종 감염병이 창궐하고 있어요. 즉, 앞으로 신종 바이러스가 더 자주 우리를 위협할 것이라고 쉽게 예측할 수 있죠. 이런 시기에 제가 항상 강조하는 자세가 있습니다. 바로 손자병법에 나온 '지피지기 백전불태(知彼知己 百戰不殆)'입니다. '상대를 알고 나를 알면 백 번을 싸워도 위태롭지 않다'는 뜻이죠. 신종 감염병의 하나인 코로나-19의 정체도 정확히 알아야 해요. 어떻게 감염이 되고, 어떤 증상이 있고, 어떤 경우 감염을 의심해야 하는지를 충분히 알고 예방법을 숙지하고 실천해야 지금의 위기를 벗어날 수 있습니다.

차클 감염병에 대한 뉴스를 보면 팬데믹을 선포했다는 말을 듣게 되는데 정확히 팬데믹이라는 것이 무엇인가요?

김 그리스어로 '모두'를 뜻하는 팬(pan)과 '사람'을 뜻하는 데믹(demic)의 합성어입니다. 세계적인 감염병 위기 상태라고 이해하면 됩니다. 팬데믹을 선포하려면 우선 신종 병원체로 인한 인체 감염이 발생되고, 일부에서 사망자가 있어야 됩니다. 또한 사람-사람 간 전파가 빠르게 이루어져 세계 여러 대륙으로 확산돼야 합니다. 이런 조건들이 맞아떨어지면 세계보건기구(WHO)에서 팬데믹을 선포합니다. 신종 감염병에 대해 팬데믹을 선포할 때쯤이면 보건의료적인 문제뿐만 아니라 사회·경제적으로 많은 피해가 초래된 상황입니다. 그렇기 때문에 간과할 수가 없는 것이죠.

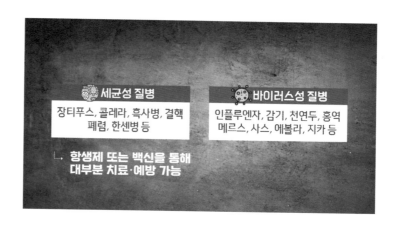

인류를 위협한 대표적인 팬데믹

1918년   5000만여 명이 사망한 스페인 독감

1957년   200만여 명이 사망한 아시아 독감

1968년   100만여 명이 사망한 홍콩 독감

2009년   20만여 명이 사망한 신종 플루

2020년   WHO는 코로나-19에 팬데믹 선언

차클   코로나-19는 바이러스에 의한 감염병이잖아요. 세균도 감염병을 일으키는 원인이라고 들었는데 세균과 바이러스의 차이는 무엇인가요?

김   가장 큰 차이는 숙주가 필요한지 여부입니다. 세균은 숙주 없이도 영양분만 공급되면 증식할 수 있습니다. 반면 훨씬 크기가 작은 바이러스는 살아 있는 동물의 세포 내에 들어가 증식하면서 생존합니다. 대표적인 세균성 질병으로는 장티푸스, 콜레라, 흑사병, 결핵, 폐렴, 한센병 등이 있어요. 대표적인 바이러스성 질병으로는 인플루엔자, 감기,

천연두, 홍역, 메르스, 사스, 에볼라, 지카 등이 있습니다.

차클 분명한 차이가 있군요. 그런데 근래에는 세균성 질병보다는 바이러스성 질병이 더 기승을 부리는 것 같아요.

김 맞습니다. 세균의 경우에는 효과적인 항생제가 많이 만들어져 있어서 치료가 잘 되고, 백신으로 예방되면서 감염이 많이 줄어들었죠. 지금 전 인류를 공포에 떨게 만드는 감염병은 주로 신종 바이러스에 의한 것입니다. 21세기는 바이러스 전성시대라고 정의할 수 있어요. 그중에서도 인류를 가장 괴롭히는 대표적인 바이러스가 두 가지 있습니다. 바로 인플루엔자 바이러스와 코로나 바이러스입니다.

차클 인플루엔자 바이러스와 코로나 바이러스는 어떻게 다른가요?

김 인플루엔자 바이러스는 독감을 일으키는 병원체입니다. 조류 독감, 돼지 독감, 신종 플루, 계절 독감 같은 병의 원인이 되죠. 코로나 바이러스는 보통 감기를 일으키는 원인 바이러스의 하나이기도 한데, 신종 코로나 바이러스는 2003년 사스 코로나 바이러스, 2012년 메르스 코

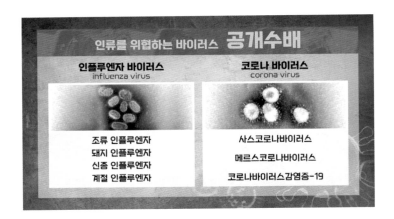

로나 바이러스, 그리고 현재 세계를 강타하고 있는 코로나-19 바이러스까지 총 세 가지입니다.

차클 사스와 메르스, 코로나-19가 같은 종류의 바이러스라고요?

김 네. 그렇습니다. 다 신종 코로나 바이러스에 해당해요. 코로나 바이러스는 바이러스 중에서 크기가 125나노미터로 큰 편입니다. 그리고 구형이에요. 표면을 보면 축구화 스파이크처럼 뾰족뾰족하게 돌기가 나와 있어요. 왕관(crown) 모양이어서 코로나(corona, 왕관을 뜻하는 라틴어) 바이러스라는 명칭을 붙인 것입니다. 바이러스의 돌기에 주목해야 하는 건 그것을 무기로 우리 인체에 바이러스가 침입하기 때문입니다.

차클 코로나-19 바이러스가 다른 바이러스보다 더 위험한 이유가 있나요?

김 갑자기 나타나 인류를 괴롭히는 신종 바이러스라 증상, 전염력 및 병독성 등 모르는 부분이 많다는 게 불안을 가중시키고 있습니다. 거기다 보통의 감기와 증상으로 구분이 잘 안 되는 것도 문제입니다. 열나고 기침하고 목이 아프고 재채기하고 심하면 폐렴으로 진행되는데요. 증상으로 구분이 안 되다 보니 자칫 병을 키울 수도 있고, 부지불식간에 다른 사람에게 옮길 수도 있는 거죠.

차클 암도 정복할 만큼 의학이 발달했는데, 왜 아직도 바이러스에 대한 해결책은 찾지 못하는 건가요?

김 세계보건기구는 1980년도에 공식적으로 천연두가 지구상에서 사라졌다고 발표했습니다. 백신이 있었기에 가능했던 일이죠. 인류를 위협하는 감염병을 의학의 발전으로 많이 정복한 것 같지만 아직도 많은 감염병에 대한 백신이나 치료제가 나오지 않았습니다. 투자도 많이 해야 하고 노력도 많이 해야 하는 부분입니다. 특히 바이러스가 약점을

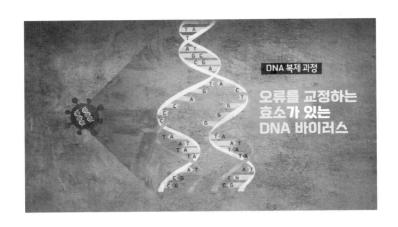

DNA 복제 과정

오류를 교정하는 효소가 있는 DNA 바이러스

보이지 않아서 개발이 어렵기도 해요. 1981년 인간면역결핍바이러스 (HIV)에 의한 에이즈가 출현하고 현재까지 3300만여 명이 사망했음에도 백신 개발에 성공하지 못하고 있는 것이 단적인 예입니다.

차클 바이러스가 약점을 보이지 않는다니, 무슨 뜻인가요?

김 신종 감염병 바이러스의 대부분이 RNA 바이러스이기 때문입니다. 바이러스는 두 가지 종류예요. 염색체 줄기가 한 가닥으로 이뤄진 RNA 바이러스와 두 가닥으로 이뤄진 DNA 바이러스죠. DNA 바이러스는 변이가 적어 상당히 안정적입니다. 백신이 개발돼 사용된다면 효과가 높을 것으로 예상이 가능하죠. 유일하게 백신으로 퇴치된 천연두가 DNA 바이러스입니다. 그런데 RNA 바이러스는 변이 확률이 그보다 1000배나 높습니다. 그만큼 돌연변이를 많이 일으키고 실수를 자주 저질러요. 따라서 백신, 치료제 개발이 어렵기도 하고, 설사 개발에 성공하더라도 효과가 떨어지게 됩니다.

차클 RNA 바이러스가 자주 변이를 일으키는 건 왜 그런가요?

김	엄마 바이러스는 새끼 바이러스를 만들 때 자신을 똑같이 복제하려고 해요. 똑같은 모양의 가닥을 만들기 위해 A-T, G-C라는 규칙을 따릅니다. 보통 A(adenine)에 T(thymine), G(guanine)에 C(cytosine)와 같은 식으로 말이죠. 만약 A에 T가 아니라 C가 들어가는 식으로 규칙에 따른 복제가 이뤄지지 않을 경우에는 교정이 필요해요. 그런데 RNA 바이러스 복제에 관여하는 중합효소(polymerase)에는 교정기능이 없어요. 그래서 바이러스 복제가 됐을 때 엄마와 모양이 다른(변이된) 새끼 바이러스가 나오는 것이죠. 그렇게 계속 복제를 하다 보면 여러 세대를 거쳐 변이가 축적된, 종국에는 전혀 다른 변종 바이러스가 나오게 됩니다.
차클	그럼 앞으로 새로운 변종 바이러스들이 계속 나올 가능성이 있다는 얘기네요?
김	네. RNA 바이러스의 특성이 그렇습니다.
차클	RNA 바이러스 중에 지금까지 인류가 정복한 게 있나요?
김	아직까지는 없습니다. 인플루엔자 바이러스도 RNA 바이러스인데 변이가 잦다 보니 올해 겨울에 유행한 바이러스와 내년 겨울에 유행할 바이러스가 부분적으로 달라져요. 지금 쓰는 백신이 내년에는 듣지 않는다는 말이죠. 매년 새로운 백신을 만들어야 해요. 지난 100년간 세계를 위험에 빠뜨렸던 대유행 전염병을 살펴보면, 1918년 스페인 독감, 1957년 아시아 독감, 1968년 홍콩 독감, 1981년 에이즈, 1997년 조류 독감, 2003년 사스, 2009년 신종 인플루엔자 A, 2014년 에볼라, 2015년 지카, 메르스, 2020년 코로나-19 등 거의 모두가 RNA 바이러스가 원인이었습니다.

왜 신종 감염병의 시대가 되었나

"바이러스에 감염된 인간 숙주가 비행기를 타고 전 세계에 감염병을 퍼트리는 일종의 매개체 역할을 한 것입니다. 1918년에 있었던 스페인 독감과 비교해보세요. 당시에는 항공 여행객이 없었죠. 대부분 철도를 이용하다 보니 독감 바이러스가 세계 반대편까지 전파되는 데 적어도 3개월은 걸려요. 그런데 지금은 비행기를 타면 단 3일이면 되죠. 3일이면 전 세계 한 바퀴를 돌고도 남는 시간이에요."

• • •

차클 바이러스성 감염병은 사람들 사이에서만 퍼지나요?

김 꼭 그런 것은 아닙니다. 인플루엔자와 코로나는 인수 공통 전염병이라는 특징이 있습니다. 사람과 동물이 공통으로 바이러스를 공유하고 감염되는 전염병입니다. 조류 인플루엔자라고 들어보셨죠? 철새가 바이러스를 많이 가지고 있는데 1997년 12월경 홍콩에서 갑자기 18명이 조류 인플루엔자에 걸려서 6명이 사망했어요. 치사율이 33퍼센트였습니다. 당시 저희 같은 감염병 전문가뿐만 아니라 전 세계가 깜짝 놀랐습니다. 그때까지만 해도 학자들 사이에서는 조류 인플루엔자가 철새로부터 사람에게 감염을 일으키지 않는다고 여겼었거든요. 일종의 센트럴 도그마(central dogma)가 있었던 거예요. 센트럴 도그마란 우리가 진리라고 믿는, 깨지지 않는 절대적인 명제를 의미하죠. 그런데 철새가 보유하고 있던 고병원성 조류 인플루엔자(H5N1)가 사람을 감염시켜서 세계가 깜짝 놀랐던 겁니다.

차클 수많은 철새들이 떼를 지어 이동하는 것을 보면 자연의 아름다움을 느끼게 되는데요. 알고 보니 전염을 일으키기 쉬운, 위험한 동물들이었군요?

김 그 많은 새들이 배출하는 배설물에 무수한 조류 독감 바이러스가 포함돼 있다고 생각하면 꼭 그렇게 아름답게만 보기는 어렵습니다.

차클 인수 공통 전염병을 관리할 수 있는 방법은 없나요?

김 앞서 말한 천연두는 사람 사이에서만 문제를 일으키는 전염병이에요. 인수 공통 전염병이 아니었죠. 그래서 사람에게 백신을 접종시키며 천연두 발생을 줄여가다 보니까 결국 종식시킬 수 있었어요. 그런데 인플루엔자의 경우에는 사람들이 계속 백신을 맞아도 철새나 닭, 오리에게서 계속 유행하니까 완전히 막을 방도가 없는 겁니다. 철새를 붙잡아서 일일이 백신을 놓을 수는 없으니까요. 문제는 신종 감염병의 75퍼센트가 인수 공통 전염병인 데다 대부분이 돌연변이를 잘 일으키는 RNA 바이러스라는 점입니다.

차클 그럼 강아지나 고양이 같은 반려동물들도 그런 바이러스에 걸릴 수 있는 건가요?

김 경우에 따라 다른데 계절 독감의 경우는 강아지도 걸릴 수 있습니다. 코로나-19 바이러스도 개, 고양이와 동물원의 호랑이가 걸린 사례가 있습니다. 그런데 개나 고양이가 장염이나 복막염을 일으키는 코로나바이러스를 보유하더라도 사람에게 옮기진 않습니다. 바이러스가 종과 종 사이의 벽을 뚫고 감염을 일으키려면 숙주인 사람이나 동물의 수용체와 바이러스의 돌기 사이에 궁합이 잘 맞아야 합니다. 앞서 코로나 바이러스나 인플루엔자 바이러스의 표면에 돌기가 있다고 했었죠? 열쇠와 열쇠 구멍이 딱 맞는 것처럼 바이러스 돌기가 맞아 들어가야 하는 겁니다.

차클 바이러스와 반응을 일으키는 세포는 인간의 몸속 어디에 주로 분포하나요?

김 주로 호흡기 점막 세포에 있습니다. 메르스 바이러스는 하기도에 많이 분포해서 전염력은 떨어지는 반면, 심한 폐렴에 걸리게 하는 특징을 갖고 있습니다. 그래서 치사율이 높은 것이죠. 반면 사스나 코로나-19는 상기도와 하기도에 골고루 분포돼 있다고 생각합니다. 상기도에 많으면 전염력이 빠르지만 증상은 약해요. 하지만 하기도에도 분포하기 때문에 폐렴과 같은 중증 소견도 나타나는 것이죠. 바이러스는 끊임없이 자기 영역을 넓히기 위해서, 그리고 새로운 종을 공격해 먹이로 삼기 위해서 변이를 합니다. 그중에 종과 종 사이의 벽을 뚫고 인체 감염을 일으킨 바이러스만 살아남아서 퍼지기를 반복하는 것이죠. '적자생존'이라는 진화론의 원리가 잘 들어맞죠.

차클 인수 공통 전염병이 갈수록 기승을 부리는 이유는 무얼까요?

김 전염병이 퍼지는 데에 결정적인 역할을 한 동물이 있습니다. 바로 박쥐입니다. 박쥐는 137종의 바이러스를 보유하고 있어요. 그중 인체 감염을 일으키는 인수 공통 감염 바이러스는 무려 61종으로 거의 절반에 달합니다.

차클 혹시 우리나라에 분포하고 있는 박쥐들도 바이러스를 갖고 있나요?

김   강원도나 제주도 같은 곳에 박쥐들이 많이 분포하죠. 주로 폐광이라든지 동굴에서 서식하고 있습니다. 물론 우리나라에서 발견된 박쥐도 바이러스를 갖고 있다고 합니다. 그런데 광산이 많이 없어지고 폐광도 다른 용도로 쓰이다 보니까 서식지를 잃은 박쥐의 개체수가 꾸준히 줄고 있는 상황입니다.

차클   박쥐로부터 바이러스가 전파된다는 게 알려진 계기가 있을까요?

김   21세기의 첫 감염병 참사라 할 수 있는 사스 때부터입니다. 2002년 11월경 중국의 남부 광둥성 포산시에서 원인 모를 괴질성 폐렴 환자가 나타나기 시작했어요. 대부분 신종 감염병처럼 발생 초기에는 "어느 지역의 농촌이나 정글에서 괴질이 돈다"는 식의 짧은 단신성 뉴스로 소개됐습니다. 그런 이상 징후를 재빨리 포착해 대응해야 했는데 당시엔 그러질 못했죠. 해를 넘겨 2003년 2월 홍콩 메트로폴 호텔의 9층에 투숙한 투숙객이 발열 증상을 보이고 심지어 호텔 복도에 구토를 하면서 문제가 드러나기 시작했습니다. 조사를 해보니 그는 홍콩의

친척 결혼식 참석을 위해 중국 광둥성에서 온 내과 의사였습니다. 이후 그와 같은 호텔 9층에 묵었던 투숙객 10여 명이 비행기를 타고 베트남, 싱가포르, 캐나다, 독일로 돌아가면서 전 세계에 사스 코로나 바이러스가 퍼지게 된 것입니다. 2월 말 베트남 주재 세계보건기구 감염병 전문가인 카를로 어바니가 하노이의 프랑스 병원에 입원 중인 괴질 폐렴 환자를 세계보건기구에 보고하면서 심각성이 알려졌습니다. 그제야 세계보건기구에서 역학 조사를 실시했고 박쥐가 발원체임을 알게 됐죠. 동굴의 박쥐 몸속에 있던 사스 코로나 바이러스가 사향고양이를 중간 매개 숙주로 삼았고, 그 사향고양이를 요리하던 요리사가 바이러스에 감염된 채 문제의 내과 의사를 찾아간 것이었어요. 이 같은 사스의 전파 양상은 21세기 신종 바이러스 감염병의 전형적인 모습을 보여주고 있습니다. 물론 끝나봐야 알겠지만 코로나-19도 이러한 양상으로 전개되고 있는 것 같습니다.

차클 박쥐에서 사향고양이, 사향고양이에서 요리사, 요리사에서 의사로 바이러스가 옮겨갈 때 RNA가 변형된 건가요?

김 네. 사스 코로나 바이러스가 유전자 변이를 통해 박쥐-사향고양이-사람이라는 다른 종 사이의 벽을 뚫으면서 다 적응을 한 겁니다. 적자생존이라는 말을 알고 있을 겁니다. 결국에는 종간 벽을 무너뜨리는 능력을 획득한 바이러스가 살아남아서 널리 퍼지는 것입니다.

차클 그런데 박쥐가 사람을 물어서 직접 전파하는 게 아닌데, 어떻게 사람한테 바이러스를 옮기게 된 건지 궁금해요.

김 박쥐는 포유류 중에서 자기 동력으로 날 수 있는 유일한 동물이죠. 하늘을 나는 특성을 갖고 있다 보니 활동 영역도 넓어서 정글과 인근 농촌 여기저기 바이러스를 퍼트리는 특성을 갖고 있습니다. 그런데 박쥐가 신종 감염병을 일으키게 만든 더욱 중요한 원인이 있어요. 바로 정글 파괴입니다. 대표적인 것이 1998년 말레이시아의 농촌에서 유행한 괴질이에요. 당시 정글을 개간해 돼지 농장을 지었는데, 인부들이 갑자기 발열과 구토를 일으키고 의식을 잃는 일본 뇌염 증상을 보였습니다. 그때 역학 조사를 위해 정글을 조사하다 보니 박쥐로부터 나온 니파 바이러스라는 신종 RNA 바이러스에 농장 인부들이 감염된 것을 발견했죠. 즉, 인간이 돼지 농장을 만들면서 밀림을 개간하고 정글을 파괴하면서 박쥐의 서식지를 파괴하자 박쥐의 니파 바이러스가 돼지를 거쳐 인부들에게까지 감염을 일으킨 것입니다.

차클   당시에 치사율이 어느 정도였나요?

김   40~50퍼센트 정도의 높은 치사율을 보였습니다. 그러나 박쥐 입장에서 의도한 것은 전혀 아니죠. 사람의 탐욕이 정글을 파괴하고 돼지 농장을 만드는 바람에 벌어진 일입니다. 신종 바이러스로 가득 찬 박쥐라는 판도라의 상자를 연 것이죠.

차클   인간의 무분별한 개발이 불러온 바이러스 감염병이 또 있나요?

김   네. 1976년 아프리카의 자이르, 지금의 콩고민주공화국의 에볼라강 근처 마을에서 괴질이 돌았어요. 갑자기 마을 주민들이 고열, 근육통이 시작된 지 수일 만에 피를 토하고 출혈, 쇼크로 죽기 시작했습니다. 조사 결과 주민들의 사망 원인은 에볼라 출혈열 바이러스에 감염이 된 것이었어요. 당시 에볼라 바이러스에 358명이 감염되고, 그중 325명, 90퍼센트가 사망했습니다.

차클   에볼라 바이러스도 말레이시아 괴질과 비슷한 경로로 감염된 건가요?

김　당시 에볼라강 인근 주민들은 워낙 먹을거리가 없으니 단백질을 섭취하기 위해 박쥐를 잡아먹었어요. 박쥐를 조리할 때 잘 익힌다고 해도 조리 기구가 오염돼 있으면 감염이 됩니다. 당시엔 이 병이 에볼라강 주변의 풍토병인 걸로 여겨졌어요. 그런데 2014년 3월에 갑자기 서부 아프리카 기니에서 에볼라가 출현을 했습니다. 기니에서 환자들이 폭발적으로 늘어나더니 시에라리온, 라이베리아, 나이지리아 같은 인근 국가로도 퍼져나가기 시작했습니다. 이전까지 학자들은 에볼라 바이러스는 치사율이 90퍼센트니까 움직일 틈 없이 빠르게 숙주를 죽여버려서 전 세계로 퍼지지 않을 거라고 생각했어요. 그런데 2014년에 서부 아프리카 3개국이 완전히 초토화가 된 겁니다. 이에 세계보건기구도 에볼라 확산이 지난 40년 이래 최악의 감염병 상황이라고 발표했습니다.

차클　그런데 왜 그렇게 에볼라 감염병이 널리 퍼지게 된 것인가요?

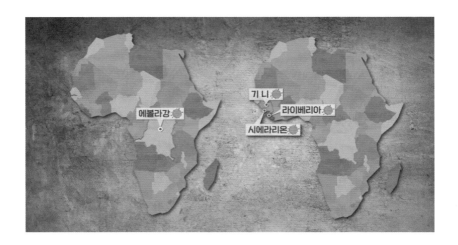

김 유행이 시작된 오지에서 수도까지 고속도로가 뚫린 게 확산의 원인이 됐습니다. 당시 기니의 정글 마을에서 집단 발생한 에볼라 출혈열 환자들이 버스를 타고 수도 코나크리로 가서, 도시의 빈민가에 유행을 일으킨 것이죠. 또 항공기를 타고 이동한 여행객을 통해 나이지리아까지도 번졌어요. 결국 바이러스에 감염된 인간 숙주가 비행기를 타고 전 세계에 감염병을 퍼트리는 일종의 매개체 역할을 한 것입니다. 1918년에 있었던 스페인 독감과 비교해보세요. 당시에는 항공 여행객이 없었죠. 대부분 철도를 이용하다 보니 독감 바이러스가 세계 반대편까지 전파되는 데 적어도 3개월은 걸려요. 그런데 지금은 비행기를 타면 단 3일이면 되죠. 3일이면 전 세계 한 바퀴를 돌고도 남는 시간이에요.

차클 바이러스 입장에서는 전 세계가 자기 손에 있는 것 같겠어요.

김 정글에서 발생해 멀리 전파되지 못할 것이라고 예측한 에볼라 출혈열 바이러스도 고속도로 개발과 대도시 인구 과밀화, 빈민촌 형성이라는 환경 변화와 맞물려 이처럼 쉽게 큰 유행을 일으킬 수 있었습니다. 박쥐에서 시작된 신종 바이러스들이 대규모 인체 감염을 일으키게 된 것이에요. 하지만 감염병 원인으로 지목된 박쥐 입장에서는 억울할 수 있죠. 사람들이 정글을 파괴하고 박쥐를 잡아서 조리해 먹은 게 신종 감염병을 불러일으킨 단초가 된 것이니까요.

왜 사라진 바이러스가 다시 돌아오는가

"우리나라는 소아 때 국가 무료 예방접종에 홍역 백신이 포함돼 있고, 접종률이 높아 항체 보유율이 높습니다. 문제는 10~30대 청소년과 젊은 성인 중 50~70퍼센트만이 항체를 갖고 있다는 겁니다. 거꾸로 얘기하면 30~50퍼센트는 항체가 없어 홍역 바이러스에 쉽게 감염될 수 있다는 말이죠."

• • •

차클　우리가 바이러스에 대해 알아야 할 점이 또 있을까요?

김　네. 바이러스를 설명할 때 가장 많이 언급하는 게 치사율과 전파력인데요. 전파력이 느리면 크게 걱정할 것이 없습니다. 그렇다면 치사율은 어떨까요. 치사율 80퍼센트인 바이러스와 치사율 2퍼센트인 바이러스, 둘 중 어느 쪽이 더 위험하다고 봐야 할까요?

차클　얼핏 치사율 80퍼센트가 더 위험해 보이지만 답이 2퍼센트라서 질문을 하신 것 같은데요?

김　네. 맞습니다. 치사율 2퍼센트의 바이러스가 더 해(害)가 큽니다. 대개의 바이러스는 치사율이 높고 동시에 전파력도 빠른 경우가 드뭅니다. 즉, 두 가지 특성 중 하나만 갖는다는 겁니다. 일례로 에볼라의 경

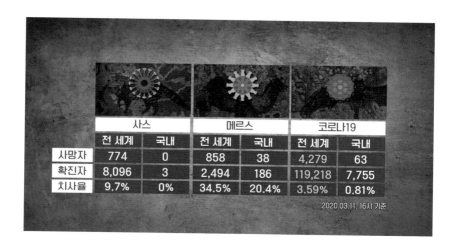

	사스		메르스		코로나19	
	전 세계	국내	전 세계	국내	전 세계	국내
사망자	774	0	858	38	4,279	63
확진자	8,096	3	2,494	186	119,218	7,755
치사율	9.7%	0%	34.5%	20.4%	3.59%	0.81%

2020.03.11. 16시 기준

우는 치사율이 높은 대신 전파력은 빠르지 않죠. 그런데 치사율이 낮은 바이러스들은 상대적으로 전파력이 빨라 전 세계로 퍼져서 국가 간 교역이나 여행 산업 등에 큰 피해를 주는 사례가 많습니다. 그런 측면에서 치사율 2퍼센트의 바이러스를 더 조심해야 되고, 방심하면 안 됩니다.

차클 코로나-19도 치사율은 낮지만 전파력이 빨라서 위험한 바이러스에 속하는 것인가요?

김 맞습니다. 사스 같은 경우는 치사율이 9.7퍼센트, 메르스는 약 35퍼센트였어요. 그런데 코로나-19는 중국 기준으로 2.3퍼센트의 치사율을 보이고 있다고 합니다. 치사율이 높은 메르스의 경우 전염력이 느리지만, 치사율이 낮은 사스나 코로나-19는 굉장히 빨라요. 단기간에 광범위한 지역에 환자를 발생시켜 전 세계에 큰 피해를 입히고 있죠.

차클 스페인 독감의 치사율과 전파력은 어땠나요?

김 인류 최대의 재앙이라 불리는 스페인 독감은 치사율이 2.5퍼센트였어요. 하지만 환자가 5억 명이나 됐어요. 치사율이 2.5퍼센트에 불과해도 수많은 사망자가 나올 수밖에 없었죠.

차클 환자가 5억 명이나 나왔다니 세계 곳곳에 다 퍼졌나 봅니다.

김 네. 1918년부터 1920년까지 당시 세계 인구 16억 명 중 5억 명이 스페인 독감에 감염됐습니다. 약 5000만 명이 사망한 것으로 추정돼 스페인 독감을 "모든 팬데믹의 어머니"라고도 부릅니다. 스페인 독감은 시베리아 철도를 따라 남만주를 거쳐 1918년 9월 일제 치하의 조선에도 상륙했었어요. 당시 조선에서는 감염자 740만여 명 중 14만여 명이 사망에 이르렀죠.

차클 스페인 독감이 조선까지 퍼졌다니 놀랍네요. 독감의 전염은 어떻게 멈춰졌나요?

김 인플루엔자를 한번 앓고 나면 몸에 방어면역능력, 즉 항체가 생깁니다. 전 세계 인구의 상당수가 항체를 갖게 되니 바이러스가 갈 곳을 잃어버린 것이죠.

차클 스페인 독감의 원인은 어떤 바이러스였나요?

김 100년 전에는 인플루엔자가 무엇인지 몰랐어요. 학자들이 그 원인을 찾느라고 많이 애를 썼습니다. 그러다 2000년경 미국의 학자들이 스페인 독감에 걸려 죽은 시신을 알래스카 동토에서 발굴해서 폐 조직에 있던 바이러스를 분석하는 데 성공했어요. 냉동 상태로 얼어 있던 바이러스 유전자를 부활시킨 거죠. 그래서 스페인 독감 원인이 H1N1 바이러스이고, 조류 독감에서 유래된 변종 인플루엔자라는 것을 밝혀냈습니다.

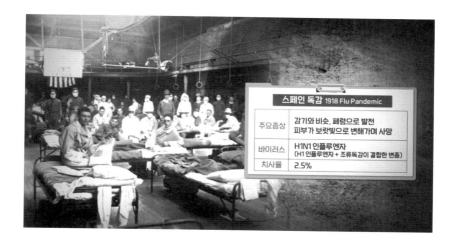

스페인 독감 1918 Flu Pandemic	
주요증상	감기와 비슷, 폐렴으로 발전 피부가 보랏빛으로 변해가며 사망
바이러스	H1N1 인플루엔자 (H1 인플루엔자 + 조류독감이 결합한 변종)
치사율	2.5%

차클   스페인 독감도 조류 독감의 일종이었다고요? 오늘날 유행하는 조류 독감과 같은 뿌리인 건가요?

김   스페인 독감 H1N1은 1918년부터 3년간 대유행을 일으킨 후 계절 독 감으로 약화돼서 유행했습니다. 그로부터 90년 후인 2009년에는 신 종 플루로 변신해 재유행했고요. 2009년 3월, 멕시코 중부의 농촌에 서 돼지 농장의 농부들이 갑자기 괴질로 폐렴을 일으키면서 사망한 게 시작이었습니다. 이 신종 플루가 4월에 미국 캘리포니아를 거쳐서 전 세계로 확산됐죠. 당시 130여 개국에 확산됐는데 우리나라에서만 확진자 76만 명, 사망자 270명의 피해를 입혔습니다. 세계적으로 치 사율은 0.5~2.5퍼센트였어요. 우리나라는 0.035퍼센트로 치사율이 더 낮았죠. 하지만 세계적으로 확산했기 때문에 세계보건기구가 팬데 믹을 선언했습니다. 2020년에 유행한 계절 독감 A형 H1N1의 먼 조상은 스페인 독감이고 2009년 출현한 신종 플루는 아버지쯤 됩니다.

차클 독감은 백신을 맞으면 예방할 수 있는 거죠?

김 2009년 신종 플루 출현 당시 미국 내 65세 이상 인구의 약 3분의 1에서 신종 플루 H1N1의 항체가 있다는 연구가 발표됐습니다. 그분들은 스페인 독감의 후손인 계절 독감을 앓아서 항체가 남아 있었던 거죠. 항체라는 것은 병을 앓고 나서 회복하면 생기기도 하고 백신을 맞아서도 생깁니다. 아이들에게 홍역이나 독감 백신을 열심히 맞히는 이유입니다.

차클 독감 백신 중에 3가가 있고 4가가 있는데, 정확한 차이가 무엇인가요?

김 겨울에 유행하는 독감 바이러스는 A형 두 가지, B형 두 가지입니다. 네 가지가 들어가면 4가이고, A형 두 가지와 B형 한 가지가 들어가면 3가예요. 우리나라에서 12월이나 1월에 A형이 돌고, 3~4월에 B형이 돌기 때문에 4가를 맞으면 좀 더 예방 효과가 높다고 할 수 있죠.

차클 그런데 백신을 통해 퇴치된 걸로 여겨졌던 질병들이 다시 유행하는 이유는 뭔가요?

김 홍역을 예로 들어보죠. 2014년에 우리나라는 홍역 퇴치 국가가 됐다고 발표했어요. 그런데 2018년 말에 194명의 확진자가 나오며 전국적으로 홍역이 확산되는 위험을 맞습니다. 보통 홍역이라고 하면 과거의 전염병이라고 여기죠. 요즘은 아이들에게 예방접종도 잘 시키고 있는데 왜 또다시 유행을 하는지 궁금하실 텐데요. 우선 홍역은 전염력이 제일 빠른 감염병입니다. 한 명의 홍역 환자가 18명을 감염시킬 수 있어요. 그렇기 때문에 어떤 인구 집단 내에 항체가 95퍼센트 이상 유지돼야 홍역 바이러스가 유행을 못 해요.

차클   그럼 우리나라 사람들의 항체 보유율이 낮았던 게 원인인가요?

김   우리나라는 소아 때 국가 무료 예방접종에 홍역 백신이 포함돼 있고, 접종률이 높아 항체 보유율이 높습니다. 문제는 10~30대 청소년과 젊은 성인 중 50~70퍼센트만이 항체를 갖고 있다는 겁니다. 거꾸로 얘기하면 30~50퍼센트는 항체가 없어 홍역 바이러스에 쉽게 감염될 수 있다는 말이죠. 그런데 동남아시아 등 해외 여행을 하는 사람들이 늘어나다 보니 홍역 바이러스 보균자와 접촉할 기회가 많아진 게 홍역 발생의 원인 중 하나로 지목됐어요. 그리고 백신 접종에 방심한 것도 한몫했습니다. 백신 접종 없이 자연주의로 아이를 키우는 운동이 한동안 유행을 했잖아요. 이처럼 사람들의 행동 철학이나 방심하는 문화가 전염병 창궐의 큰 이유를 차지합니다.

차클   이번 코로나-19도 한번 걸렸다 나으면 항체가 생기나요?

김   코로나-19가 출현한 지 오래되지 않아서 아직은 몰라요. 현재 많은 연구를 진행하고 있습니다. 코로나-19에 걸리고 회복된 사람들의 혈액에 항체가 있는지, 항체가 있다면 재감염을 예방할 수 있는 항체인지를 조사하는 겁니다. 또 코로나-19에 대한 치료제를 만들기 위해서 코로나-19에 걸렸다 회복한 사람의 혈장을 확보하려고 노력 중입니다. 그 사람들의 혈장에 예방책이 있을 것으로 추정하고 있죠.

네 번째 질문 | 포스트 코로나, 어떻게 대비해야 하는가

"감염병은 나 혼자만의 예방으로 그쳐서는 안 됩니다. 아이들과 부모들과 사회가 십시일반으로 일종의 방어망을 쳐야 해요. 개별적으로 손 씻기를 잘 하고 기침 에티켓을 잘 지키면 본인도 예방이 되지만 가족과 사회와 국가에 코로나-19 방역망이 촘촘하게 쳐지는 것입니다."

• • •

차클 코로나-19 바이러스가 전 세계로 확산된 과정도 좀 설명해주세요.

김 우선 바이러스가 시작된 시점부터 살펴보도록 하겠습니다. 2019년 12월 8일 중국 후베이성 우한에서 최초의 코로나-19 환자가 나타났습니다. 당시 원인 불명의 폐렴, 괴질이 최초의 신호였죠. 이어 2020년 1월 11일 우한시가 폐렴 감염자의 첫 사망을 발표합니다. 그러면서 사람 간 전염은 없고, 의료진 감염은 없었다고 해요. 당시 발표를 보고서 별일 아닐 거라고 여긴 게 문제였죠.

차클 교수님도 그 발표를 곧이곧대로 믿으셨나요?

김 왠지 찜찜했지만 크게 심각한 상황이 아니길 기대했죠. 그런데 열흘 뒤 중국의 사스 영웅으로 불리는 중난산(鍾南山) 박사가 2019년 12월 중

034

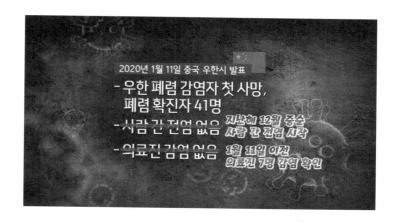

순에 사람 간 전염 사례가 있고, 2020년 1월 11일 이전에 의료진 7명이
감염됐다고 발표한 거예요. 그때 가슴이 철렁 내려앉았습니다.

차클   중국이 초기에 조사와 발표만 제대로 했어도 이렇게까지 전 세계로
번지진 않았겠군요?

김   그렇죠. 중국의 대응이 가장 큰 문제였습니다. 실제로 우한의 한 의사
가 신종 바이러스 감염 의심 사례를 최초로 발견하고 의사들과 함께
SNS에 공유를 했습니다. 그런데 바로 다음 날 중국 정부와 우한시가
사실이 아닌 유언비어를 퍼트렸다는 내용의 훈계서에 서명하도록 강
요했죠. 더욱이 중국 정부가 초기 대응을 제대로 하지 않은 채 대규모
인원이 모이는 설맞이 행사인 〈만가연〉을 그대로 진행하도록 하면서
코로나-19 바이러스가 본격적으로 퍼져버리게 된 거예요.

차클   안타깝네요. 코로나-19 바이러스에 대해 아직도 모르는 점이 많다는
게 더 불안한 것 같아요.

김   코로나-19 바이러스도 RNA 바이러스의 일종인데요. 인간의 세포에

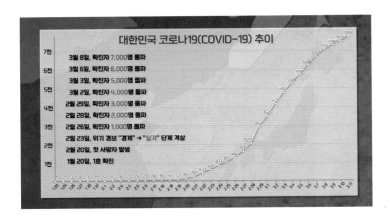

결합하는 능력이 사스의 최대 1000배에 달할 만큼 전염력이 뛰어납니다. 거기다 무증상 감염자도 다수 존재하고, 잠복기에 전염력이 있기 때문에 더욱 대응하기 어렵습니다. 박쥐에서 시작된 바이러스라는 것까지는 밝혀졌는데, 중간 숙주는 아직 모릅니다. 뱀이라는 주장도 있고, 천산갑이라는 주장도 있는데, 확증된 건 아닙니다. 앞으로 연구를 더 해봐야 할 문제입니다.

차클 코로나-19 바이러스가 조류 독감처럼 진정되려면 얼마나 걸릴까요?

김 박쥐로부터 유래한 신종 코로나 바이러스들이 인체에 들어오면 서로 낯선 인체 면역 시스템과 바이러스가 처음에는 심하게 염증 반응을 일으키며 싸움을 벌입니다. 그래서 폐렴도 생기고 심한 경우 사망하기도 해요. 앞으로 오랫동안 지속되면 사망률은 낮아지면서 계절 독감처럼 시시때때로 유행할 가능성도 있다곤 해요. 그렇게 서로 적응을 해가는 거죠. 하버드대학교 전염병학 연구자인 마크 립시치(Marc Lipsitch) 교수는 코로나-19가 1년 안에 전 세계 인구의 40~70퍼센트를 감염

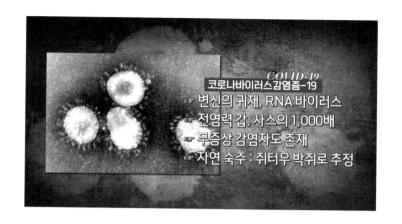

시킬 것이라고 예측했어요. 그런가 하면 세계보건기구는 코로나-19 환자의 80퍼센트는 아주 가벼운 감기처럼 지나갈 것이라고 했죠. 존스홉킨스 보건안전센터 아메쉬 아달야(Amesh Adalja) 박사도 신종 플루처럼 코로나-19 역시 계절성 유행병이 될 것이라고 내다봤습니다.

차클   코로나-19 바이러스가 전파되는 것을 막기 위한 주의사항을 알려주시죠.

김   바이러스의 전파 경로를 명확히 알아야 합니다. 환자가 기침, 재채기할 때 호흡기를 통해 분출되는 물방울을 비말이라고 하는데요. 비말은 대체로 5마이크로미터보다 크기 때문에 중력이 작용해서 포물선을 그리며 1~2미터 안에 떨어집니다. 만약 1미터 이내에서 마주 앉아서 식사하고 대화도 하고 기침하면 눈이나 코나 입의 점막으로 비말이 직격하게 되겠죠.

차클   비말 외에 에어로졸로 감염이 될 수 있다는 발표도 나왔던데 에어로졸은 무엇인가요?

| 김 | 에어로졸 전파는 공기 전파를 뜻합니다. 에어로졸은 5마이크로미터 보다 작아서 중력의 영향을 덜 받아요. 2미터 이상 멀리 날아가며 번지다 보니 비말보다 전파력도 세죠. 하지만 에어로졸은 일상적인 생활을 할 때는 잘 만들어지지 않습니다. 예를 들어 병원의 혼잡한 응급실이나 기관지 내시경, 가래를 뽑는 흡인, 분무요법과 같은 의료 행위를 할 때 비말이 마르거나 잘게 쪼개지면 에어로졸이 만들어져요. 그럴 때는 다수의 감염자가 생기게 되죠. |

차클   그래도 에어로졸로 인한 전염 가능성을 완전히 배제할 순 없겠네요.

김   홍역이나 결핵의 전염력이 높다고 했었죠. 이런 질병은 에어로졸로 전파가 돼요. 특히 사람이 많고 밀폐된 환경에서는 공기 순환이 잘 안 되니까 에어로졸 전파가 일어날 수 있습니다. 코로나-19 역시 비말 전파 외에도 에어로졸 전파 가능성이 있다는 걸 기억하세요.

차클   사회적 거리 두기를 강력하게 실시해야 하는 이유겠네요.

김   네. 중국은 특수한 상황에서 에어로졸 전파가 가능하다고 말하고 있습니다. 우리나라도 종교 집회를 할 때 밀폐된 공간에서 다수가 빽빽하게 앉아서 노래를 부를 때가 많죠. 이때 에어로졸 전파가 될 수 있으니 주의해야 합니다.

차클   만원 버스나 지하철 내부도 특수한 상황이라고 할 수 있을까요?

김   사람이 많은 출퇴근 시간에 지하철이나 버스를 탈 때 반드시 마스크를 낄 것을 권합니다. 코로나-19나 호흡기 감염병의 경우 마스크가 효과적인 예방 백신이 될 수 있습니다. 물론 손 씻기도 마찬가지고요.

차클   침방울이 튀어나가는 것만 조심해도 전파를 상당히 줄일 수 있다는 말씀이시군요?

김 네. 대부분 역학 조사를 해보면 2차 감염자 중에 부부간 전파 사례가 많아요. 식사를 하는 도중에 옮기는 경우들이 대부분이죠. 그런데 과거에 2015년 한 메르스 환자가 병원 외래 방문을 하고 엘리베이터를 이용해 곳곳을 돌아다니는 바람에 비상이 걸렸었는데요. 당시에 병원을 폐쇄하고 추가 환자가 나오는지 긴장 속에 지켜봤는데 다행히 추가 환자는 나오지 않았어요. 그때 CCTV를 확인해보니 그 환자가 병원 내에서 쭉 마스크를 쓰고 있었어요.

차클 병원의 다른 분들도 마스크를 쓰고 있었나요?

김 네. 또 다른 병원에서 환자를 옮겨주는 이송요원 중에 메르스 확진자가 나와 비상이 걸렸었는데, 그분도 마스크를 착용하고 있어서 2차 감염자가 없었어요.

차클 마스크가 자기를 지키기 위한 수단이기도 하지만 다른 사람에게 바이러스를 전하지 않도록 막아주는 중요한 장치군요?

김 그렇죠. 코로나-19 환자가 기침이나 재채기를 할 때 마스크를 쓰고 있으면 비말 전파를 막는 효과가 있는 겁니다. 그래서 저는 마스크가 강력한 예방 백신이라고 항상 말합니다.

차클 최근에 마스크 종류가 너무 많은데요. KF94, KF80 중에서 어떤 것을 착용하는 것이 좋나요?

김 지금 우리가 사용하는 마스크는 KF, 즉 코리아 필터라고 해서 식약처가 정한 기준에 따라 만든 것들이에요. 숫자가 높을수록 차단 효과가 높은 것이죠. 그런데 일반 국민들은 KF80 정도면 충분합니다. KF94 정도면 굉장히 구멍이 작아서 생활하기에 불편할 수 있어요.

차클 혹시 면마스크로 대신할 수 있을까요?

김 KF마스크가 없을 때에는 면마스크를 대용으로 쓸 수 있지만, 효과가 떨어지기 때문에 우선적으로 권장하지는 않습니다. 면마스크는 비말을 흡수할 수 있어요. KF마스크처럼 3중으로 만들어진 것들은 비말이 튀어도 겉면만 적실 뿐 침투하지 않는데요. 면마스크는 비말이 튀었을 때 면에 흡수가 돼서 입안으로 접촉될 수 있습니다. 만약 KF마스크가 없다면 병원 의료진들이 쓰는 덴탈마스크 정도면 충분해요.

차클 마스크를 올바르게 쓰는 방법을 알려주시면 좋겠습니다.

김 네. 우선 마스크의 바깥쪽과 안쪽을 구분해야 합니다. 덴탈마스크의 경우 파란색이 바깥쪽이에요. 제일 바깥쪽이 방수가 됩니다. 물을 흘려도 침투가 안 되고 흘러내려요. 중간층은 세균을 걸러주는 필터가 있습니다. 제일 안쪽은 우리 침이나 콧물을 흡수하는 층이고요. 밖으로 비말이 새어나가지 않게 하죠. 또 하나 중요한 것이 위쪽에 있는 철사입니다. 콧등에 철사를 대고 구부려서 완전히 밀착시켜야 합니다. 그리고 가급적 마스크의 표면에 손이 닿지 않게 해야 합니다. 벗을 때도 마스크 표면을 만지지 말고 위생적으로 휴지통에 버려야겠죠.

차클 날씨도 코로나-19 바이러스의 유행에 영향이 있을까요?

김 그렇다고 할 수도 있고 아니라고도 할 수 있습니다. 바이러스가 오래 생존하려면 기온은 영상 4도, 절대 습도는 약 30퍼센트 수준이 유지돼야 합니다. 그래서 저온건조한 겨울철에 인플루엔자나 코로나 바이러스가 오래 생존하는 겁니다. 또 바이러스는 나무 탁자나 스테인리스 스틸에서 더 오래 살아남아 있고 천이나 종이에서는 일찍 사멸합니다. 바이러스가 7일간이나 생존하는 경우가 있다고 해요. 반면 여름이 오고 날이 더워져서 기온이 20도가 된다든지 습도가 70~80퍼센트 정도가 되면 생존 시간이 급격하게 짧아집니다.

차클 목욕탕이나 수영장 같은 곳에 출입하는 사람들도 많은데 그건 괜찮은 건가요?

김 수영장은 물을 염소로 소독하잖아요. 바이러스는 염소에 약합니다. 목욕탕도 온도가 뜨거워서 바이러스가 생존하지 못하긴 합니다. 하지만 문제는 목욕탕의 물이 아니라 집기류를 만지거나 옷을 갈아입는 탈의실에서 감염될 수 있다는 거죠. 그런 곳이 오염돼 있을 가능성이 있기 때문에 목욕탕이 얼마나 위생적으로 잘 관리되고 있는지가 중요하겠죠.

차클 그러면 고온다습한 나라는 코로나-19에 걸릴 확률이 덜하겠네요?

김 감염병은 바이러스, 숙주, 환경이라는 세 가지 요인의 영향을 받습니다. 환경적인 요인이 전부가 아닙니다. 그러니까 싱가포르나 태국에서도 환자가 계속 생기는 겁니다. 그리고 아직 인류는 이 바이러스에 대한 면역성이 없습니다. 모두에게 항체가 없으니 감염에 취약한 거죠.

차클 모든 바이러스가 다 고온에 약한가요?

김 바이러스마다 조금씩 다릅니다. 인플루엔자나 코로나-19 바이러스는 저온건조한 환경에서 오래 생존하고 메르스는 조금 더 고온에서도 더 오래 생존합니다. 지금 사우디에서는 메르스 코로나 바이러스가 풍토병이 됐습니다. 매년 유행을 해요.

차클 혹시 코로나-19 바이러스 감염이 의심될 때 병원에 함부로 찾아가면 자칫 다른 사람에게 바이러스를 옮길 수도 있잖아요. 적절한 대처 요령을 알려주시죠.

김 질병관리본부가 진단치료지침을 수시로 업데이트하고 있습니다. 지역 사회에서 환자가 많이 생기다 보니 전략도 이제 바뀌었어요. 만약 몸에서 열이 나고 기침을 하면 감염을 의심할 수 있겠죠. 그런데 말씀하신 대로 코로나-19 환자가 응급실이나 병원에 가서 병원 감염을 일으켜 병원이 폐쇄되면 고혈압, 당뇨 같은 만성 질환자나 응급 환자들이 병원을 갈 수 없게 됩니다. 혹시나 열이 나고 기침이 나서 감염이 의심된다면 일단 스스로 자가격리를 한 다음에 1339나 병원에 연락해서 안내를 받는 게 중요합니다.

차클 자가격리를 하면 어떤 식으로 행동을 해야 하는지 궁금합니다.

김 일단은 독립된 방에서 혼자 있어야 합니다. 화장실도 공동으로 쓰면 안 되고, 식사도 따로 해야 합니다. 만약 대면을 꼭 해야 된다면 마스크를 쓰고 약 2미터 정도 떨어진 상황에서 얘기를 해야 합니다. 또 창문을 수시로 열어서 환기를 해야 합니다. 만약 기침이나 재채기를 했으면 표면에 바이러스가 며칠 동안 생존할 수 있으니 락스로 접촉면을 소독해야 합니다. 가정용 락스를 0.1퍼센트 또는 1000ppm으로 희석한 용액을 천에 적셔서 빡빡 닦아야 됩니다. 그냥 칙칙 뿌리면 바이러스가 살아 있을 수 있어요.

차클 락스 대용으로 쓸 수 있는 것들도 있습니까?

김 에탄올 70퍼센트 이상의 농도로 만들어진 알코올 손소독제도 바이러스를 죽이는 데 충분합니다.

차클 확진 판정을 받아서 입원하게 되면 어떤 치료를 받는 건가요?

김 딱 정해진 치료제는 아직 나오지 않았어요. 초기에는 시험관에서 바이러스 억제 효과가 증명된 에이즈 치료제인 칼레트라(Kaletra), 말라리아 치료제인 하이드록시클로로퀸(Hydroxychloroquine)이란 약을 중증 코로나-19 환자의 치료에 시도했지만, 효과는 없고 때에 따라 부작용이 문제가 돼 더 이상 사용하고 있지 않습니다. 렘데시비르(Remdesivir)라는 에볼라 치료제가 미국에서 진행한 임상 시험에서 중증 코로나-19 환자의 회복 기간을 31퍼센트 줄였다는 발표가 나오면서 식품의약국이 치료제로 긴급 승인을 했습니다. 우리나라 식품의약품안전처에서도 렘데시비르의 수입품목 허가를 냈고, 실제 중증 코로나-19 환자의 치료에 사용되고 있습니다. 또한 산소 치료가 필요할 정도로 호흡 곤란이 심한 중증 폐렴 환자에게 덱사메타손(Dexamethasone) 투여가 사망률을 낮춘다는 효과가 영국 옥스퍼드대학 연구진에 의해 보고되면서 이러한 치료도 이뤄지고 있습니다. 이 외에도 여러 가지 항바이러스제 또는 항염증제 등을 이용해 신약 재창출 개념의 임상 시험이 시도되고 있습니다. 만약 환자가 중증이어서 저산소증에 빠지면 인공호흡기도 달고, 또 혈액을 순환시키면서 산소를 넣어주는 에크모(ECMO)라는 치료도 병행합니다. 이런 중증 치료에 대한 노하우는 메르스 때 우리나라 의료기관들이 많이 축적해뒀기 때문에 중증 코로나-19 환자 치료에서는 높은 수준에 있다고 봅니다.

차클 최근에 음압 격리 병동이 뉴스에 많이 등장하는데, 어떤 방식으로 운영되나요?

김 병실 문을 여닫을 때 공기가 왔다 갔다 하겠죠. 환자가 기침이나 재채기를 하면 문을 열 때 바이러스가 밖으로 나갈 수도 있습니다. 그래서 음압 병상에는 2중으로 문을 만들고 중간에 개인보호구를 착탈할 수 있는 전실을 설치해놨어요. 문을 열고 들어가서 문을 닫고 전실에서 옷을 갈아입은 뒤 또 다른 문을 열고 환자가 누워 있는 음압 병실로 들어가게 돼 있죠. 병실의 공기는 복도 쪽으로 나가지 않게 덕트라는 장치를 이용해 밖으로 빼냅니다. 그래서 음압 병실에 들어가면 귀가 약간 먹먹해요. 마치 비행기 타고 오르락내리락하면 귀가 먹먹한 것과 비슷해요. 코로나-19와 같은 전염병 사태에선 음압 격리 병동이 상당히 유용하게 쓰입니다.

차클 그런데 음압 격리 병동이 많이 부족하다면서요?

김 대구·경북 지역에 음압 격리 병동이 부족하다는 뉴스가 많이 보도됐죠. 2019년 기준 전국에 1207개의 음압 병상이 있다고 집계됐습니다. 그런데 확진 순서대로 음압 병실에 입원하다 보니 중증 환자 8명이 입원도 하지 못한 채 사망하는 일이 벌어졌죠. 심지어 2020년 3월 10일 기준으로는 대구 지역에서만 1600여 명이 입원 대기 중이었다고 해요. 이런 상황을 겪었으니 반드시 교훈을 잊지 말고 음압 격리 병동을 충분히 늘려야 됩니다. 제 생각에는 시·군·구 지자체와 보건소, 각 지

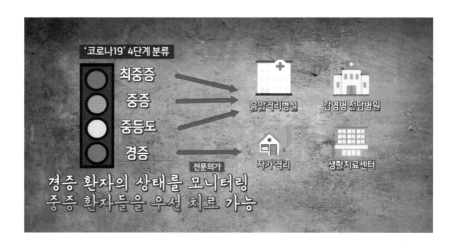

역의 의사회가 협업을 해서 일정 인구마다 코로나-19 거점 의원을 마련해야 합니다. 경증 환자를 진료하고 중증 환자를 판별해서 대학병원으로 보내는 병원이죠. 이렇게 코로나-19 의료 시스템과 기존의 의료 시스템이 섞이지 않게 동선을 달리할 필요가 있습니다.

차클 노인들은 폐렴 구균 백신 주사를 맞는 게 도움이 된다는데 사실인가요?

김 일단 독감 백신을 맞는 것이 좋습니다. 코로나-19의 증상이 열과 호흡기 증상을 동반해서 독감과 구분이 잘 되지 않기 때문이에요. 지난 겨울엔 많은 사람이 마스크를 착용하고 손을 열심히 씻다 보니 덩달아 독감 유행이 일찍이 확 줄었지만 2020년 겨울에 또 인플루엔자가 유행할 수 있습니다. 인플루엔자 백신을 맞은 경우 열과 호흡기 증상이 나타났을 때 인플루엔자가 아니라 코로나-19가 아닐까 의심해볼 수 있겠죠. 그러니 평소 인플루엔자 백신 접종을 안 하시던 분들도 적극적으로 맞는 것이 좋습니다. 질문하신 폐렴 구균 백신 접종도 일부 도움이 될 순 있습니다.

차클 어떤 점에서 도움이 될까요?

김 중국 자료를 보면 코로나-19 감염자의 한 20퍼센트는 중증 폐렴을 앓는다고 합니다. 그중 10퍼센트에서 세균성 폐렴이 합병된다고 해요. 폐렴 구균이 원인인 경우가 얼마나 될지는 알 수 없어도 부분적으로 도움은 될 수 있을 것으로 봅니다.

차클 아이들은 코로나-19에 덜 걸린다던데 근거가 있는 이야기인가요?

김 그 질문에 대한 답을 중국에서 얻을 수 있습니다. 출생 후 36시간부터 90대까지의 환자 7만여 명의 자료를 분석한 결과를 발표했어요. 평균적으로 50대 초반에서 감염자가 많이 나왔습니다. 그 말은 사회 활동이 왕성한 사람이 바이러스에 노출될 기회도 많다는 것을 의미하죠. 그래서 감염자가 많은 겁니다. 아이들 중 1세 미만 영아가 9명 정도 걸린 것으로 나왔는데, 증상은 약했다고 해요. 그리고 감염 경로도 가족 중 확진자가 있어서 아이에게 옮긴 것입니다. 아이들은 생각만큼 고위험군은 아니라고 볼 수 있습니다. 오히려 부모나 가족들이 걸리지 않도록 주의해야 되겠죠.

차클 아이들의 경우 가족 내 감염이 문제겠군요.

김 맞습니다. 감염병은 나 혼자만의 예방으로 그쳐서는 안 됩니다. 아이들과 부모들과 사회가 십시일반으로 일종의 방어망을 쳐야 해요. 개별적으로 손 씻기를 잘 하고 기침 에티켓을 잘 지키면 본인도 예방이 되지만 가족과 사회와 국가에 코로나-19 방역망이 촘촘하게 쳐지는 것입니다.

차클 코로나-19 바이러스가 지나가도 또 다른 팬데믹이 오지 않을까 걱정하는 사람들이 많아요. 포스트 코로나 시대에 어떤 점을 유념해야 할까요?

김 우선 개인은 30초간 손 씻기를 철저히 지키고, 올바른 마스크를 올바른 상황에서 올바르게 착용해야 합니다. 재채기할 때는 팔꿈치 안쪽에 입을 대고 하는 기침 에티켓을 실천하고요. 의심 증상이 있을 때는 3~4일간 자가격리 후 1339에 전화하기를 잘 지켜야 합니다. 다음으로 정부는 해외로부터 전파되는 코로나-19 바이러스에 대한 정보를 정확하고 올바르게 판단해서 국민들에게 전달하고 가짜 뉴스가 확산되지 않도록 적극적으로 관리해야 할 것입니다. 마지막으로 하나의 지구, 하나의 건강이라는 이른바 '원 헬스(One Health)' 개념을 늘 생각하면서 우리의 욕심을 좀 줄일 필요가 있어요. 생태계와 야생 동물을 보호해야 우리의 안전도 지킬 수 있다고 생각합니다. 지구 생태계에서 사람과 동물과 환경이 평화롭게 공존해야 서로 건강하게 지낼 수 있다는 점을 잊지 말아야 하겠습니다.

차이나는 클라스

DNA의 배신, 암

●

강진형

인류 최대의 난제인 암의 70퍼센트는 예방이 가능하다고 말하는 종양내과 전문 의로 현재 대한항암요법연구회 회장, 대한두경부종양학회 부회장, 식약처 중앙약 사심의위원, 건강보험심사평가원 암질환심의위원, 미래건강네트워크 이사로 활 동중이며, 가톨릭대학교 의과대학 종양내과 교수로 재직 중이다.

암이란 무엇인가

"세포 분열이 일어날 때 DNA 복제도 함께 일어납니다. 그런데 DNA 복제가 일어날 때 오류가 생겨요. 이것을 돌연변이 세포라고 부릅니다. 그리고 이러한 돌연변이 세포들이 무한대로 증식하는 것이 바로 암입니다."

• • •

차클 종양내과라는 말이 생소한데 설명을 부탁드립니다.

강 위암, 대장암, 유방암, 폐암 등 고형암에 대한 치료는 외과 의사가 담당하는 수술적인 방법도 있고, 방사선 종양학과 선생님들이 담당하는 방사선 치료도 있습니다. 그런데 고형암은 전신 질환이라서 한 가지 방법으로 완치를 기대하기 어려운 경우가 대부분입니다. 영상 검사를 통해 특정 부위에서 암이 발견됐다고 해도 대부분의 암세포들은 한자리에 머물지 않고 전신 혈액을 통해 순환하기 때문이죠. 따라서 종양의 종류와 증상, 환자 상태 등에 따라 외과적 수술, 방사선 치료, 호르몬 요법, 항암 요법 중에서 치료 방법을 선택하거나 여러 가지를 병용하게 됩니다. 종양내과는 다양한 고형암에서 적합한 치료 전략을 수립하고 전신적인 항암 치료를 전문적으로 다루는 분야입니다.

차클 전체적인 암 치료를 지휘하시는군요.

강 네. 그렇습니다. 종양내과 의사는 암 환자에게 필요한 전반적인 치료법을 계획하는 사람이라고 보면 됩니다. 수술과 방사선 치료와 항암 치료를 어떤 순서로 할 것인지를 치료 전부터 계획하는 것이죠.

차클 아무리 의학이 발달하고 새로운 치료법들이 등장해도 암은 정말 무서운 질병인 것 같아요. 실제로 주변에서 항암 치료 때문에 고통 받는 분들을 많이 봤거든요.

강 항암 치료를 받고서 완쾌돼 좋은 모습으로 사람들 앞에 서는 분들을 보면 정말 감사하다는 생각이 들어요. 치료를 앞두었거나 암에 걸렸다는 사실에 두려움을 갖고 계신 분들에게 정말 큰 도움이 되거든요.

차클 그런데 암의 70퍼센트가 예방이 가능하다고 하셨는데, 사실인가요?

강 네. 진료 현장에서 보면 암과 관련된 안타까운 사연이 많아요. 충분히 예방이 가능한 경우를 보게 되거든요. 암을 예방하기 위해서는 암이 도대체 어떻게 생겨나는 것이고, 어떻게 진행되며, 어떻게 예방해야 하고, 또 어떻게 치료해야 하는지를 살펴봐야 합니다.

차클 그렇다면 암이 어떻게 생겨나는지부터 설명해주시죠.

강 제가 이야기할 주제에도 밝혔듯이 DNA가 배신을 하기 때문에 암이 발생하는 겁니다. 제가 의과대학생이었던 1970년대만 해도 암의 정체를 잘 몰랐어요. 당시에는 암이 세포를 이루고 있는 세포질에서 생기는 것인지, 세포막에서 변화하는 것인지, 핵 내에 있는 염색체의 유전자 변이에 의한 것인지를 정확하게 알지 못했어요. DNA로 이루어진 유전자의 돌연변이가 암의 중요한 원인이 된다는 것을 알게 된 지는 불과 몇십 년밖에 되지 않습니다.

차클 DNA의 배신이라니 구체적으로 어떤 의미인가요?

강 세포 분열이 일어날 때 DNA 복제도 함께 일어납니다. 그런데 DNA 복제가 일어날 때 오류가 생겨요. 이것을 돌연변이 세포라고 부릅니다. 그리고 이러한 돌연변이 세포들이 무한대로 증식하는 것이 바로 암입니다.

차클 지금도 DNA 분열은 계속 일어나고 있는 것 아닌가요?

강 우리 몸에서는 1초마다 400만 개의 세포가 세포 분열을 합니다. 이에 따라 DNA도 매우 정확하고 충실하게 복제가 이루어지지만 하루에 약 300만 개 정도는 오류가 생겨요.

차클 오류가 그렇게 많이 일어난다고요?

강 DNA 복제에 오류가 많이 생겨도 우리가 건강하게 잘 살아갈 수 있는 것은 오류를 수정해주는 유전자가 정상적으로 작동하고 있기 때문입니다. 그런 유전자를 과오 수정(Mismatch Repair) 유전자라고 불러요. 보통 단독으로 활동하지 않고, 4~5개 유전자가 협동으로 일을 합니다.

차클 암세포의 경우 정상 세포와 구분되는 특징을 갖고 있겠죠?

강 네. 암세포는 정상 세포와 다른, 새로운 성질을 갖습니다. 일반적으로 정상 세포는 우리 몸이 상처를 입었을 때 증식해서 빈 공간을 메워 상처를 아물게 하죠. 어느 정도 상처가 아물면 더 이상 새로운 세포가 증식하지 않도록 제어하는 기능도 함께 갖고 있어요. 하지만 암세포는 세포가 제어되지 않고 무한대로 증식해서 암덩어리를 만듭니다.

차클 세포가 무한대로 증식한다니 그게 실제로 가능한가요?

강 예를 하나 들어보죠. 1951년도에 자궁경부암으로 사망한 헨리에타

랙스(Henrietta Lacks)라는 환자에게서 채취한 일명 헬라 세포입니다. 이 세포는 현재도 증식을 하고 있고, 연구를 위해서 분양되고 있어요. 저도 실험실에서 여전히 활용하고 있습니다.

차클 세포의 주인은 죽었는데 세포는 계속 증식하고 있다고요?

강 네. 세포만 살아남아서 아직도 암 연구에 쓰이고 있습니다.

차클 1951년에 환자가 사망했다면 그 세포가 70년이 넘도록 증식하고 있는 거잖아요. 정말 놀랍네요. 무한 증식 능력 외에 암세포의 또 다른 특징이 있을까요?

강 암세포의 두 번째 특징은 먼 곳으로 전이할 수 있는 능력입니다. 전이는 말 그대로 세포들이 그 자리에 머물러 있지 않고 다른 먼 곳으로 이사 가는 것을 의미합니다. 암세포가 혈관 벽을 뚫고 혈류를 통해서 전신을 순환하다가 특정 부위의 혈관에 정착하는 것이죠. 이후 혈관 기저막과 결체 조직을 녹이고 이동하면서 여러 면역 시스템을 피해 최종적으로 전이가 이루어지기 위해서는 여러 단계의 유전자 변이가 일어나야 합니다. 즉, 암세포는 처음에 있었던 곳에서 새로운 곳으로 전이해 새로운 변이 유전자를 가진 암세포로 바뀝니다. 그래서 치료를 어렵게 만들어요.

차클	암세포의 전이와 변이가 치료를 어렵게 만든다는 말이 이해가 됩니다. 그 외의 특징도 소개해주시죠.
강	세 번째 특징은 침습입니다. 전이는 혈관과 림프관을 통해서 먼 곳으로 가는 것을 말하지만 침습은 바로 옆에 있는 조직으로 스며들어 가는 것이죠. 쉽게 말해 확장되는 것입니다. 정상 세포는 이러한 침습의 특징이 없습니다.

왜 암세포가 만들어지는가

"모든 암은 전이할 수 있다는 것을 다시 한번 떠올려보길 바랍니다. 전이는 혈류를 통해서 진행되죠. 그런데 우리 몸에서 산소와 이산화탄소를 교환하는 곳이 어디일까요? 바로 폐죠. 우리 몸에 있는 혈액은 반드시 한 번은 폐를 거치게 됩니다. 따라서 어떤 암이든 가장 쉽게 전이될 수 있는 장기가 폐라고 할 수 있어요."

• • •

차쿨 무엇이 암을 유발하는지가 제일 궁금합니다. 원인을 알아야 예방도 할 수 있을 테니까요.

강 첫 번째 원인은 방사선입니다. 방사선을 말할 때 퀴리 부인의 이야기를 빼놓을 수 없어요. 퀴리 부인은 라듐이라는 방사능 물질을 발견한 공로로 1903년 노벨 물리학상을 수상했지만, 시상식에 참석할 수 없을 정도로 건강이 나빠졌었죠. 방사선에 피폭된 것으로 의심됩니다. 결국 1934년에 암으로 사망하기에 이릅니다.

차쿨 방사선이 암을 유발한다는 건 들어본 적 있습니다.

강 방사선은 고강도 방사선과 저강도 방사선 두 가지로 나뉘는데요. 굉장히 강도가 높은 고강도 방사선으로 인한 사고를 꼽자면 1986년 우크

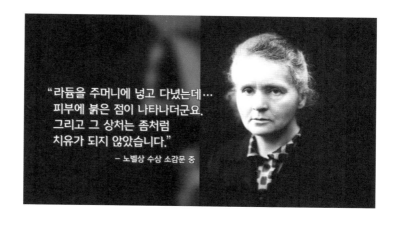

"라듐을 주머니에 넣고 다녔는데…
피부에 붉은 점이 나타나더군요.
그리고 그 상처는 좀처럼
치유가 되지 않았습니다."
– 노벨상 수상 소감문 중

라이나의 체르노빌 원전 사고가 대표적입니다. 기준치 1000배의 방사선 누출로 인해 100만여 명이 사망한 것으로 추정됩니다. 1945년 일본의 히로시마와 나가사키에 원자폭탄이 투하되기도 했죠. 당시에 70만여 명에게서 암이나 백혈병이 발병했어요.

차클 체르노빌이나 히로시마·나가사키 얘긴 너무 잘 알려져 있죠. 우리가 잘 모르는 방사능 사고도 많이 있었나요?

강 물론 많습니다. 그중 대표적인 사건이 있어요. 1916년 미국 뉴저지에 있는 시계공장에서 근무하던 어린 소녀들이 이유를 알 수 없는 증상으로 사망하는 일이 발생했습니다. 일부는 골수가 파괴되기도 하고, 일부는 백혈병이나 육종이 발병했어요. 나중에 밝혀진 바에 따르면 어둠 속에서도 시계가 잘 보이도록 시계판에 야광 물질을 바르던 과정이 문제였습니다. 그 물질이 바로 라듐이었던 거예요. 당시 소녀들은 라듐을 붓에 발라 시계판에 칠하는 일을 했습니다. 그런데 세밀하게 칠하기 위해서 붓끝을 혀에 대고 날카롭게 만들어가며 일을 했던 거였어요. 결국 10년도 되지 않아 공장 직원 67명 중 50여 명이 암으로 사망했습니다.

차클 그렇다면 일상생활에서 쉽게 노출되는 저강도 방사선도 위험한가요?

강 저강도 방사선은 의료 현장에서 치료용 방사선으로 쓰이고 있어요. 단, 강도를 조절하기도 하고 주변에 피폭이 이뤄지지 않도록 특수한 장치를 해놓았죠. 따라서 엑스레이나 CT는 1년에 몇 번씩 찍어도 건강에 큰 문제가 없습니다.

차클 그런데 암 환자들에게는 경과를 확인하기 위해서나 치료용으로 방사선을 주기적으로 쐬게 하잖아요. 이런 경우에도 방사선 피폭의 문제가 없나요?

강 CT를 여러 차례 찍으면 암이 생긴다는 뉴스를 봤다면서 걱정하는 환자들이 많아요. 심지어 CT를 거부하기까지 해요. 치료용 방사선이나 CT 촬영도 결국 엑스레이 방사선을 여러 각도에서 찍는 거라고 보면 됩니다. 물론 일반적인 엑스레이 사진보다 훨씬 더 많은 방사선에 노출되긴 하죠. 하지만 제가 말씀드리고 싶은 것은 이로 인해 암에 걸릴 위험보다는 자신에게 필요한 치료를 받고 경과를 정확히 확인하는 게 훨씬 더 이익이라는 겁니다.

차클 알겠습니다. 방사선 이외에 암의 주요 원인으론 또 무엇이 있나요?

강 세균과 바이러스입니다. 암을 일으키는 세균은 아직까지 헬리코박터균(Helicobacter pylori)이 유일합니다. 위장 점막에 기생하는 세균인데 세계보건기구(WHO)가 지정한 1급 발암 물질이에요. 그런데 헬리코박터균이 살고 있는 위의 점막은 위액으로 뒤덮여 있어요. 게다가 위액은 강산성을 띠고 있죠. 그만큼 특화된 세균이란 얘깁니다. 사실 웬만한

헬리코박터 파일로리균
위점막에 기생하는 세균으로
WHO가 지정한 1급 발암물질

균은 그곳에서 살 수 없거든요.

차클 정말 독한 녀석이군요. 그럼 헬리코박터균은 왜 생기는 것인가요?

강 안타깝게도 아직까지 원인이 밝혀지지 않았습니다.

차클 원인을 모르면 헬리코박터균을 없애지 못하는 건가요?

강 아닙니다. 항생제를 써서 위에 있는 헬리코박터균을 없앨 수 있습니다. 1~2주간 항생제 치료를 하면 90퍼센트 이상 균이 사라져요.

차클 다행이네요. 그런데 헬리코박터균을 가진 사람은 무조건 암에 걸리는 건가요?

강 헬리코박터균이 있다고 해서 모두 위암이 생기는 것은 아니고, 위암 환자에게서 헬리코박터균이 모두 발견되는 것도 아닙니다. 다만 헬리코박터균이 위암을 일으키는 또 다른 어떤 원인과 함께 상승 작용을 하는 걸로 추정됩니다. 헬리코박터균이 위궤양이나 십이지장궤양을 일으키는 중요한 원인임에는 틀림없어요. 그러니 헬리코박터균이 있다고 진단되면 없애도록 신경 써야 합니다.

차클　헬리코박터균으로 인한 질환을 예방하기 위해서 공용 반찬이나 찌개 처럼 나눠 먹는 음식을 피해야 한다는데, 올바른 정보인가요?

강　위벽에 붙어 있는 헬리코박터균이 침이나 위액을 통해 체외로 나오지 도 않을뿐더러, 다시 음식을 통해 타인에게 감염될 거라고 생각하진 않습니다. 그러한 정보의 과학적인 근거는 별로 없다고 봐요.

차클　일반적인 상식과는 다르군요. 그럼 암을 유발하는 바이러스에 대해서 도 설명해주시죠.

강　암을 일으키는 바이러스는 여러 가지가 있습니다. 대표적인 것이 모두 잘 알고 있는 B형과 C형 간염 바이러스입니다. B형은 주로 태아나 출 산 시에 감염되는 바이러스고, C형은 수혈이나 혈액투석 등 혈액을 통 해 감염되는 바이러스예요. 이들 간염 바이러스는 간경화를 통해서 결 국 간암을 일으킵니다.

차클　간염 바이러스는 이미 정복되지 않았나요?

강　우리나라에서는 1983년에 B형 간염 바이러스 백신이 도입됐어요. 전

국민을 대상으로 예방 백신을 보급했고, 현재는 B형 간염 바이러스에 의한 간암의 발병은 굉장히 드뭅니다. 간암 사망률도 70퍼센트 급감했어요. 간암의 상당수는 주로 수혈을 통해서 전염되는 C형 간염 바이러스에 의한 겁니다.

차클   최근엔 자궁경부암을 일으키는 인유두종 바이러스를 예방하는 백신이 개발됐잖아요. 그런데 여성뿐만 아니라 남성도 이 백신을 맞아야 한다는데, 왜 그런 건가요?

강   남성들이 보균자 역할을 하기 때문입니다. 별다른 임상 증상이 없으면서 바이러스를 퍼뜨리는 역할을 하는 거죠. 안타깝게도 인유두종 바이러스에 감염되면 주로 여성들에게서 자궁경부암의 형태로 나타나게 됩니다.

차클   그렇군요. 이런 사실을 잘 모르는 일부 남성들은 자궁도 없는데 왜 인유두종 바이러스 백신을 맞아야 하냐며 반발심을 갖기도 하더라고요. 하지만 선진국에서는 남자 청소년들에게도 접종을 많이 한다면서요?

강   네. 남자들도 인유두종 바이러스 백신을 맞아야 합니다. 남성들에게서도 인유두종 바이러스에 의해서 생기는 암이 점점 증가하고 있습니다. 혹시 구인두암이라고 들어보셨나요? 해부학적으로 편도가 속해 있는 부위를 구인두라고 부르는데요. 약 20년 전부터 유럽과 미국, 그리고 우리나라에서도 편도암을 포함한 구인두암의 발생 빈도가 점차 높아지고 있습니다. 남자들이 이 백신을 맞아야 하는 또 하나의 이유죠.

차클   방사선, 바이러스 이외에도 암을 일으키는 원인이 또 있나요?

강   세 번째 원인은 화학 물질입니다. 최근 들어 많이 이슈가 되고 있는 미세먼지도 여러 화학 물질을 포함하고 있습니다. 담배 연기에 포함된

4000여 종의 화학 물질엔 60여 종의 발암 물질이 들어 있어요. 니코틴, 타르, 벤조피렌 같은 것들이 대표적이죠.

차클 일반 담배 대신 전자담배를 피우면 건강에 조금 덜 해로운가요?

강 전자담배에서 나오는 화학 물질들도 발암의 원인이 될 수 있다고 보고되고 있어요. 포름알데히드가 일반 담배 대비 193배 검출된다는 이야기도 있고요.

차클 이른바 금연초를 피워도 결국 연기를 통해 화학 물질에 노출되겠군요?

강 네. 연기 안에 있는 화학 물질이 암을 일으킨다고 봐요. 금연초에서도 1급 발암 물질인 타르와 일산화탄소가 검출됩니다. 즉, 연기 안에 어떤 물질이 있는지가 상당히 중요해요.

차클 그럼 담배만 끊으면 암을 예방할 수 있나요?

강 흡연이 폐암을 일으키는 데 가장 중요한 원인인 것은 틀림없습니다. 따라서 담배를 끊는 게 확실히 도움이 되죠. 문제는 흡연을 얼마나 오랫동안 했는지, 하루에 몇 개비를 피웠는지가 중요해요. 두 가지 수치를 곱한 값을 갑년이라고 하는데요. 흡연에 노출된 정도를 나타내는 수치입니다. 더불어 얼마나 일찍 흡연을 시작했는지도 고려해야 해요. 이런 인자들이 합쳐져서 폐암이 발병할 가능성을 좌우합니다.

차클 맞아요. 20년 전에 금연을 했는데 느닷없이 폐암 진단을 받는 분도 있잖아요.

강 왜 금연을 해도 폐암이 생기는지를 살펴봐야 합니다. 아까 전 세포가 돌연변이를 일으킨다고 말씀드렸었죠. 만약 흡연을 하는 과정 중에 세포가 일정 수준의 돌연변이 단계에 도달하게 되면 발암 요인인 흡연을 멈추더라도 세포의 돌연변이는 계속되면서 무한 증식하게 됩니다.

그렇기 때문에 20년 전에 금연을 했더라도 자신도 모르는 사이에 세포가 계속 증식해 폐암으로 이어질 수 있습니다.

차클 그럼 금연을 해도 소용이 없다는 건가요?

강 그건 아닙니다. 금연기간이 길어질수록 폐암의 발병 위험도가 줄어든다는 것은 역학적 조사를 통해서 이미 밝혀진 사실입니다. 또한, 금연을 하게 되면 폐암 외에도 방광암, 신장암, 식도암, 두경부암 등 흡연과 관련된 암의 발생 위험도가 낮아지는 효과도 있습니다.

차클 담배 필터의 성능이 굉장히 좋아져서 순한 담배가 많이 개발됐는데, 그런 것들은 암 억제에 도움이 되지 않나요?

강 불편한 진실을 말씀드려야겠네요. 1970년대까지 세계적인 담배회사들이 담배를 굉장히 많이 팔아서 승승장구했어요. 그와 함께 폐암의 발병률도 늘어나기 시작했습니다. 흡연이 폐암의 중요한 원인이라고 여겨지면서 담배회사의 매출이 크게 떨어졌죠. 그래서 탄생한 것이 필터 담배입니다. 지금 많은 사람이 피우고 있는 필터 담배는 그런 사연을 통해 개발된 것이에요.

차클 필터는 유해 물질을 여과시키는 장치니까 암 예방에 도움이 되지 않을까요?

강 물론 담배회사 입장에서는 필터를 통해 유해 물질이 여과된다는 식으로 광고하고 판매했어요. 폐암은 걱정하지 말라고 했죠. 그렇다면 과연 필터 담배가 판매된 지 20~30년 후 폐암의 발병률은 과연 떨어졌을까요? 안타깝게도 2000년대 초반까지 실제로 폐암의 발병률은 줄어들지 않았어요. 오히려 조직학적으로 다른 종류의 폐암이 늘었다는 결과가 있어요.

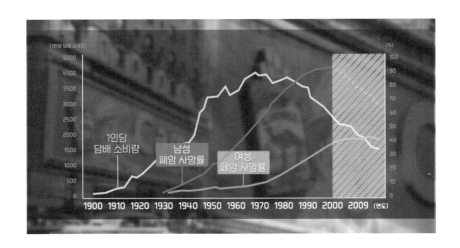

차클 필터 담배의 등장 전후로 폐암 발병 패턴에 차이가 있다는 건가요?

강 필터가 없는 담배가 판매되던 시절에는 편평상피세포암이 많이 발병했어요. 이는 주로 폐의 중앙에 있는 기관지에 많이 생기는 암이고, 가래, 기침, 혈담이 주요 증상입니다. 그래서 상대적으로 조기에 발견되는 편이에요. 반면 필터가 장착된 담배가 유통되면서부터 편평상피암보다 폐의 말단부에 생기는 선암이 더 늘어나게 됩니다.

차클 이유가 뭔가요?

강 필터가 유해 물질을 줄인 것이 아니라 유해 물질의 입자를 더 작게 만드는 역할을 한 겁니다. 즉, 더 작은 입자가 만들어지니 더 먼 곳까지 흩어져서 폐의 말단부까지 유해 물질들이 도달하게 된 것이죠. 그만큼 암의 발견 시점도 늦어지게 됐습니다.

차클 왜 암 발견에 시간이 더 걸리게 된 건가요?

강 폐에는 신경섬유가 존재하지 않습니다. 그래서 암의 덩어리가 아무리

커져도 아픔을 느끼지 못하는 거예요. 폐에 생긴 병변으로 통증이 나타나 병원을 찾을 때쯤이면 이미 다른 조직으로 전이가 된 경우가 대부분이에요. 신경 세포가 있는 흉벽까지 암 덩어리가 커졌을때 통증이 느껴지는 것이죠.

차클 그래서 폐암을 발견하기가 어려운 것이군요?

강 네. 폐암은 이미 상당히 많이 진행된 다음에 발견되기 때문에 치료하기도 어렵습니다. 결국 담배의 필터는 암 유발 인자를 걸러주는 것이 아니라 그 입자들을 작게 만들어준 것에 불과해요.

차클 흡연이 다른 암들도 유발하나요?

강 네. 위암, 신장암, 방광암과도 관련돼 있어요. 연기에 포함돼 있는 화학 물질이 혈액을 통해서 스며들어가기 때문이죠. 화학 물질이 신장에서 여과돼 소변으로 흘러들어가 방광에 고이면 결국 신장암, 방광암을 일으키게 돼요. 심지어 흡연이 유방암의 원인이라고도 알려져 있습니다. 흡연은 반드시 피해야 될 행위라고 말씀드릴 수 있습니다.

차클 흡연자가 암에 걸리는 것은 이해가 되는데, 비흡연자도 폐암에 걸리는 것은 왜 그런가요?

강 흡연을 한 적이 없는 여성이 폐암에 걸린 경우가 있었어요. 혹시 남편이 흡연을 하거나 담배 연기에 노출이 되는 환경에서 근무한 적이 있는지 물었는데, 그런 일이 없다고 하더군요. 아직까지 정확하게 규명된 것은 아니지만, 이런 경우에도 폐암에 걸릴 수 있습니다. 특히 40~60대 아시아 여성들에게서 많이 나타납니다. 의료계에서도 지난 20~30년 동안 흡연과 관련 없는 여성들에게서 폐암이 급증하는 사례들이 보고되고 있어요.

차클 혹시 요리를 많이 해서 연기에 노출되는 것도 영향이 있나요?

강 그런 연유도 있을 수 있습니다. 흡연과 관계없는 폐암의 원인을 조리할 때 생기는 연기 속 화학 물질로 추정하기도 해요. 하지만, 아직까지 인과관계가 정확하게 밝혀지지 않았습니다.

차클 나이가 들면서 몸속 호르몬 변화가 일어나는 것도 원인이 되나요?

강 아주 좋은 지적입니다. 40~60대 여성에게서 폐암이 많이 발생한다고 했었죠. 그 말은 곧 폐경을 전후한 여성들에게서 발병한다는 것입니다. 폐경기는 여성들에게 있어서 상당한 호르몬의 불균형을 초래하는 시기잖아요. 호르몬의 불균형도 중요한 원인이라고 추정할 수 있겠죠.

차클 폐가 다른 장기에 비해서 취약한 장기여서 그런 것일까요?

강 폐는 생명 유지에 가장 중요한 호흡을 담당하는 기관입니다. 호흡을 통해 폐로 들어오는 공기는 대부분 무색, 무취하기 때문에 어떤 유해 물질이 포함돼 있는지를 미리 알고 선택해서 호흡할 수 없습니다. 그러므로, 발암 물질에 취약한 장기라고 할 수 있습니다. 그리고 모든 암은 전이할 수 있다는 것을 다시 한번 떠올려보길 바랍니다. 전이는 혈류를 통해서 진행되죠. 그런데 우리 몸에서 산소와 이산화탄소를 교환하는 곳이 어디일까요? 바로 폐죠. 우리 몸에 있는 혈액은 반드시 한번은 폐를 거치게 됩니다. 따라서 어떤 암이든 가장 쉽게 전이될 수 있는 장기가 폐라고 할 수 있어요.

차클 그렇군요. 방사선, 세균과 바이러스, 화학 물질 이외에도 암의 주요 원인이 또 있나요?

강 마지막으로 한 가지가 더 있습니다. 유전적 감수성인데요. 쉽게 말해 가족력을 생각하면 됩니다. 암이 잘 발생하는 소인을 가진 집안들이 있어요.

차클   가족력이 있다면 본인이 조심한다고 해도 달리 방법이 없는 것 아닌 가요? 발암 유전자를 미리 발견하면 역시 예방할 수 있나요?

강   2013년 5월에 예방적 차원의 유방 절제술을 선택한 할리우드 배우 안 젤리나 졸리의 사례를 이야기해야겠군요. 일반적인 여성은 유방암에 걸릴 확률이 보통 5퍼센트 정도입니다. 그런데 BRCA1 유전자로 인해 서 유방암이 발병한 집안에서는 그 빈도가 40~80퍼센트로 높아집니 다. 안젤리나 졸리는 난소암으로 돌아가신 자신의 어머니가 BRCA 유 전자를 갖고 있었다는 것을 미리 알고 있었어요. 자신의 이모도 유방 암으로 사망을 했었고요. 그러니까 그녀의 경우에는 언젠가는 유방암 에 걸릴 확률이 매우 높았던 것이죠.

차클   그럼 절제술이 유방암 예방에 도움이 된 게 사실이네요?

강   그렇습니다. 아마 안젤리나 졸리도 70~80세 이상 살게 된다면 난소 암이나 유방암 발생 확률이 80퍼센트 정도는 될 거라고 추산할 수 있 어요.

차클   BRCA 유전자가 가족 전체에 영향을 미치나요?

강   지금 제가 치료하고 있는 한 환자도 BRCA2 유전자 양성 판정을 받았 어요. 남자 환자인데 위암에 유방암 소견까지 나와서 수술을 했어요. 이 환자가 너무 걱정스러워 가계도를 조사해본 적이 있습니다. 그런데 아버지가 폐암으로 사망하셨더군요. 확실하지 않겠지만 아마도 유방 암에 걸렸다가 폐로 전이된 게 아닌지 의심됩니다.

차클   다른 가족들에게서도 똑같은 암이 발병했나요?

강   형제 중에도 유방암으로 사망하거나 유방암에 걸렸다가 외과적 수술

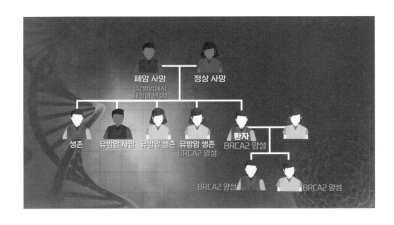

을 포함한 적극적인 치료 후 생존한 분들이 계셨죠. 이렇듯 동일한 발
암 유전자를 갖고 있어도 발병 여부는 달라질 수 있어요. 이 환자의 자
녀들은 다행히 아직까지는 암이 발병하지 않았지만 BRCA2 유전자를
갖고 있다는 판정이 나와서 매년 검진을 받고 있어요.

차클   가족력이 있다는 걸 미리 알게 되면 예방에 많은 도움이 되겠군요?

강   그렇습니다. 그래서 가족력을 알고 있는 것이 중요합니다. 이런 유전
자 카운슬링을 통해서 어디에 암이 생기든 예방적 차원에서 수술이나
방사선 치료를 할 수 있겠죠.

DNA 돌연변이는 어떻게 예방하는가

"술 하나만으로 식도암의 발병을 네 배 가까이 높인다고 해요. 담배도 발병률을 네 배 가까이 높여요. 술과 담배, 두 가지를 같이 한다면 식도암 발병 확률이 '4×4'로 16배까지 높아진다는 연구 보고도 있습니다."

• • •

차클 유전적 요인과 생활습관 중에서 무엇이 더 암을 더 많이 발병시킨다고 봐야 할까요?

강 유전적인 소인은 아주 극소수입니다. 오히려 잘못된 식사습관과 생활습관이 훨씬 더 많은 비중을 차지한다고 생각해요.

차클 실제로 증명된 연구 결과들이 있나요?

강 일본에서 20~30년간 계속 생활한 사람들과 일본에서 살다가 하와이 등 미국으로 이민을 간 사람들의 암 발생 빈도를 역학 조사한 연구 결과가 있습니다. 일본에서만 생활한 사람들은 위암 발병률이 높은 반면, 미국으로 이민을 가서 생활한 사람들은 대장암 방병률이 높다고 나왔어요. 이 결과는 유전적 요인보다 식습관이 위장관 암의 발병 형태에 중요한 영향을 미친다는 것을 보여주죠.

차클 음식의 종류에 따라 체내에 미치는 영향이 다르다는 것이군요?

강 네. 육류를 주로 많이 섭취하는 서구화된 식습관이 암의 형태까지 바꾸었다고 추정하고 있어요. 육류 소비가 많은 서구 국가들에서 대장암 발생 빈도가 높은 것이 그 증거입니다.

차클 생활습관이 특정 암을 유발한 사례가 또 있나요?

강 흥미로운 사례가 있습니다. 18세기에 활동한 이탈리아 의사 베르나디노 라마치니(Bernardino Ramazzini)가 주장한 바에 따르면 수녀들 사이에서 유방암 발병 확률이 높았다고 해요.

차클 수녀라면 금욕적이고 절제된 생활습관을 했을 것 같은데 유방암이 많이 발병한 이유가 무엇인가요?

강 유방암을 일으키는 원인 중 90퍼센트는 과도한 여성 호르몬입니다.

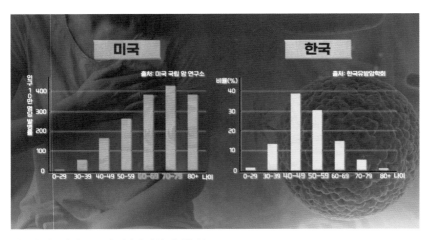

미국과 한국의 인구 10만 명당 유방암 발병률 분포도

수녀들이 보통 여성들과 결정적으로 다른 점은 결혼을 하지 않고 아이를 낳지 않는다는 것이죠. 아이를 낳지 않으니 수유도 하지 않아요. 그 덕분에 여성 호르몬 중 에스트로겐이 과다하게 분비됩니다. 결국 호르몬의 불균형이 유방암을 일으키게 된 것입니다.

차클 아이를 낳지 않고 수유를 안 하면 유방암 발병률이 높아진다니 걱정스러운 여성들이 많겠어요.

강 우리나라 경우 유방암 발병 연령이 서양보다 조금 더 낮습니다. 서구의 여성들은 보통 55~70세에서 많이 발병하는데 우리나라는 그보다 10~15세 앞서 걸립니다. 제 생각엔 유방암 발병률이 점점 더 늘어날 거라고 생각해요. 결혼을 하지 않는 분들이나 아이를 낳지 않는 분들이 많아지는 것도 주요한 원인이에요.

차클 당연한 말이겠지만, 술과 담배를 많이 하고 커피를 자주 마시는 것도 암을 일으키는 생활습관이겠죠?

강 네, 맞습니다. 식도암을 일으키는 주요 원인들입니다. 술 하나만으로 식도암의 발병을 네 배 가까이 높인다고 해요. 담배도 발병률을 네 배 가까이 높여요. 술과 담배, 두 가지를 같이 한다면 식도암 발병 확률이 '4×4'로 16배까지 높아진다는 연구 보고도 있습니다.

차클 술과 담배는 그렇다 치고, 커피는 왜 암을 유발하는 것인가요?

강 위와 식도 사이에는 위액이 식도로 넘어오는 것을 막아주는 괄약근이 있습니다. 만약 이 괄약근이 없다면 강산성의 위액이 식도로 계속 올라와서 자꾸 트림을 하게 될 겁니다. 그런데 커피를 많이 마시게 되면 위와 식도 사이의 괄약근이 많이 약해지거든요. 서구 사람들의 경우에는 커피로 인한 위액의 역류 현상이 많아서 식도암이 식도와 위가 연결된 부위에서 많이 발생합니다. 반면, 한국인에게서 나타나는 식도암은 주로 원인이 담배와 술이죠. 그리고 대부분 식도 초입부에서 발생합니다.

차클 위액이 식도로 넘어오면 어떻게 되나요?

강 강산성을 띤 위액이 식도의 마지막 부분을 계속 자극하면 위의 점막이 장의 점막처럼 변하는 이른바 장상피화생(腸上皮化生)과 같은 현상이 식도에서도 일어나요. 결국 식도암으로 이행하게 되죠.

차클 빈 속에 커피를 마시거나 빈 속에 술을 마시면 안 좋다는 것이 다 이유가 있었군요?

강 물론이죠. 그런데 하루에 커피를 여러 잔 마실 경우에 해당합니다. 한두 잔으로 일어나는 건 아니에요. 그리고 해부학적으로 식도는 점막의 층이 굉장히 단순하고 얇아요. 주변 장기로 쉽게 전이가 되기 때문에 일단 식도에서 암이 발병해 발견되면 예후가 좋지 않습니다. 수술하기도 어렵고 수술 이후에도 문제가 많이 생기죠. 합병증도 많은 종양이니 주의해야 합니다.

암은 정복될 수 있는가

"불과 10여 년 전만 해도 한 사람의 유전자를 해독하는 데 몇 달씩 걸렸어요. 이제는 한두 시간 안에 개인의 유전 정보를 다 해독할 수 있게 됐습니다. 가격도 많이 저렴해졌고요. 과학을 실제 진료 현장에 많이 활용될 수 있게 된 겁니다. 이제 우리의 유전자 정보를 한 페이지에 모두 수록하고 그 속에서 유전자 변이 결과를 확인할 수 있어요. 그러다 보니 어떤 유전자에서 변이가 일어나 암이 발병했는지를 쉽게 알 수 있는 것이죠. 바로 개인별 맞춤 표적 치료가 가능해진 겁니다."

...

차클 암을 예방하는 게 최선이겠지만 100퍼센트 그럴 순 없으니 치료법도 알아봐야 할 것 같습니다.

강 암 치료법 중에 항암제를 사용하는 방법부터 알려드리죠. 항암제는 개발된 순서에 따라 1세대, 2세대, 3세대로 나뉩니다. 1세대 항암 치료제는 빠르게 분열하는 세포를 막아내기 위해서 개발된 세포 독성 항암제인데요. 현재도 쓰이고 있습니다. 과거에 개발된 치료법이라고 해서 효과가 없는 것은 아니에요.

차클 예전에 나온 항암제는 부작용이 크다던데 이유가 뭔가요?

강 정상 세포 중에서도 상대적으로 빨리 증식하는 곳이 있습니다. 머리카락 모낭 세포, 입 안의 점막 세포, 장의 점막 세포, 그리고 골수에 있는

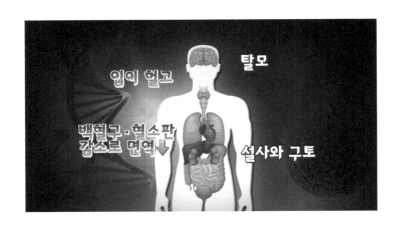

조혈모 세포는 다른 정상 세포들보다 빨리 증식해요. 그러다 보니 항암제에 의한 부작용이 자주 나타납니다. 항암 치료제가 암세포 외에도 이들 세포까지 무차별로 공격을 하니 탈모가 생기고, 입이 헐고, 백혈구·혈소판이 감소해서 출혈과 감염이 생기는 것이죠. 장 점막에도 손상이 생겨서 설사와 구토가 일어나기도 해요.

차클 항암 치료에 따른 고통이 그처럼 너무 크기 때문에 치료를 거부하는 분들도 많지 않나요?

강 제 환자이기도 하셨던 소설가 고 최인호 선생님의 사례를 소개해드릴게요. 최 선생님은 항암 치료가 잘 듣지 않는 침샘암을 앓고 있었습니다. 당시에 도세탁셀이란 세포 독성 항암제를 사용했는데요. 이 항암제를 쓰면 피부 부작용으로 손톱에 변형이 와요. 심한 경우에는 염증이 심해서 손톱이 빠지고요. 그런데 최 선생님은 치료 때문에 너무 힘들다면서도 끝까지 본인이 글을 직접 쓰고 싶어 하셨어요.

차클 손톱이 빠질 정도면 손에 물건을 쥐는 것도 힘들었을 텐데요.

강	피가 날 뿐만 아니라 염증이 상당했습니다. 그런데도 손에 골무를 끼고 펜을 드셨었죠. 이런 불편함과 고통 때문에 치료를 거부하는 분들이 많습니다. 하지만 요즘은 예전보다는 훨씬 더 좋은 항암 화학 요법이 등장했습니다. 머리가 빠지지 않는 치료도 있고 부작용들을 슬기롭게 극복할 수 있는 방법도 많이 나와 있기 때문에 환자분들이 너무 두려워하지 않았으면 좋겠습니다.
차클	2세대 항암제는 1세대 항암제보다 부작용을 많이 줄였나요?
강	네. 1990년 후반 만성 골수성 백혈병에 효과적인 표적 치료제가 최초로 등장했습니다. 정상 세포는 건드리지 않고, BCR-ABL 유전자 변이에 의해 비정상적인 단백질이 활성화되어 있는 혈액암 세포들만 공격하는 표적 치료제였죠. 바로 1999년에 등장한 글리벡(Gleevec)이라는 항암제입니다.
차클	글리벡은 어떻게 개발하게 됐나요?
강	분자 생물학의 발전 덕분에 만성 골수성 백혈병을 앓고 있는 환자들에게서 특징적인 염색체 이상이 있다는 것을 발견하게 됐습니다. 특히 BCR-ABL이라는 9번과 22번의 염색체 일부가 잘리고, 잘린 부분은 다시 접합이 일어나 새로운 융합 유전자가 만들어진다는 사실을 발견하게 됐어요. 그런 유전자를 표적할 수 있는 방법을 찾아낸 것이죠.
차클	글리벡이 등장하기 전까지는 백혈병을 어떻게 치료했나요?
강	만성 골수성 백혈병은 3~5년의 만성기를 지나면 가속기에 접어들게 되는데, 이때는 마치 급성 백혈병과 유사한 양상을 보여 수개월 내에 사망하게 됩니다. 항암 화학 요법과 인터페론은 만성기를 연장하기 위해, 조혈모 세포 이식은 완치 목적으로 시도됩니다.

차클 백혈병도 한번 걸리면 완치되기가 힘든 병이었겠네요.

강 과거 만성 골수성 백혈병은 3~5년의 만성기를 거치는 동안 일반적인 항암제를 통해서 백혈구의 수를 줄이거나 백혈구 수가 많으면 걸러내는 식의 치료를 통해 조절할 수 있었습니다. 하지만 급성기가 문제였어요. 이에 대비한 효과적인 항암제가 없었기 때문에 대부분 수개월 내에 사망하는 것이 현실이었습니다.

차클 글리벡 이후에 개발된 다른 표적 치료제들도 있나요?

강 두 번째 표적 치료제는 2000년대 초반에 혜성처럼 등장한 폐암 표적 치료제인 이레사(Iressa)입니다. 그런데 이레사가 시판됐을 당시 일본인들에게 투여한 결과와 서양인에게 투여한 결과가 확연히 다르게 나타났습니다. 인종적 차이에 따른 결과인지 명확하게 확인되지는 않았지만, 미국 식품의약국(FDA)은 기존의 항암제보다 반응률이 높다는 것에 주목을 했죠. 그리고 시판 허가를 내줬습니다.

차클 FDA가 허가를 내줬다는 것은 약의 효과도 검증을 했다는 의미겠죠?

강 원래는 기존 항암제와 비교하는 3상 임상 시험을 통해 우월성을 검증했어야 했지만, 우선적으로 치료제가 필요한 환자들이 많았기 때문에 조건부 신속 허가로 시판을 허락한 것입니다. 우리나라에서도 900명의 환자에게 동정적 사용이라는 명목으로 치료가 이뤄집니다. 그 당시가 항암제 임상 시험이 걸음마 단계였던 2000년대 초반임을 생각하면 참으로 놀랄 만한 사건이었죠.

차클 그럼 시판 이후에라도 치료제의 효과는 입증됐나요?

강 이후 3상 연구를 진행했는데 기존의 약제보다 효과가 좋지 않았어요. 게다가 치료가 진행되는 동안 미국과 유럽에서 3000여 명이 사망하기에 이릅니다. 불행한 결과에 FDA도 시판 허가를 취소했고요.

차클 　앞서 서구인과 동양인에게서 약효에 차이가 있다고 하셨는데 이유가 뭔가요?

강 　상피 세포 성장 인자 수용체인 EGFR 유전자의 특정 부위에 돌연변이가 있는 폐암 환자들이 이레사에 반응해서 효과를 나타낸다는 사실은 약물이 개발되고 몇 년이 지난 2006년에 확인됐습니다. 동양인 여성의 경우 EGFR 유전자 변이가 많이 일어난다는 것도 밝혀졌죠. 항암제가 개발되고 난 이후에 분자 표적이 확인된 특이한 케이스예요. 이레사는 이후 새로운 확증적 3상 임상 연구를 통해 EGFR 변이를 가진 비소세포 폐암의 1차 치료제로서 당당히 자리매김하게 됩니다.

차클 　2세대로 분류되는 글리벡이나 이레사와 같은 표적 치료제는 1세대 치료제보다 부작용이 확실히 덜했나요?

강 　그렇습니다. 분자 유전학과 분자 생물학의 발전 덕분에 정상 세포는 건드리지 않고 미사일처럼 표적만 차단하거나 억제하는 기술을 적용했기 때문이에요. 정상 세포를 건드리지 않는다는 것은 곧 부작용이 적다는 뜻이죠. 하지만 표적 치료제에도 부작용이 전혀 없는 것은 아니며, 피부 발진, 가려움, 설사, 간질성 폐렴 등이 나타납니다. 또한, 표적 치료제에 대해 반응이 유지되는 동안 병이 다시 진행해서 치료에 실패한 환자들의 암 조직에서 유전자를 분석한 결과, 약 50퍼센트의 환자에게서 EGFR 유전자에 또 다른 새로운 변이가 발생하는 것을 확인할 수 있었습니다. 내성이 생긴 것이라고 볼 수 있어요.

차클 　1세대 세포 독성 항암제와 2세대 표적 치료제 이외에도 항암 치료제가 개발됐나요?

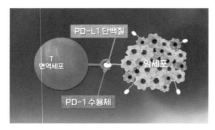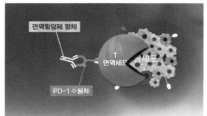

면역 항암제 항체를 투여하면 T-면역 세포가 암세포와 반응하지 않고 공격을 시작한다.

강 2013년에 면역 항암제라는 것이 개발됐습니다. 암 환자의 면역력을 키워서 암을 이겨내도록 돕는 치료제죠. 2015년 8월에 지미 카터 전 미국 대통령이 자신의 흑색종을 고백하고 면역 항암제 치료를 받은 것으로 유명해요. 그리고 4개월 후 암이 완전히 사라졌다는 판정을 받게 됩니다. 이후 카터 효과라고 불리며 전 세계가 면역 항암제를 주목하죠.

차클 면역 치료법라는 것이 갑자기 등장한 치료법인가요?

강 그렇지 않습니다. 이미 1980년대 후반에 면역 세포의 공격을 방해하는 암세포의 단백질을 발견한 연구자가 있었습니다. 2018년 노벨 생리의학상을 수상한 일본 교토 대학의 혼조 타스쿠(本庶佑)라는 교수입니다.

차클 면역 항암제는 어떤 원리로 작용하는 것인가요?

강 우리 몸에는 암세포를 공격해 치유하려는 면역 세포들이 있습니다. T-면역 세포에는 PD-1 수용체라는 것이 있고, 암세포에는 PD-L1이라는 단백질이 존재합니다. 만약 면역 세포가 암세포에 접근하게 되면 암세포의 단백질이 면역 세포의 수용체와 결합해 더 이상 공격하지 못하도록 밀어냅니다. 이것을 '면역 회피'라고 합니다. 그래서 암세포 주변의 면역 세포들은 공격을 하다가 힘을 잃고 지쳐버립니다. 이때 면역 세포의 수용체를 차단해주는 저해제를 사용하면 T-면역 세포가 생기를 얻어서 암세포를 공격하게 됩니다. 다시 말해, 환자 자신이 가지고 있는 면역계를 이용해서 치료를 하는 것이죠.

차클 주로 어떤 암에 효과가 있나요?

강 처음에 시도됐던 것은 피부암 중 악성 흑색종이고요. 두 번째 임상 시험에 성공한 것이 폐암 중 가장 흔한 형태인 비소세포 폐암입니다. 그 다음에 방광암, 신장암, 식도암에도 효과를 보였습니다. 그런데 흥미롭게도 유전자의 변이가 많은 종양일수록 면역 치료제가 잘 듣는 경향이 있습니다. 아마도 돌연변이가 많을수록 암세포 표면에 비정상적인 단백질이 많이 만들어지고 면역 세포들이 이를 보다 잘 인식해서 활성화되는 것 같아요.

차클 면역 치료제가 발달하려면 암세포와 같은 유전자 변이가 어떻게 일어나는지 확인하는 방법이 필요할 것 같아요.

강 맞습니다. 한 사람의 유전자 지도가 있다면 더욱 효과적이겠죠. 혹시 인간 게놈 프로젝트라고 들어보셨나요? 불과 10여 년 전만 해도 한 사람의 유전자를 해독하는 데 몇 달씩 걸렸어요. 이제는 한두 시간 안에 개인의 유전 정보를 다 해독할 수 있게 됐습니다. 가격도 많이 저렴해졌고요. 과학을 실제 진료 현장에 많이 활용될 수 있게 된 겁니다. 이제 우리의 유전자 정보를 한 페이지에 모두 수록하고 그 속에서 유전자 변이 결과를 확인할 수 있어요. 그러다 보니 어떤 유전자에서 변이가 일어나 암이 발병했는지를 쉽게 알 수 있는 것이죠. 바로 개인별 맞춤

표적 치료가 가능해진 겁니다.

차클 그럼 모든 암을 정복할 수 있게 된 것인가요?

강 수많은 유전자의 변이가 발견됐지만, 아직 가야 할 길이 멀어요. 유전자 변이 중에서 무엇이 더 중요한지를 이해하고 거기에 맞는 치료제를 찾는 것은 또 다른 노력이 필요한 일입니다. 이제 겨우 시작이라고 할 수 있어요.

차클 최근에 폐암에 걸렸다가 강아지 구충제를 복용한 뒤 암이 호전됐다는 기사를 봤는데요. 정말 효과가 있다고 보시나요?

강 답하기 전에 질문부터 드리죠. 만약 여러분이 똑같이 폐암 말기라면 어떤 선택을 하시겠어요?

차클 다양한 시도를 해봤는데도 불구하고 희망이 없다면 지푸라기라도 잡는 심정으로 복용해볼 것 같아요.

강 네. 정답을 내리기 참 힘든 문제인 것 같아요. 저는 종양내과 의사로서

하나의 약이 환자에게 투여되기 전에는 모든 검사를 통해 결과로 증명이 돼야 한다.

많은 임상 시험을 진행해오고 있습니다. 왜 그럴까요? 어떤 약이 됐든 환자를 통해 제가 직접 경험해봐야 해요. 암 치료제는 당뇨병이나 고혈압을 치료하는 수준의 약이 아니거든요. 자칫 암에 효과가 있다는 약을 썼다가 환자가 돌아가실 수도 있는 겁니다. 생명을 좌우하는 약이란 말입니다. 임상 시험을 통한 검증이 단 한 번도 이루어지지 않은 약이 병을 낫게 해준다고 말하는 사람들이 있는데 과연 그들이 실제로 그 약을 써봤을까요? 저는 그런 과학적 근거가 없는 이야기를 하는 건 매우 옳지 않은 일이라고 생각합니다.

차클　생명을 좌우하는 약은 임상 연구가 정말 중요하겠어요. 임상 연구는 어떤 식으로 이뤄지나요?

강　항암제 임상 연구란 실제 암을 앓고 있는 환자를 대상으로 하는 연구를 말해요. 그냥 한번 시험해보자는 식으로 쉽게 접근할 수 있는 문제가 아닙니다. 세포를 대상으로 실험도 하고, 쥐 같은 동물을 대상으로도 실험을 해요. 그런 다음 어떤 효과가 일어나는지, 어떤 부작용이 일어나는지에 대해 면밀하게 검사를 합니다. 그렇게 했는데도 실제 환자를 대상으로 한 임상 시험에서는 제대로 들어맞지 않아서 실패하는 경우도 많습니다. 그러므로 적어도 새로운 항암제를 환자에게 투여하기 전까지는 필요한 모든 연구 결과를 반드시 확보해야 합니다.

차클　정말 다양한 변수를 검토해봐야 하는 일이군요. 그런데 사실 임상 시험이라는 말 자체가 약간 거부감을 주는 것 같아요. 자신의 목숨을 담보로 시험대에 오르는 기분이 들 것 같기도 해요.

강　제가 임상 연구를 하면서 느꼈던 경험을 꼭 말씀드리고 싶습니다. 저는 많은 말기 암 환자에게 임상 연구에 참여하시라고 추천해요. 물론 거부하는 환자들도 꽤 많아요. 그래서 왜 그렇게 환자들이 임상 연구에 거부감이 있는지 알아봤습니다. 첫 번째 이유는 진행성 암, 즉 전이 암이라고 하면 치료하기 어렵거나 곧 죽는다는 자포자기의 생각이 많은 것 같아요. 두 번째 이유로는 과연 치료를 통해서 자신의 병이 나아질 수 있을지, 정말 효과가 있을지, 심각한 부작용은 없는지 불확실성에 대한 두려움이 큰 것 같아요. 셋째로는 자신이 실험 대상이 되는 것은 아닌지에 대한 미심쩍음이 있고요. 이러한 세 가지 이유들이 임상 연구에 대한 환자들의 거부감을 만들어내는 것 같아요. 하지만 임상 시험은 단순히 시험이 아니라 실험적인 치료이며 항암 치료의 한 과정입니다. 특히 항암제 같은 경우에는 더욱 그렇습니다.

차클 임상 시험에 참여해도 완치를 보장받을 순 없잖아요. 그럼에도 임상 연구에 참여해야 하는 이유는 뭘까요?

강 말기 암 환자에게 항암제는 완치하는 약이 아니에요. 항암제 임상 연구는 조금이라도 생존 기간을 더 연장하기 위해서 실시하는 것입니다. 그러다 보니 저와 같은 종양내과 의사들은 환자들이 조금이라도 더 생존 기간을 연장시킬 수 있는 기회를 드린다는 것에 커다란 보람을 느낍니다. 생존 기간이 연장된 만큼 가족들과 그동안 해보지 못한 말들을 한 마디라도 더 주고받고, 생애 마지막 여행도 다녀올 수 있지 않을까요? 그만큼 가족들이나 환자 본인에게 갑작스러운 이별 대신 마음의 준비를 할 수 있는 시간이 주어지는 것이죠.

차클 많은 생각이 드는 말씀이네요. 마지막으로 기억나는 환자가 혹시 있으신가요?

강 작년에 면역 항암제 임상 시험을 했었던 말기 여성 폐암 환자가 있었습니다. 뇌와 뼈에 다발성 전이가 동반된 환자였지만 PD-L1 발현이 높았기 때문에 확신을 가지고 있었죠. 처음에는 한사코 연구에 참여하지 않으려고 했어요. 아까 말한 세 가지 이유가 잠재의식 속에 많았던 것 같아요. 그래서 외동아들에게 어머니를 꼭 설득해보라고 말씀드렸었죠. 여섯 차례의 면담에도 불구하고 뜻을 굽히지 않았지만 결국 아들이 어머니를 설득해서 임상 시험에 참여하게 되었고 면역 항암제에 좋은 반응을 보였던 8개월 정도의 기간 동안 모자지간에 행복한 시간을 가질 수 있었습니다. 면역 항암제에 의해 발생한 간질성 폐렴으로 투약을 중단할 수밖에 없었던 게 너무 아쉬울 정도였습니다. 이처럼 시판 허가를 받지 못했거나 건강보험 급여가 적용되지 않는 새로운 항암제의 경우, 윤리적이며 투명하게 암 환자에게 약물을 투여할 수 있는 방법은 오로지 임상 시험밖에 없습니다. 저 또한 보다 많은 분들이 암 치료의 혜택을 누리실 수 있도록 앞으로도 연구와 신약 항암제의 임상 개발에 많은 노력과 힘을 쏟도록 하겠습니다.

두 얼굴의 나노,
약인가 독인가

•

박은정

결혼과 출산 그리고 간병으로 인한 8년간의 경력 단절을 딛고 세계적인 나노 독
성학자로 자리매김해 2015년 지식창조 대상, 2019년 홍진기 창조인상을 수상했
다. 2016~2018년 3년 연속 세계 상위 1퍼센트 연구자로 선정됐으며 경희대학
교 부설 동서의학연구소 교수로 재직 중이다.

독성학이란 무엇인가

"여러분들이 약국에서 구입한 약품에 들어 있는 설명서를 보면 약을 몇 알 먹어야 하는지, 어떤 부작용이 있는지에 대해 자세하게 정리돼 있죠. 복용량, 용법 등을 지키지 않았을 때 발생할 수 있는 부작용이나 약품을 복용할 때 피해야 할 주의사항 등에 관해 연구하는 학문이 바로 독성학이에요. 한마디로 우리가 일상생활 속에서 접하는 모든 물질로부터 우리의 건강을 지키는 방법을 제시하는 학문이죠."

• • •

차클   경력 단절 주부에서 세계적인 과학자로 거듭났다는 기사를 본 적이 있습니다. 독성학이라는 분야는 매우 생소한데요. 쉽지 않은 길을 걷게 된 계기가 있었나요?

박   아이를 키우는 분들이라면 누구나 한 번쯤은 느끼셨을 텐데요. 저의 잘못된 판단으로 인해 아이가 생후 1개월에 탈장이 됐었어요. 장이 불편해서 그랬는지 아이가 잘 먹지를 못하면서 병을 달고 살았습니다. 그 시간들을 겪으면서 내가 똑똑해야 내 아이를 제대로 키워낼 수 있겠다고 생각했어요. 그래서 아이를 건강하게 키우는 데 필요한 내용을 계속 공부하다가 아이가 중학생이 될 때 좋은 기회가 주어져서 정식으로 공부를 시작하게 됐습니다. 주변에서는 육아로 경력 단절이 돼서 힘들지 않았냐고 하는데, 저는 아들이 있었기에 오히려 열심히 할 수 있었던 것 같아요.

차클 아이를 키우는 부모라면 누구나 공감할 것 같습니다. 평생 공부한 것들이 무색할 만큼 새로운 지식이 필요하다고 느끼게 되는 것 같아요.

박 그렇죠. 소비 행태도 가족들의 건강을 생각하는 쪽으로 바뀌게 돼요. 특히 요즘처럼 하루가 멀다 하고 새로운 제품이 나오고, 새로운 물질이 만들어지는 세상에서는 엄마, 아빠가 똑똑해야 가족의 건강을 지킬 수 있는 것 같습니다.

차클 아이를 낳고 육아를 병행하면서 다시 공부를 시작하신 거잖아요. 이전의 공부 흐름이나 감각을 되찾기 어려우셨을 텐데요.

박 맞아요. 머리도 잘 안 돌아갔죠. 시대도 너무 많이 변해 있었고요. 그만큼 공부해야 할 것들도 더 많았어요. 특히 저의 경우는 서른일곱에 처음 피펫(pipette)이라는 것을 잡아봤습니다. 실험도구가 정말 생소했지만, 필요한 양을 정확하게 얻기 위해서는 반드시 익숙해져야만 하는 물건이었어요. 그런데 보통 손이 둔해져서 다루기 힘들어지는 나이에 저는 처음으로 이 물건을 접한 거죠. 일반인들은 눈으로 확인하기도 어려운 1마이크로리터(μl)의 세계를 손끝으로 정확하게 들어내고 조절하는 감각을 살려내는 것부터가 난관이었죠.

차클 쉽지 않은 일이었을 텐데 대단하세요. 그런데 독성학은 어떤 학문인가요?

박 많이 생소한 분야일 겁니다. 독성이라고 하면 왠지 단어에서 느껴지는 이미지도 강하고 몸에 안 좋은 물질을 다루는 학문처럼 느껴지죠. 그런데 여러분이 약국에서 사 드시는 철분제, 감기약 같은 약들도 모두 독성학에서 다루는 대상이에요.

차클 네? 혹시 감기약도 독성 물질인 건가요?

박 네. 우리가 흔히 먹는 약의 경우에도 용법과 용량을 잘 지켜서 쓰지 않으면 독이 될 수 있어요. 하지만 용법과 용량만 잘 지키면 우리가 원하는 효과만 얻게 되죠. 여러분들이 약국에서 구입한 약품에 들어 있는 설명서를 보면 약을 몇 알 먹어야 하는지, 어떤 부작용이 있는지에 대해 자세하게 정리돼 있죠. 복용량, 용법 등을 지키지 않았을 때 발생할 수 있는 부작용이나 약품을 복용할 때 피해야 할 주의사항 등에 관해 연구하는 학문이 바로 독성학이에요. 한마디로 우리가 일상생활 속에서 접하는 모든 물질로부터 우리의 건강을 지키는 방법을 제시하는 학문이죠.

차클 우리 생활 속에서 잘 사용하면 약이 되고, 잘못 사용하면 독이 되는 사례가 무엇이 있을까요?

박 청소를 위해 쓰는 락스가 대표적입니다. 화장실 청소를 할 때나 소독이 필요한 곳에 락스를 많이 쓰죠. 심지어 1970년대까지만 해도 락스는 살균 효과가 있다고 해서 구강 청정제로도 쓰였어요. 물론 연하게 희석을 해서 사용했었죠. 그런데 많이 넣으면 더 살균 효과가 좋아질 거라고 생각해 적정량 이상으로 사용하면 산 가스가 만들어지면서 우리 몸에 해로울 수 있어요. 특히 밀폐된 공간 안에서는 더욱 위험할 수 있습니다.

차클 락스에 살균 효과 성분이 있다고 해도 직접 인체에 닿으면 건강에는 해로울 거 같아요.

박 무엇이든 적정량을 쓰는 게 중요합니다. 수영장에서 락스를 쓴다는 말을 많이 들으셨을 겁니다. 수영을 하다 보면 가끔 우리 입으로 수영장 물이 들어가기도 하죠. 찜찜할 수 있지만, 우리 몸에 해로울 정도는 아니에요. 다만 수영 후에는 깨끗이 샤워를 하는 것이 더 좋습니다.

차클 독성학에서 다루는 물질에 미세먼지도 포함되나요?

박 네. 미세먼지도 우리가 일상생활을 통해 접할 수 있는 물질이니까요.

차클 그럼 미세먼지에 대해서도 연구를 하시나요?

박 네. 요즘은 날씨를 확인하면서 미세먼지 농도를 함께 보는 게 흔한 풍경이죠. 미세먼지가 많은 날 밖에 나가도 되는지, 집 안에 들어온 미세먼지는 어떻게 해야 하는지 등에 대해 걱정하는 사람이 정말 많아요. 특히 임산부들이라면 더욱 그러실 거예요. 밖에 나가도 되는지, 집에 있는 게 더 안전한지, 환기를 시켜도 되는지, 그냥 문을 닫아놓고 공기청정기를 돌리는 게 좋은지, 굉장히 많은 고민이 될 겁니다. 독성학에서는 미세먼지를 많이 흡입하면 어떤 문제가 발생할 수 있는지, 미세먼지가 어느 정도의 농도일 때 마스크를 끼는 게 좋은지, 마스크를 했을 때 일어날 수 있는 건강 문제는 없는지 등 미세먼지로 인해 발생 가능한 다양한 문제를 연구합니다.

차클 듣다 보니 생활 속에서 지켜야 할 것들을 너무 많이 알고 계시니 오히려 피곤하지 않을까 하는 생각이 들어요.

박 맞아요. 직업병 같은 것이 생기기는 하는 것 같습니다. 화장실에 가더라도 변기 위에 '항균(抗菌)' 표시를 보면, 어떤 원리에 의해서 항균이 된다는 건지 고민하게 돼요. 항균을 위해 화학 물질을 사용했는지, 만약 사용했다면 어떤 식으로 사용했는지 등 다양한 생각들이 떠오릅니다.

우리 주변엔 어떤 독성 물질들이 있는가

"오늘도 아침에 많은 분들이 사용하고 나오셨을 거예요. 샴푸, 주방세제, 세탁세제, 세정제 등에도 기능이 이와 유사한 물질들이 사용되고 있습니다. 화장품에도 보존제로 사용하기도 하고요. 그러나 너무 걱정하지는 마세요. 사용법만 잘 지키면 전혀 문제가 없어요. 단, 충분히 잘 헹궈주고, 뜨거운 물보다는 미지근한 물을 사용하면 더욱 좋을 것 같습니다."

• • •

차클   일상생활과 밀접한 환경에서 독성 물질로 인한 사건·사고가 많이 일어났죠?

박   맞아요. 2018년에는 라돈 침대가 우리 사회를 떠들썩하게 만들었죠. 1급 발암 물질로 분류되는 라돈이 가장 안전한 공간이 돼야 할 침대에서 검출됐던 사건입니다. 또 2017년에는 살충제에 오염된 계란이 유통된 사건이 있었고요. 생리대에서 발암 물질이 검출됐다는 보도도 있었고, 수많은 피해자를 만들어낸 가습기 살균제 사건도 전 국민을 안타깝게 만들었죠.

차클   가습기 살균제 사건은 정말 충격적이었어요.

박   이 사건은 2019년 7월 19일 기준으로 피해자 6476명, 사망자 1421명이 발생한 대한민국 역사상 최악의 화학 물질 참사였어요. 이 사태가 처음 드러난 건 2006년도입니다. 당시에 원인 불명의 폐질환으로 병원을 찾는 유아들이 늘어나기 시작했어요. 아이들의 폐에 문제가 생겼는지 기침을 많이 해서 병원을 찾은 것이죠. 그러다 2011년도에 임산부들이 연이어 사망하면서 대대적으로 공론화됐습니다.

차클 어떤 독성 물질이 원인이었나요?

박 가습기 살균제에 포함된 PHMG(폴리헥사메틸렌구아니딘)이라는 원료 물질 때문이에요. 이 물질이 처음 개발된 것은 1994년입니다. 당시에는 세정제로 개발이 됐어요. 그런데 PHMG를 국내에 들여오면서 첨가제로 승인을 받아 가습기 살균제로 쓰기 시작한 거예요.

차클 세정제로만 사용할 때는 별 문제가 없었는데 가습기 살균제로 쓰면서 인체에 피해를 입히게 됐다는 얘긴가요?

박 네. 가습기 물탱크에 발생할 수 있는 세균을 방지하기 위해 첨가한 PHMG가 물과 함께 에어로졸 상태로 호흡기를 통해 몸에 들어가게 된 것이 문제였어요. 어떤 물질이든 개발할 당시의 용도와 전혀 다른 방식으로 사용하게 되면 무슨 문제가 발생할지 예측할 수가 없습니다. 특히 PHMG가 호흡기로 들어올 경우 일어날 부작용에 대한 정보가 없었죠.

차클 업체가 상품화하기 전에 안전검사도 안 한 건가요?

박 검사를 하긴 했죠. 그런데 애초에 PHMG를 공산품으로 들여왔어요. 공산품을 들여올 때 실시하는 독성 시험은 주로 경구독성과 피부독성에 관한 것입니다. 호흡기 노출 시 발생할 독성에 대해선 충분한 검증을 안 한 거예요.

차클 어떻게 그런 일이 벌어졌는지 너무 화가 나네요.

박 게다가 해당 업체가 무독성이라는 점을 너무 많이 강조했어요.

차클 설마 지금도 문제의 독성 물질을 사용하고 있지는 않겠죠?

박 2015년에 가습기 살균제 성분 중 PHMG는 규제하기 시작했어요. 그런데 MIT(메틸이소티아졸리논)나 CMIT(메틸클로로이소티아졸리논) 같은 물질들은 여전히 다른 용도로 쓰이고 있습니다.

차클 네? 아직도 생활용품 중에 이런 물질이 포함돼 있다고요?

박 오늘도 아침에 많은 분들이 사용하고 나오셨을 거예요. 샴푸, 주방세제, 세탁세제, 세정제 등에도 기능이 이와 유사한 물질들이 사용되고 있습니다. 화장품에도 보존제로 사용하기도 하고요. 집에서 쓰는 세제 용기에 적힌 제품 성분을 보면 메틸이소티아졸리논, 메틸클로로이소티아졸리논, 암모늄라우릴설페이트 같은 문구를 볼 수 있습니다. 그러나 너무 걱정하지는 마세요. 사용법만 잘 지키면 전혀 문제가 없어요. 단, 충분히 잘 헹궈주고, 뜨거운 물보다는 미지근한 물을 사용하면 더욱 좋을 것 같습니다. 뜨거운 물로 샴푸를 하거나 설거지를 하면 세제에 들어간 성분이 물과 함께 에어로졸 상태로 호흡기에 들어갈 수 있기 때문입니다. 만약 뜨거운 물을 꼭 사용하고 싶으면 환기를 하면서 사용하기 바랍니다.

차클 그럼 욕실 문을 닫아놓고 뜨거운 물을 받아서 거품 목욕 하는 건 건강에 정말 안 좋겠네요.

박 그 정도로 심각한 것은 아니에요. 우리가 가정에서 쓰는 세제나 목욕 용품들의 성분표를 잘 살피고 적게 쓰려고 노력하는 게 중요하죠. 내가 무엇을 쓰는지 알고, 너무 과다하게 쓰지 말라는 얘기예요.

차클	이런 물질이 포함되지 않은 천연 세제는 없나요?
박	저는 식초를 많이 활용하고 있어요. 설거지를 할 때 세제를 푼 물에 식초를 넣어서 사용하면 거품도 적어지고 세제 사용량도 줄일 수 있고 그릇에 남는 음식 냄새도 줄어드는 것 같더라고요. 무엇보다 세제에 노출되는 양을 줄이는 게 중요하거든요. 쾌적하고 편리한 걸 알면서 아예 안 쓸 이유는 없으니까요. 그 대신 사용할 때 용법과 용량을 잘 지키면 됩니다.
차클	라돈 침대도 큰 파문을 일으켰던 기억이 납니다. 대체 라돈이 얼마나 위험한 물질인가요?
박	아까도 말씀드렸듯이 라돈은 원래 1급 발암 물질이에요. 라돈으로 인한 폐암으로 미국에서는 매년 거의 2만 명 정도가 사망합니다.
차클	미국에서는 왜 그렇게 많은 사람들이 라돈의 피해를 입는 것인가요?
박	생활환경의 차이라고 할 수 있어요. 우리는 많은 사람이 아파트에서 생활하잖아요. 반면 미국은 지하실이 있는 주택에서 많이 생활하죠. 문제는 노후한 주택의 경우, 주택의 벽에 금이 가거나 틈이 생기면 지하실과 맞닿은 토양이나 지반에서 발생한 라돈이 집 안으로 스며들어 올 수 있기 때문입니다.
차클	라돈도 흡입했을 때 문제를 일으키는 물질인가요?
박	네. 호흡기를 통해 우리 몸에 들어온 라돈은 암을 발생시킬 수 있습니다. 그런데 우리나라에서는 제품으로 판매된 침대 매트리스에서 이 라돈 성분이 검출된 것이고요.
차클	대체 왜 그런 성분이 침대 매트리스에 들어간 건가요?
박	혹시 음이온이라고 들어보셨나요? 많은 사람이 음이온이 몸에 좋다

고 알고 있잖아요. 그런데 음이온을 만드는 돌가루, 즉 모나자이트 (monazite)라고 불리는 물질이 라돈을 발생시킨 겁니다. 일명 '음이온 침대'에 라돈 성분이 들어가게 된 경위예요.

차클 광고와 달리 음이온이 몸에 나쁜 거였네요.

박 음이온이 몸에 좋다는 과학적 근거는 현재까지 전혀 없습니다. 아무 효과가 없어요. 그런데 이상하게도 우리나라에서는 음이온 관련 제품들이 정말 많이 팔렸어요. 건강에 좋다는 이유로요.

차클 음이온의 과학적 근거가 없다니 정말 충격적이네요.

박 음이온이 건강에 좋다는 식의 과장 광고 또는 허위 정보를 너무 맹신하지 않도록 주의하면 될 것 같습니다.

나노 물질은 왜 위험한가

"나노 물질은 2000년대 중반부터 급속도로 생산되기 시작한 물질이고, 종류도 너무 많아서 공포심을 갖게 됩니다. 독성학을 연구하는 학자들조차도 고민하는 물질 중 하나입니다. 환경 호르몬이 우리 후손들에게 영향을 줄 수 있는 문제라면 나노 물질은 지금 당장 우리가 겪을 수 있는 문제입니다."

● ● ●

차클 이제 독성학이 무엇인지는 조금 알 것 같아요. 그런데 최근 나노 물질이 인체에 미치는 영향에 대해 이런저런 얘기가 나오던데, 나노 물질도 독성학의 연구 대상인가요?

박 지금까지 얘기한 물질들은 일반 대중들도 그 유해성에 대해 알고 고민하는 물질들입니다. 그런데 아직까지 그 유해성에 대해 제대로 알려지지 않은 물질이 나노 물질입니다. 학계에서도 많이 고민하고 있는 물질이에요. 먼저 나노는 난쟁이를 의미하는 그리스어 '나노스(Nanos)'에서 유래한 말이고요. 단위로 환산하면 10억분의 1미터, 즉 10^{-9}미터입니다.

차클 10억분의 1미터라니 얼마나 작은지 상상이 안 되네요.

박	서울 운동장에 놓인 축구공을 지구도 아닌 우주에서 볼 때의 크기라고 생각하면 됩니다. 여러분들이 잘 알고 있는 단위로 비교해볼까요? 자의 눈금을 보면 1센티미터(cm) 사이에 밀리미터(mm)를 나타내는 작은 눈금이 10개가 있죠. 1밀리미터를 1000분의 1로 나누면 1마이크로미터가 되고, 이것을 다시 1000분의 1로 나누면 1나노미터예요. 우리 몸속 유전자인 DNA가 약 1~2나노미터예요. 지금 전 세계를 뒤흔들고 있는 코로나-19 바이러스가 약 120나노미터, 우리 몸을 흐르는 혈액 속에 있는 적혈구가 약 6~8마이크로미터입니다. 봄이면 우리를 괴롭히는 꽃가루나 우리 머리카락이 약 100마이크로미터입니다. 이제 나노가 얼마나 작은 크기인지 짐작이 조금 되죠?
차클	육안으로는 결코 볼 수 없는 세계인 거네요?
박	보이지 않죠. 초미립자 나노의 세계이거든요. 그래서 실험실에서는 전자 현미경을 통해서 관찰을 하고 있습니다.
차클	나노 물질은 사람이 인공적으로 만드는 것인가요?
박	나노 물질은 크게 자연 나노와 제조 나노로 나눌 수 있어요. 이 중 자연 나노는 돌가루, 물보라, 연소 등 자연에서 만들어지는 나노 물질이에요. 큰 바위도 계속 갈다 보면 아주 작아져서 나노 사이즈만큼 작아질 수 있거든요. 우리가 호흡하는 미세먼지에도 나노 크기의 입자가 있고, 촛불 연기(100나노미터), 게코 도마뱀의 미세털(200나노미터) 등도 대표적인 자연 나노 물질이죠.
차클	미세먼지에도 나노 물질이 있다고요? 그럼 미세먼지와 초미세먼지는 어떤 차이가 있나요?
박	대기 중으로 배출되는 가스의 액상 물질들이 물리-화학적 반응을 통

초미세먼지 크기 비교

머리카락
50~70㎛

미세먼지
10㎛

초미세먼지
2.5㎛ 이하

해 고체화되고 대기 중에서 다양한 반응을 통해 그 크기가 점차 커지면서 우리가 흔히 말하는 먼지가 만들어집니다. 마모 과정을 통해 나노 사이즈로 작아지는 것도 있어요. 대기환경보전법에 따르면 호흡성 미세먼지는 지름이 10마이크로미터 이하인 먼지를 말해요. 대기 환경 기준에 가이드라인이 정해져 있습니다. 그보다 더 작은 지름 2.5마이크로미터 이하인 먼지들은 초미세먼지라고 부릅니다. 1998년부터 경제협력개발기구(OECD)에서도 초미세먼지에 대해 특별히 더 관리를 하고 있죠. 세계보건기구(WHO)는 미세먼지를 1급 발암 물질로 설정했습니다.

차클   보통 미세먼지를 막기 위해 마스크를 쓰라고 하는데, 실제로 마스크가 도움이 되나요?

박   미세먼지가 많은 날에는 다들 마스크를 챙겨 쓰죠. 그런데 실내에서는 거의 대부분 마스크를 쓰지 않아요. 초미세먼지는 눈에 보이지 않더라도 실내외에 상당히 많이 분포하고 있습니다. 따라서 실내외를 막론하고, 먼지가 많은 곳에서는 마스크를 쓰는 것이 좋습니다.

차클 그럼 어떤 마스크를 사용하는 것이 좋은가요?

박 KF 인증 마스크뿐만 아니라 일반 마스크도 40퍼센트 이상 미세먼지를 차단한다고 알려져 있어요. 미세먼지에 100퍼센트 그대로 노출되는 것과 50퍼센트, 10퍼센트로 노출되는 것은 차원이 전혀 다릅니다. 2015년 유럽심장학회지에 발표된 자료에 따르면 전 세계 880만여 명의 사망 원인이 1급 발암 물질인 초미세먼지였다고 해요.

차클 그렇다면 자연 나노가 아닌 제조 나노로 만들어진 물질에는 어떤 것들이 있나요?

박 우선 제조 나노 물질은 가로, 세로, 높이 중 어느 쪽이든 100나노미터 이하의 크기를 갖는 모든 물질을 의미합니다. 이 정의가 확정된 것도 얼마 되지 않았습니다만, 제조 나노 기술은 4차 산업혁명을 연 핵심 기술이자 미래를 책임질 핵심 기술 중 하나로 부각되고 있습니다.

차클 제조 나노 기술을 활용한 제품 중에 일상생활에서 접할 수 있는 것들이 있나요?

박 다양한 분야에서 나노 기술이 쓰이고 있는데요. 아마 가장 많이 접하는 것 중 하나가 양념 치킨이 아닐까 싶습니다. 굉장히 의외라고 생각되지 않나요? 양념 치킨의 양념이 굳는 것을 방지하기 위해 이산화규소라는 나노 입자가 쓰입니다. 케이크에도 이산화티타늄이라는 나노 입자가 색소 첨가제로 활용되고 있어요.

차클 음식에도 나노 기술이 적용된다니 정말 놀랍네요. 언젠가 올림픽 선수들이 입은 수영복에 나노 기술이 들어가서 기록을 놀랍도록 향상시켰다는 뉴스를 본 적이 있어요.

박　네. 맞아요. 전신 수영복에 쓰이는 섬유를 상어 비늘 형태로 디자인을 한 거예요. 당시 전신 수영복을 입은 선수들이 금메달 33개 중 28개를 휩쓸면서 테크놀로지 도핑이라는 말이 나오기도 했죠. 2010년부터는 나노 입자를 쓴 수영복을 금지했습니다. 또 그래핀이라는 나노 물질도 주목할 만합니다. 그래핀은 빛보다 빨리 전자를 이동시키는 신소재인데 이걸 만든 과학자들이 2010년 노벨 물리학상을 받았어요. 꿈의 물질이라고 부르기도 하죠. 너무 가볍고 얇고 잘 휘어져서 전자·전기 제품에 많이 활용됩니다.

차클　최근에 등장한 접히는 스마트폰도 그래핀 기술을 응용한 것인가요?

박　아직까지 그래핀 기술이 상용화되지는 않았습니다. 앞으로 더욱 기술이 발전되면 화면이나 배터리를 만드는 데 활용될 거예요. 우주 산업처럼 미래를 책임질 산업에서 많이 쓰일 나노 물질로 알려져 있어요.

차클　사실 나노 기술이라고 하면 반도체만 생각했는데 쓰임새가 생각보다 훨씬 많네요. 일상생활에서 나노 물질이 얼마나 쓰이고 있나요?

박　나노 물질 유통량 증가 추이를 보면 나노 산업이 얼마나 활성화됐는지 알 수 있어요. 2011년과 2014년 사이에 무려 18배가 증가했어요. 그만큼 각광받고 있는 첨단 산업이라는 것이겠지요.

차클　단점도 물론 있겠죠?

박　물론입니다. 나노 물질에도 두 얼굴이 존재해요. 독성학을 연구하는 사람 입장에서 2009년도에 중국 연구자들이 발표한 사건을 잊을 수가 없어요. 당시 중국의 한 인쇄공장에서 일하던 7명의 여성이 답답함을 호소하고 숨을 쉴 수 없다는 동일한 증상을 나타내다 일제히 쓰러졌습니다. 이유를 알아보니 폐가 딱딱해지는 폐섬유증이 원인이었다

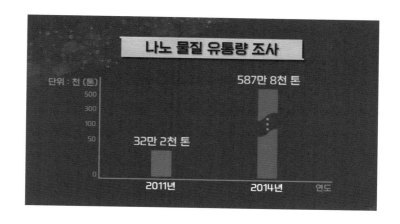

나노 물질 유통량 조사

단위 : 천 (톤)

587만 8천 톤

32만 2천 톤

2011년   2014년   연도

고 해요. 결국 두 명은 죽었고 다른 사람들도 평생 폐섬유증 환자로 살아가게 됐죠.

차클 혹시 가습기 살균제에 들어간 물질과 비슷한 독성 물질이 사건의 원인이었나요?

박 이 여성 근로자들은 창문도 없는 좁은 공간에서 폴리아크릴레이트 나노 입자를 분무하고 열로 건조해서 화이트보드를 제조하는 일을 하고 있었다고 해요. 이 과정에서 나노 물질을 흡입하게 된 것이죠. 이 사건은 제조 나노 물질이 인체에 유해할 수 있다는 첫 실제 사례로 유럽의 의학저널에 보고되었습니다.

차클 나노 물질의 독성 문제가 심각하네요.

박 나노 물질의 첫 번째 문제점은 크기가 극도로 작다는 것이에요. 연필로 예를 들어볼게요. 사람들이 연필심을 먹지는 않으니 그 자체론 해로울 이유가 없습니다. 그런데 연필을 깎을 때는 자연스럽게 연필심 가루가 날리잖아요. 그 가루가 어디로 갈까요?

차클	저도 모르게 들이마실 것 같아요. 확실히 크기가 작으면 작을수록 흡입되기 쉽겠네요.
박	네. 맞아요. 똑같은 물질이라도 크기가 작아지면 작아질수록 우리 몸에 침투할 가능성이 높아지죠. 그리고 한 번 침투가 되면 쉽게 빠져나오지 않아요. 그게 바로 나노 물질의 문제점이에요. 게다가 물질의 크기가 작아지면 표면적이 증가합니다. 1세제곱미터 속 입자들이 작아지면 표면적은 60세제곱미터로 늘어나고 또다시 작아지면 6000만 세제곱미터로 늘어납니다. 똑같은 물질인데 크기를 자르는 것만으로 우리 몸에 닿는 표면적은 6000만 배 증가해요.
차클	워낙 작으니 나노 물질이 체내에서 마구 돌아다닐 것 같기도 해요.
박	네. 혈관 내에 있는 적혈구보다 그 크기가 작기 때문에 혈관을 통해 자유롭게 이동할 수 있을 뿐만 아니라, 표면적이 커지기 때문에 체내에 있는 다양한 조직과 닿는 면적도 넓어져서 체내에서 일어나는 반응의 크기가 폭발적으로 증가할 거라고 추정할 수 있어요. 그러다 보니 나

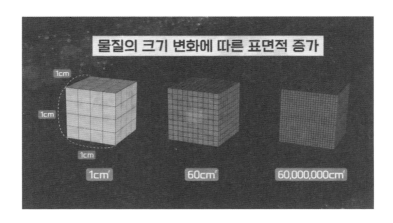

노 물질의 유해성에 대해서 학자들이 고민하게 된 것입니다.

차클 또 다른 문제점도 있나요?

박 두 번째 문제점은 크기가 작아지면서 물질의 성질이 변할 수 있다는 것입니다. 가장 많이 예로 드는 물질이 퀀텀닷(Quantum dot)인데요. 특이하게도 입자의 크기에 따라서 그 색상이 매우 상이하게 달라집니다. 또 다른 예로 금을 살펴보죠. 금이 적당한 크기로 존재한다면 우리 몸에 들어올 리도 없고 몸에 해를 끼칠 일이 없겠죠. 그런데 금덩어리를 갈고 갈아서 그 크기가 나노 크기로 작아지거나 염화금산(HAuCl4) 용액을 이용해 인위적으로 만들어진 금이라면, 기존의 금덩어리와 독성이 비슷하다고 단언할 수 있을까요? 현재 이 부분은 연구가 계속 진행되고 있습니다.

차클 크기와 성질 외에 나노 물질이 독성을 갖게 되는 이유가 또 있을까요?

박 네. 세 번째 문제점은 형태입니다. 나노 공학자들은 나노 물질의 형태를 자유롭게 변형하면서 원하는 형태의 나노 물질을 제조하고 있습니다. 동그란 형태, 뾰족한 형태, 길쭉한 형태 등 마음대로 조절이 가능한 거예요. 그런데 독성학자들은 나노 입자의 형태에 따라 체내에 들어왔을 때 독성이 달라질 수 있다는 것을 알게 되었습니다.

차클 나노 물질이 어떤 형태가 되면 독성을 갖게 되나요?

박 예를 들어 목에 가시가 걸리면 어떻게 하죠? 가시가 함께 뽑혀 나가길 기대하며 밥이나 다른 음식물을 꿀떡 삼키잖아요. 그런데 그때 자칫 잘못하면 식도에 천공이 생길 수 있으니 주의해야 합니다. 만약 나노 물질이 가시처럼 생겼다면 어떨까요? 가시보다 더 작고 더 뾰족한 나노 물질이 호흡을 통해서 폐에 들어간다면 콕 박혀서 영원히 제거가

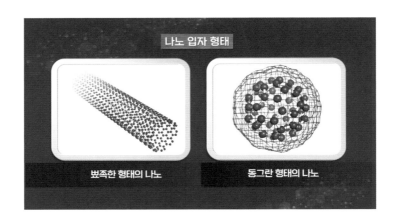

나노 입자 형태

뾰족한 형태의 나노　　　동그란 형태의 나노

안 될 수도 있어요. 그럴 경우 인체가 정상적으로 활동하질 못하겠죠. 이러한 바늘 모양 나노 물질이 몸 안에 계속 축적될 경우에 실제로 어떤 일이 벌어질지도 아직까지 명확하게 밝혀지진 않았어요.

차클　뾰족한 형태가 문제라면 동그란 형태는 괜찮은 건가요?

박　동그란 나노 물질은 혈관을 통해서 간, 비장, 신장, 심장 등 혈관이 흐르는 모든 조직으로 쉽게 이동할 수 있어요. 이게 바로 나노 물질의 네 번째 문제점인데요. 정전기적 인력에 의해 세포 안으로 빠르게 침투해서 세포의 핵까지 들어갈 수 있어요. 마치 자석에 철가루가 끌려가듯이 나노 물질이 세포막이나 세포 내 소기관들의 막을 통과할 수 있습니다.

차클　우리가 모르는 사이에 나노 물질이 몸속을 마구 휘젓고 돌아다닌다니 좀 무섭네요. 몸에서 나노 물질을 거부하는 장치 같은 건 없나요?

박　인간의 뇌에는 블러드 브레인 베리어(Blood-Brain Barrier)라는 보호장치가 있어요. '혈관-뇌 장벽'이라는 건데요. 색소, 약물, 독물 등이 뇌 조직에 침투하는 걸 막는 막이죠. 장벽을 통과할 수 있는 물질들만 들어오고 나갈 수 있도록 안전하게 관리하는 시스템이에요. 태아에게 유해한 물질이 들어갈 수 없게 만들어진 태반도 있고요. 그런데 문제는 나노 물질의 경우 정전기적 인력에 의해 뇌까지 들어가서 축적이 됩니다. 혈관-뇌 장벽이나 태반을 통과해서 뇌나 태아에게도 이동할 수 있다고 보고되고 있습니다.

차클　나노 물질이 호흡기를 통해서만 흡수되는 게 아니라 더 무서운 것이군요?

박　네. 나노 물질이 피부를 통해서 들어오는 경우도 있어요. 원래 우리 피부에도 여러 보호층이 있거든요. 눈을 보호하는 눈물층이나 각막도 외부 물질이 침투하는 것을 차단해요. 하지만 일단 외부 물질이 들어오면 바로 혈관을 통해서 온몸으로 퍼져나갈 수 있습니다. 또 식품이나 음료를 통해 몸으로 들어오는 나노 물질의 양도 생각보다 많습니다. 대부분 배출되지만요. 마지막으로 나노 물질이 호흡기를 통해서 몸 안

폐에 꽂힌 뾰족한 모양의 나노 물질

에 들어오면 어떻게 되는지도 짚어보죠. 만약 허파꽈리까지 가게 되면 문제가 심각해집니다. 허파꽈리는 우리 몸에 필요한 산소를 공급해주는 기관이잖아요. 그런데 허파꽈리에 나노 물질들이 쌓이면 배출도 더 어려워지고 체내에 필요한 산소 공급에도 영향을 줄 수 있습니다.

차클 역시 호흡기를 통해 나노 물질에 노출되는 게 가장 위험하다는 얘기인가요?

박 우리가 먹는 양보다는 호흡기를 통해 들어오는 양이 적어요. 그래서 아직까지는 어느 쪽이 더 위험하고, 어느 쪽은 덜 위험하다고 단정 지을 수는 없습니다.

차클 눈에 보이지 않으면서 몸에 치명적인 영향을 줄 수 있다는 점에서 나노 물질은 환경 호르몬과도 비슷한 것 같은데요. 환경 호르몬과 나노 물질은 어떻게 다른 건가요?

박 저도 환경 호르몬에 대해서 공부를 했었고 연구도 했었습니다. 그런데 제가 나노 물질에 대해서 더 집중했던 이유는 환경 호르몬은 내일의

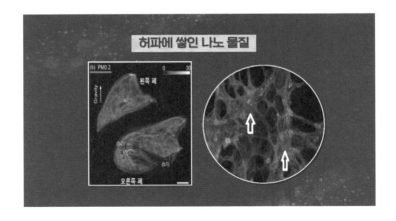

문제인 반면 나노 독성은 오늘의 문제라 생각했기 때문입니다. 환경 호르몬이 후손들에게 영향을 줄 수 있는 문제라면 나노 물질은 지금 당장 우리가 겪을 수 있는 문제라는 거죠. 더 시급한 문제를 먼저 해결해야 한다는 생각에 나노 독성학에 집중을 하게 된 겁니다.

차클 환경 호르몬은 시간이 지나면 조금씩 없어지기도 하고, 현재까지 개발된 기술로 어느 정도 관리할 수 있기 때문인가요?

박 그보다 환경 호르몬은 전 세계적으로 이미 잘 알려져 많은 사람들이 경계심을 갖고 있어요. 그런데 나노 물질은 밝혀진 게 별로 없어서 막연한 공포심만 갖고 있는 상황이죠. 독성학을 연구하는 학자들조차도 고민하는 부분이에요.

차클 그럼 나노 물질이 몸에 얼마나 쌓이면 위험하다거나 얼마까지는 안전하다는 기준치도 마련되지 않은 건가요?

박 불행히도 나노 독성학이 본격적으로 시작된 게 2000년대 중반부터입니다. 2007년부터 경제협력개발기구의 주도하에 제조 나노 물질의 독성을 정리하기 위한 프로그램이 7년여에 걸쳐 이루어졌습니다. 하지만 제조 나노 물질의 종류가 너무 다양하다 보니 아직까지도 어느 농도까지는 노출돼도 된다는 식의 적정 기준치를 명확하게 제시하지 못하고 있는 것이 현실입니다. 가장 오래된 나노 물질로는 석면이 대표적입니다.

차클 석면이라면 지하철 역사나 교실 천장에 쓰인 건축 자재에서 나온다는 물질인가요?

박 맞습니다. 석면과 관련된 피해 사례를 하나 말씀드리죠. 수잔 맥그리거라는 소녀 이야기인데요. 이 소녀는 배관공으로 일하는 아빠가 퇴근을 하면 매일같이 포옹을 했다고 해요. 그런데 50년 후에 수잔이 암에 걸려 사망하게 됐어요. 바로 아빠의 옷에 묻은 석면이 수잔의 호흡기로 들어갔던 게 원인이었습니다. 그때 옷에 묻어 있던 석면을 들이마신 탓에 중피종(Mesothelioma)이라는 질병을 앓다가 58세에 목숨을 잃은 거예요.

차클 50년이나 잠복해 있다가 사망에 이르게 됐다니 원인을 밝히기도 어려웠겠습니다.

박 환경성 질환의 가장 큰 문제는 증상이 바로 나타나지 않는다는 거예요. 잠복기가 길거든요. 오랫동안 잠복해 있다가 암을 발생시킬 수 있습니다. 불과 5년, 10년이 아니라 기본적으로 잠복기가 30~40년은 돼요. 그래서 우리나라에서도 2009년도에 석면을 건축물 자재로 사용하는 것을 금지했지만, 환경부에서는 2045년에 중피종 환자 수가 최대에 이를 것으로 예측하고 있습니다. 그런데 문제는 이러한 유해 물질들이 석면 말고도 한두 가지가 아니라는 겁니다.

차클 다른 유해 물질도 더 알려주시죠.

박 독성학을 연구하는 사람들이 석면과 같은 물질을 발견했어요. 바로 카본 나노 튜브라는 바늘 모양의 나노 물질인데요. '석면양(Asbestos-like) 나노 물질'이라고도 부릅니다. 단단함으로 보면 철의 370배 정도로 강하고, 무게로 보면 알루미늄의 2분의 1에 불과합니다.

차클 카본 나노 튜브는 자전거나 자동차의 무게를 줄이기 위해서 쓰는 소재 아닌가요?

박 네, 맞아요. 저희도 독성 실험을 하기 위해서 카본 나노 튜브를 들여오는데, 정말 커다란 박스로 한가득 담겨 있어도 무게는 1그램밖에 되지 않아요. 그래서 최근에 꿈의 신소재라고 불리면서 많은 곳에 쓰이고 있습니다. 대표적인 것이 자전거, 낚싯대, 양궁 활, 수영복, 플라스틱, 휴대폰 배터리, 자동차, 전투기, 인공근육까지요.

차클　　그런데 왜 카본 나노 튜브를 나노로 만든 석면이라고 부르나요?

박　　형태가 석면처럼 뾰족하고, 단단한 성질을 갖기 때문에 인체에 오랫동안 잠복해 있다가 나쁜 질병을 일으킬 거라 예상되기 때문이에요. 특히 생체 내에서 분해되기 어렵기 때문에 한번 흡입하면 밖으로 잘 배출되지가 않아요. 석면에 노출된 세포와 카본 나노 튜브에 노출된 세포를 한번 보시죠. 석면 주변을 세포들이 둘러싸고 있죠. 카본 나노 튜브도 마찬가지예요. 다만 카본 나노 튜브는 석면보다 더 작아서 세포 안에 들어가 있어요. 세포 안에 들어가서 나올 수도 없고, 분해도 잘 되지 않아요.

차클　　이런 물질들이 폐에 들어가면 어떤 반응을 일으키나요?

박　　카본 나노 튜브도 석면처럼 염증 반응을 일으킬 것으로 추정되고 있

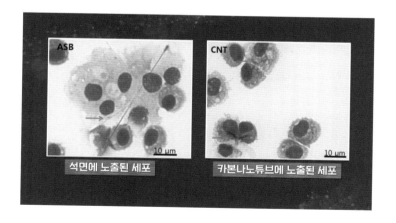

어요. 저 또한 실험 쥐의 호흡기를 카본 나노 튜브에 노출시켰을 때 중피종 마커인 메소셀린(mesothelin) 단백질의 발현이 뚜렷하게 증가하는 것을 확인한 바 있습니다.

차클 나노 유해 물질들만 제거하는 방법은 없나요?

박 아직까지는 눈에 띌 만한 기술은 개발되지 않았어요. 나노 독성학자들은 혈액 내 백혈구나 체내 면역 기능의 활성화를 통해 개선할 수 있는 방법을 찾고 있습니다. 현재로선 우리 혈관 속 백혈구들을 주목하고 있어요. 백혈구들이 분비하는 효소에 의해 카본 나노 튜브가 분해될 수 있다는 것까지는 연구 결과가 나왔습니다. 다만, 그 자정 작용이 어느 농도까지 이뤄지는지에 대해서는 아직 밝혀진 것이 없습니다.

나노 기술이 우리를 지켜줄까

"아는 만큼 조금 더 건강하게 오래 살 수 있다는 희망을 드리는 게 제 역할이라고 생각해요. 나노 물질이 들어간 제품을 무조건 쓰지 말자는 것이 아니에요. 어떻게 하면 조금 더 적절하게 쓸지를 고민해야 합니다. 노출 농도를 100에서 0으로 낮추자는 게 아니라 적정 수준을 찾아나가자는 것이죠."

• • •

차클 지금 보니 우리 생활 속에서 나노 물질이 안 쓰이는 곳이 없는 것 같아요. 또 어떤 곳에서 나노 물질을 쓰고 있나요?

박 또 하나의 탄소 물질을 알려드릴게요. 1910년대 초까지만 해도 타이어를 아연 성분으로 만들어서 자동차의 타이어가 모두 백색이었다고 해요. 1912년에 이르러서야 고무와 카본블랙을 결합해 검은색의 타이어가 만들어졌죠.

차클 카본블랙을 타이어에 쓰는 이유는 뭔가요?

박 카본블랙이 마모 작용을 줄이고 미끄럼 방지에도 성능이 뛰어났기 때문이죠. 그런데 문제는 카본블랙에 타르 성분이 들어가 있다는 것이었어요.

차클 타르라면 담배에 들어 있는 성분 아닌가요?

박 네. 맞아요. 국제암연구소가 카본블랙을 1급 발암 물질로 지정한 이유입니다. 카본블랙이 들어간 타이어가 마모되면 대기 중으로 타르가 배출되겠죠. 이 카본블랙 가루들은 우리 혈관을 타고 온몸을 돌아다니면서, 특히 심혈관을 끈적끈적하게 만들고 염증을 유발하는 원인이 됩니다.

차클 그럼 최근에 사용되는 타이어에는 카본블랙 성분이 덜 들어가나요?

박 지금도 카본블랙 타이어를 사용하고 있어요. 카본블랙 성분은 페인트에도, 아스팔트에도 포함돼 있습니다. 또한 집이나 사무실에서 사용하는 프린터에서도 배출되고요. 특히 우리 일상생활 속에서 카본블랙에 가장 많이 노출될 수 있는 곳이 있습니다. 바로 지하철역 입구예요.

차클 차들이 많이 다니는 도로도 아니고, 땅 아래의 지하철 내부도 아니고, 왜 지하철역 입구일까요?

박 카본블랙은 원래 도로에서 많이 배출되거든요. 그런데 도로와 인접한 지하철역 입구에선 마모된 카본블랙이 역사 입구 안으로 들어가기만 할 뿐 바깥으로 배출이 되질 않습니다. 그러다 보니 역사 안쪽으로 점점 카본블랙이 쌓이게 되는 거죠. 최근 보고된 모니터링 결과를 봐도 지하철역 입구에서 카본블랙에 가장 많이 노출될 수 있다고 합니다. 제가 수행한 연구 결과에서도 지하철 역사 내에는 카본블랙보다는 다른 유해 중금속 성분이 더 많았어요.

차클 그렇다면 지하철 역사에 들어가서도 마스크를 벗으면 안 되겠군요?

박 네. 보통 실내에서는 답답하다고 마스크를 벗는 경우가 많은데요. 지하철 역사 내에서도 마스크를 그대로 착용하고 있는 것이 좋습니다.

차클 가전제품 중에서도 나노 물질과 관련해 주의해야 할 점이 있나요?

박 아마도 우리나라 사람에게 가장 잘 알려진 물질이 은 나노 물질인 것 같습니다. 그런데 은 나노 물질도 독성을 나타낼 수 있습니다.

차클 보통 은이라고 하면 독을 검출해주는 좋은 금속이라고 알려져 있지 않나요?

박 그렇죠. 역사 속에서도 은의 유용함을 쉽게 찾아볼 수 있어요. 왕이 먹을 음식에 독성이 있는지를 은수저로 판별했다는 기록도 있고요. 또 과거에 미국에서는 젖소로부터 우유를 짜서 소비자들에게 전달하는 동안 통 안에 은 덩어리를 함께 넣어서 균이 증식하는 것을 방지하는 수단으로 활용했어요.

차클 실제로 은에 살균 효과가 있는 것 아닌가요? 대체 뭐가 문제인 거죠?

박 은이 나쁜 건 아니에요. 문제는 나노 사이즈로 작아진 은이 문제입니다. 은과 은 나노 물질은 다를 수 있습니다. 대표적으로 은수저는 은 광물을 녹여서 만든 물건이죠. 그런데 은 나노 물질은 하향식(top-down)과 상향식(bottom-up) 방식으로 만들 수 있어요. 상향식은 질산은(AgNO₃)이라는 화합물로 액체 상태에서 고체를 만드는 것입니다. 마치 소금을 만들 때 바닷물을 말려서 소금 덩어리를 만들듯이 액체에서 고체를 만들어낸 거예요.

차클 은과 은 나노 물질이 다를 수 있다니 까맣게 몰랐네요. 그럼 어떻게 은 나노 물질이 독성을 나타낼 수 있다는 것을 알게 됐나요?

박 2007년 미국으로부터 우리나라의 은 나노 세탁기가 수입 금지 조치를 받은 뒤에 은 나노의 유해성이 연구자들의 관심을 받게 됐어요. 당시 미국 환경보호청(EPA)이 은 나노로 코팅한 세탁조를 써서 세균과 바이러스를 줄인다는 특징을 내세운 세탁기 수출에 제동을 걸었죠. 세탁기를 돌렸을 때 은 나노 성분이 배출되도 환경이나 인체에 무해한지에 대한 검증 자료를 요청했어요. 그런데 S사에서 결과물을 유효기간 안에 못 보낸 거예요. 그때부터 은 나노 물질의 안전성(유해성)에 대해 관심이 집중되기 시작했습니다.

차클 은 나노의 살균 효과가 인정되긴 했나요?

박 중요한 지적입니다. 살균할 때 균만 죽이는지 정상세포에도 영향을 주는지를 확인하는 과정이 필요해요. 항암제를 떠올려보면 됩니다. 항암제를 주입하면 암세포만 죽이는 게 아니라 정상 세포까지 파괴할 수 있잖아요. 은 나노가 몸속에 들어오게 되면 체내의 혈관 속 세포들이 은 나노 주변으로 모여들어서 덩어리를 만들게 돼요. 그러면 혈관을 통과하는 동안 혈관 내 다양한 물질들과 엉켜 혈전을 만들기도 하고, 그로 인해 심혈관계에 손상을 줄 수도 있습니다.

차클 결국 은 나노 제품이 인체에 해가 된다는 말이군요. 그런데 아직도 은 나노 제품이 나오는 이유는 뭔가요?

박 젖병·항균필터·치약·칫솔·속옷·프라이팬 등등 다양한 은 나노 제품들이 쏟아져 나오고 있죠. 많은 소비자가 현재 출시된 제품들이라면 안전성 검증을 완벽하게 마쳤을 거라고 생각하는데요. 불행히도 시중에 판매되고 있는 제품들 중에는 안전성에 대한 최소한의 검증만 받고 출시된 제품들도 상당히 많습니다.

차클 답답하네요. 개별 제품의 안전성을 확인할 수 있는 기준은 없나요?

박 다행히 2019년 1월부터 살생물 제품에 나노 물질이 의도적으로 함유된 경우에는 해당 나노 물질의 명칭, 사용 목적 및 용도를 명확히 기재하게 하고 있습니다(생활화학제품 및 살생물제의 안전관리에 관한 법률 제 21조). 항균이나 살균 효과를 강조한 제품들을 사용할 때 사용설명서에서 그 내용을 확인할 수 있습니다. 그러니까 번거롭더라도 사용설명서를 반드시 읽어보는 습관을 가지길 바랍니다.

차클 소비자가 사용설명서를 보며 유해 물질을 일일이 확인하고 조심해야 한다는 얘기네요. 우리가 자주 쓰는 물건 중에 나노 물질이 포함돼 있어서 주의해야 할 사례가 또 있나요?

박 우리가 늘 사용하는 제품 중에 뇌세포 손상을 통해 치매를 유발할 가능성이 있다고 알려진 물질이 있습니다. 바로 여름철이면 더 많이 사용하는 선크림입니다.

차클 자외선차단제 성분에 나노 물질이 들어가 있다고요?

박 네. 자외선차단제에 들어가는 이산화티타늄과 산화아연입니다. 이 중 티타늄은 1910년대부터 자외선차단제뿐만 아니라 다양한 곳에서 사용되던 물질이에요. 이전에는 주로 1밀리미터의 1000분의 1인 마이크로 사이즈였어요. 그런데 요즘은 나노 사이즈가 많이 쓰이고 있습니다.

차클 맞아요. 요즘 화장품들을 보면 얼굴이 희게 떠 보이는 백탁현상 같은 게 거의 없는 것 같아요. 그런데 그게 다 나노 물질 덕분이었던 건가요?

박 네. 화장이 얼굴에 잘 먹지 않는 느낌을 줄이기 위해, 즉 흡수율을 높이기 위한 목적으로 화장품의 입자를 나노 사이즈로 만든 것이죠.

차클 자외선차단제의 경우 유기화합물 자외선차단제랑 무기화합물 자외선차단제로 나뉘는데 어떤 것이 더 안전한가요?

박 이건 선택의 문제인 거 같은데요. 유기화합물 성분의 경우 자외선을 흡수한 다음에 화학 성분을 통해서 열로 전환시켜서 피부를 보호하는 효과가 있어요. 반면에 무기화합물 성분의 경우 자외선을 반사시켜서 피부를 보호하는 원리죠. 그런데 유기화합물은 벤젠 계열 성분이 들어가서 아마도 환경 호르몬과 같은 작용을 할 수 있을 거란 우려 때문에 무기화합물 쪽을 선호하게 됐어요. 그런데 나노 독성학자들이 연구를 계속하면서 티타늄이 피부암의 원인이 될 수도 있다는 보고가 나오고, 또 호흡기를 통해 노출되는 경우 뇌 조직에도 침투할 수 있다는 결과들이 나오면서 조금 더 신중하게 선택해야 할 이유가 늘고 있습니다.

차클 그럼 선크림을 가급적 바르지 않는 것이 좋겠군요? 교수님은 선크림을 안 바르시나요?

박 네. 저는 모자를 쓰고 양산을 씁니다. 어떤 제품이든 상대적으로 나노 물질이 덜 들어가거나 환경 호르몬이 덜 들어간 제품이 있을 순 있습니다. 하지만 문제는 그런 제품이라도 바르는 횟수가 늘어서 노출 빈도가 잦아지면 별로 다르지 않다고 생각해요.

차클 매일 쓰는 화장품이 그만큼 위험하다니 정말 충격적이에요. 입술에 바

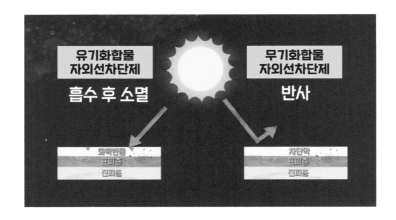

르는 립스틱에도 혹시 같은 물질이 들어가나요?

박 맞습니다. 거의 모든 립스틱에 티타늄디옥사이드가 포함돼 있어요. 입술에 립스틱을 바르면서 자신도 모르는 사이에 티타늄디옥사이드를 먹고 있는 거예요.

차클 왜 립스틱에 티타늄이 들어가 있는 건가요?

박 입술에 색을 입히기 좋게 하려고 넣은 거예요. 입술도 햇볕에 타지 않게 자외선차단제와 같은 성분을 넣는 것이기도 하고요. 평소에 립스틱을 바르더라도 음식을 먹을 때는 티슈로 살짝 지우고, 다 먹은 후에 다시 바르면 좋을 것 같습니다. 비록 적은 양이고 대부분 배출된다고 하더라도 그 빈도가 높아지면 몸에 좋을 리 없으니까요.

차클 그런데 화장품은 출시 전에 환경적, 인체적으로 미치는 영향에 대해 검사를 하지 않나요?

박 물론 검사를 하고 있지만 제품의 판매 승인을 위해 받는 독성 시험이 실제 생활에서 일어날 수 있는 모든 가능성에 대해 시험하는 것은 아니니까요. 더불어 우리는 한 제품에만 노출되는 것이 아니라 하루하루를 살아가며 매우 복잡하고 다양한 물질에 노출되기 때문에 가능하다면 유해물질에 대한 전체 노출량을 줄이는 것을 권하고 싶습니다.

차클 화장품 회사에서 안전성 실험은 어떻게 하는데요?

박 화장품의 경우 제품의 피부 투과율에 대해 동물 시험을 수행합니다. 제품에 함유된 물질이 통과하는지를 우리 사람의 피부를 가지고 실험할 수 없기 때문에 돼지, 쥐, 토끼 등 실험 동물을 많이 사용하게 됩니다. 문제는 사람의 피부와 실험 동물의 피부가 다르다는 것이죠. 그 결과만 가지고는 사람에게서 어떤 현상이 일어날지를 정확하게 예측하기가 어려워요. 즉, 결론을 쉽게 낼 수가 없는 거예요.

차클 편리함을 완전히 포기할 수도 없고 위험을 모른 척할 수도 없고 과연 나노 물질이 점점 더 늘어나고 있는 세상에서 어떻게 대처하고 살아야 할까요?

박 모르는 게 약이었다고 생각하는 심정을 모르는 바가 아닙니다. 하지만 아는 만큼 조금 더 건강하게 오래 살 수 있다는 희망을 드리는 게 제 역할이라고 생각해요. 나노 물질이 들어간 제품을 무조건 쓰지 말자는 것이 아니에요. 어떻게 하면 조금 더 적절하게 쓸 수 있을지 고민해야 합니다. 노출 농도를 100에서 0으로 낮추는 게 아니라 적정 수준을 찾아나가자는 것이죠.

차클 여성들은 화장품을 안 쓸 수도 없고 어떻게 대처하는 게 좋을까요?

박 우리 몸에는 신이 주신 선물이 있어요. 각질 세포예요. 각질 세포가 있는 상태에서 자외선차단제를 발랐을 때와 그렇지 않을 때는 흡수율이 완전히 다릅니다. 또한 땅이 쩍쩍 갈라질 정도로 건조한 상태에서는 유해물질이 들어가는 속도가 엄청나게 빨라요. 물이 흡수되는 속도가 빠른 것처럼요. 피부나 눈도 마찬가지입니다. 안구 건조증이나 피부 건조증이 생기지 않도록 주의해야 해요. 이런 점만 신경 써도 최악의 상황은 면할 수 있을 것 같습니다.

차클 나노 독성학자 입장에서 생활 속에서 지켜야 할 기본 수칙도 알려주시죠.

박 어떤 약품이나 화학제품을 사용할 때는 반드시 주의사항을 지켜야 합니다. 그런 주의사항들은 저와 같은 학자들이 연구를 거듭해 밝혀낸 사용법과 적정 용량을 정리한 것들입니다. 집에서 세제를 쓸 때에도 제품에 기록된 사용설명서를 꼭 읽어보고 사용법에 따라 사용하길 바랍니다.

차클 많은 양을 쓰면 더 깨끗해질 거라는 생각을 버려야겠군요.

박 우리 몸 안에 들어왔을 때 독성을 띠는 농도가 바로 때가 빠지는 농도와 거의 일치하거든요. 그러니까 너무 과하게 사용하지 말고 설명서대로 따라 하면 큰 문제가 발생하지 않을 겁니다.

차클 혹시 음식 중에서 미세먼지나 나노 물질을 배출하는 데 도움이 되는 것은 없나요?

박 나노 물질들이 몸 안에 들어가서 독성을 일으키는 원인 중 하나가 정전기적 인력이라고 했죠. 그 과정에서 반응을 일으켜서 만들어지는 게 유해 라디칼입니다. 독성학자들은 반응 산소종이라고 합니다. 이러한 유해 라디칼을 줄이는 데는 항산화제가 도움이 돼요. 비타민, 리코펜, 베타카로틴 같은 데 들어 있는 항산화 물질이죠. 특히 또렷한 색을 가진 과일이나 채소를 많이 섭취하면 더욱 좋습니다.

차클 교수님 덕분에 독성학에 대한 이해가 깊어졌습니다.

박 자동차가 안전하게 달리려면, 액셀러레이터와 브레이크가 동시에 필요합니다. 액셀러레이터만 있으면 절대로 안전을 보장할 수 없어요. 나노 독성학자들은 브레이크와 같은 역할을 하는 사람들이라고 생각해요. 여러분들이 하루하루를 살아가는 동안 좀 더 안전하게 나노 산업과 나노 기술을 즐기고 누릴 수 있도록 독성학자로서 더 열심히 연구하겠습니다.

환경 호르몬,
누구냐 넌?

•

계명찬

환경 호르몬의 위험성을 규명하고, 인체에 무해한 환경 호르몬 대체 물질의 실용
화 연구를 진행하는 환경 호르몬 전문가. 한국환경생물학회 회장, 대한생식의학
회 회장, 대한생식면역학회 회장. 과학기술정보통신부 환경 호르몬 사업단 단장
으로서 환경 호르몬의 위험성에 대한 경고와 더불어 피해를 최대한 줄일 수 있는
생활 습관을 제안하고 있다. 현재 한양대학교 생명과학과 교수로 재직 중이다.

왜 환경 호르몬이 위험한가

첫 번째
질문

"호르몬은 우리 몸에서 혈액을 타고 이동해 생리 기능을 조절하는 물질이에요. 그 물질들이 혈관을 타고 돌다가 표적 기관의 호르몬 수용체와 결합하면 잠자고 있던 수용체가 활성화됩니다. 그 결과로 세포가 분열을 하거나 단백질을 만드는 등의 일을 해요. 그만큼 호르몬은 우리의 생명 유지에 굉장히 중요한 물질이에요. 그렇다면 환경 호르몬은 무엇일까요. 알기 쉽게 표현하자면 가짜 호르몬이라고 할 수 있습니다."

• • •

차클   원래 환경 호르몬을 전공하셨나요?

계   사실 저는 정자를 연구하는 과학자였습니다. 대학원 시절 제 동료나 선후배들은 전부 난자를 연구하는 거예요. 그래서 상대적으로 연구자가 적은 정자를 연구하는 게 유망하겠다고 생각했죠.

차클   정자 전문가가 어쩌다 환경 호르몬을 연구하게 되신 건가요?

계   중요한 책을 만난 게 계기가 됐습니다. 바로 1996년에 출간된《도둑맞은 미래(Our Stolen Future)》라는 책이에요. 환경 호르몬이 우리 인류의 미래를 도둑질해가고 있다는 내용인데요. 〈영국의학저널〉에서 발표한 전 세계 21개국 남성 평균 정자 수에 관한 자료도 들어 있었습니다. 그 자료에 따르면 1940년대에 비해 1990년대 남성들의 정자 수가 약

45퍼센트 감소했다는 거예요. 그때부터 환경 호르몬이 정자를 포함한 우리 몸에 어떤 나쁜 영향을 미치게 되는지에 대해 연구를 시작해야 겠다고 생각했어요.

차클 예전보다 난임 부부들이 훨씬 많아진 것도 환경 호르몬의 영향이 일부 있는 걸까요?

계 환경 호르몬이 인체에 미치는 유해성에 관한 연구 주제 중 가장 첫 번째가 대부분 생식 기능에 미치는 영향이에요. 정자는 얼마나 줄어드는가에 관한 연구 또는 남성 난임 환자가 10년 새 3배로 늘어난 현상에 대한 연구를 통해 환경 호르몬과의 상관관계를 밝히려는 것이죠.

차클 환경 호르몬이 비만과도 연관이 있다던데 정말 그런가요?

계 그렇습니다. 우리 몸의 대사가 활발하게 진행되면 많이 먹어도 살이 안 찌거든요. 그런데 환경 호르몬이 우리 몸에 들어오게 되면 정상적인 호르몬의 기능을 방해해요. 그 결과 대사가 원활하게 진행이 되지 않으면 살이 찌는 거예요. 즉, 환경 호르몬은 다이어트를 방해하거나 살이 찌는 것을 촉진하는 부작용을 일으키는 대표적인 원인 물질 중 하나입니다.

차클 환경 호르몬이 우리 신체의 어떤 부분까지 영향을 미치는 것인가요?

계 앞서 말한 비만이나 대사와 관련된 부분이 영향을 많이 받습니다. 대사와 관련된 가장 대표적인 질환으로 당뇨병이 있죠. 또 대부분의 만성 질환을 비롯해 암의 여러 가지 원인 중 하나가 환경 호르몬이라는 주장도 있습니다.

차클 놀랍네요. 그런데 대체 환경 호르몬이 뭔가요?

계 우선 호르몬은 우리 몸에서 혈액을 타고 이동해 생리 기능을 조절하

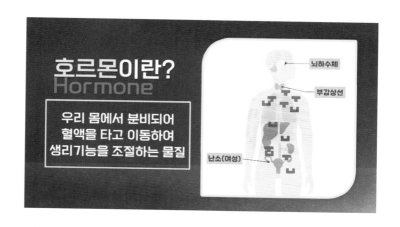

호르몬이란?
Hormone

우리 몸에서 분비되어
혈액을 타고 이동하여
생리기능을 조절하는 물질

뇌하수체
부갑상선
난소(여성)

는 물질이에요. 그 물질들이 혈관을 타고 돌다가 표적 기관의 호르몬 수용체와 결합하면 잠자고 있던 수용체가 활성화됩니다. 그 결과로 세포가 분열을 하거나 단백질을 만드는 등의 일을 해요. 그만큼 호르몬은 우리의 생명 유지에 굉장히 중요한 물질이에요. 그렇다면 환경 호르몬은 무엇일까요. 알기 쉽게 표현하자면 가짜 호르몬이라고 할 수 있습니다.

차클 정상적인 호르몬이 아니란 말이군요?

계 네. 환경 호르몬은 주로 우리 몸에서 생성된 것이 아니라 밖에서 우리 몸 안으로 들어온 거예요. 그래서 정상적인 호르몬이 수용체와 작용을 못 하도록 막거나 마치 스스로 정상 호르몬인 것처럼 작동합니다.

차클 그런데 환경 호르몬이라는 이름은 나쁜 물질이라는 느낌을 주지 않아요. 혹시 이름을 잘못 지은 것 아닌가요?

계 그런 측면이 있긴 하죠. 환경으로부터 우리 몸 안으로 들어오는 호르몬이라는 뜻에서 붙인 이름인데요. 사실 이 용어는 한 일본 학자가 만든 거예요. 과학계의 공식적인 이름은 내분비계 교란 물질 또는 내분비계 장애 물질이라고 합니다.

차클 내분비계 교란 물질이라고 하니 좀 더 개념이 명확한 것 같아요. 그렇다면 환경 호르몬의 위험성이 알려진 건 언제부터인가요?

계 제2차 세계대전 당시, 먹을 것이 부족했던 네덜란드에서는 튤립의 알뿌리를 많이 먹었다고 해요. 그런데 여성들에게서 생리 불순, 자궁 출혈, 불임 등 생식 기능의 이상 증상이 나타났다고 합니다. 이 같은 생식 기능은 모두 호르몬에 의해서 조절되는 현상이거든요. 나중에 과학자들이 튤립의 알뿌리 속에 들어 있는 물질이 무엇인지를 분석했고 에스트로겐, 즉 여성 호르몬과 매우 유사한 구조와 기능을 가진 천연 화학 물질을 발견했습니다. 바로 피토에스트로겐이라는 성분인데요. 이 피토에스트로겐은 석류나 콩에도 들어 있어요.

차클 콩이나 석류라면 몸에 좋은 음식인 줄 알았는데 반대로 먹으면 위험하다는 말인가요?

계 아닙니다. 당시 네덜란드에서는 허기진 배를 채우기 위해서 튤립 뿌리를 엄청나게 먹었던 거예요. 주식을 대신해서 먹었으니 그 양이 어마어마했겠죠. 아마 석류나 콩을 먹어서 생리 불순과 같은 현상이 나타나려면 한 박스씩 먹어야 할 거예요. 그러니까 안심하고 드셔도 됩니다.

차클 환경 호르몬은 어떻게 만들어지게 된 건가요?

계 인공적으로 합성된 화학 물질을 생각하면 됩니다. 가령 벌레를 죽이기 위해 만든 약이나, 인간의 수명을 늘리기 위해 먹는 약 같은 거죠. 이런 것들은 모두 화학 산업을 기반으로 개발됐어요. 그런데 처음에는 우리 몸에 좋은 줄 알고 먹었던 약이 의도했던 용도 외에 새로운 부작용을 일으키는 경우가 생긴 겁니다.

차클 　구체적인 사례를 좀 알려주시죠.

계 　호르몬의 교란과 관련된 부작용을 일으키는 몇 가지 화학 물질이 발견됐는데요. 대표적인 사례는 1938년부터 1971년까지 미국에서 유산 방지제로 사용된 합성 호르몬 약품인 디에틸스틸베스트롤(Diethylstilbestrol, DES)과 관련된 일명 데스 도터(DES daughters) 사건이에요. 이 약품은 처음엔 임신 중 유산을 방지할 목적으로 개발됐어요. 많은 임산부들이 저 약을 먹었고 실제로 유산되는 경우가 많이 줄어들었습니다. 그런데 문제는 저 약을 먹은 엄마에게서 태어난 여아가 자라서 소녀가 됐을 때 생식기 암에 걸린 거예요. 암 이외에도 성 조숙증이나 불임도 나타났고요.

차클 　도대체 왜 그런 부작용이 나타난 건가요?

계 　디에틸스틸베스트롤이라는 약은 여성의 몸속에 존재하는 호르몬인 에스트로겐과 거의 유사한 구조의 화학 물질이에요. 그런 물질이 몸속에 들어오면 어떻게 될까요? 에스트로겐처럼 작용하겠죠. 그 바람에 데스 도터 사건 같은 부작용이 나타났고 결국 1971년에 디에틸스틸베스트롤은 금지됐습니다.

차클 　생명을 구하기 위해서 만들어진 약물이 결국 죽음의 원인이 되기도 했다는 게 너무 아이러니한 것 같아요. 이와 비슷한 사례가 또 있나요?

계 　《도둑 맞은 미래》에 따르면 인간뿐만 아니라 야생 동물들이 살고 있는 생태계에서도 환경 호르몬과 관련된 기이한 사건들이 많이 보고된다고 해요. 가령 새를 연구하는 한 생태학자가 북극에 있는 갈매기들을 조사하다가 특정 지역의 갈매기들이 수컷끼리 구애 활동을 하는 것을 발견했다고 합니다. 이를 이상히 여겨 조사를 해보니 그 지역의 갈매기들이 PCB(폴리염화바이페닐)라는 물질에 오염된 물고기를 먹었다는 것이 밝혀지죠. 폴리염화바이페닐은 독성 물질에 가까운 환경 물질인데 토양과 해수에 오래 잔류하는 특성을 갖고 있어요. 이러한 독성 물질을 먹은 갈매기들에게서 이상 행동이 발견된 거예요.

차클 심각한 문제네요. 학계나 정부는 어떤 대책을 마련하고 있나요?

계 1991년 미국의 윙스프레드에서 과학자, 의사, 생태학자, 환경학자 등 다양한 전문가들이 모여서 환경 호르몬에 대한 회의를 열었습니다. 당시 전 세계에서 보고되는 생태계 이상 현상에 대한 데이터를 검토하던 중 하나의 뚜렷한 방향성이 발견됐다고 해요. 환경 호르몬 오염으로 인해 인간에게 호르몬 질환이 나타나는 건 물론, 생태계에도 이상 현상이 발생하더라는 것이죠. 그래서 윙스프레드 선언을 통해 환경 호르몬에 대한 정의를 공유하고 대비책을 마련하기로 했습니다.

비스페놀A 프리 제품은 안전한가

"비스페놀A는 1891년 러시아에서 발견됐습니다. 우리 몸에 존재하는 에스트로겐이라는 여성 호르몬과 구조적으로 비슷한데요. 이것을 첨가해서 플라스틱을 만들면 가볍고 딱딱하고 투명해져서 유리를 대신해 많이 사용합니다."

• • •

차클   우리 주변엔 얼마나 많은 환경 호르몬이 있나요?

계   현재까지 인간이 만든 화학 물질은 대략 1억 3700만 종이라고 합니다. 하지만 일상생활에서 접하는 화학 물질은 그만큼 많지는 않아요. 현대인은 대략 하루에 평균 200종의 화학 물질에 노출된다고 해요.

차클   200종이라고 해도 엄청난 숫자 아닌가요? 도대체 어떤 화학 물질이 환경 호르몬에 해당되나요?

계   세계 여러 나라에서 환경 호르몬으로 작용하는 물질들을 주의하자는 뜻에서 리스트를 만들어놓고 있어요. 그런데 나라마다 공통적으로 지정한 물질들도 있지만, 어떤 물질들은 특정 나라에서는 빠지는 경우도 있어요. 예를 들어 유럽연합(EU)은 2006년에 564종의 환경 호르몬 의

세계에서 관리하는 환경 호르몬의 종류

EU 564종 | WHO 182종

심 물질을 발표한 반면, 세계보건기구(WHO)는 182종을 환경 호르몬
으로 규정했어요.

차클   왜 나라별로 기구별로 차이가 나는 건가요?

계   환경 호르몬 의심 물질을 까다롭게 관리할수록 가짓수가 많아지겠죠.
나라마다 기구마다 다른 관리 기준을 적용하기 때문입니다.

차클   우리나라도 환경 호르몬을 규정한 리스트가 있나요?

계   우리나라는 세계자연보호기금(WWF)의 분류 기준에 따라서 67종을
선정해뒀어요. 73종인 미국과 비슷한 수준이죠.

차클   어찌 됐든 정부가 환경 호르몬 의심 물질들을 관리한다니 안심해도
되는 것 아닌가요?

계   문제는 환경 호르몬의 기준이 계속 바뀐다는 것입니다. 게다가 기준을
통과해서 시중에 유통되고 있는 제품일지라도 환경 호르몬이 어느 정
도 포함돼 있다는 것도 유의해야 합니다. 단지 그 양이 기준치 아래일
뿐이죠. 가령 A라는 물질이 기준치 이하만 들어 있다고 해도 우리가

안전하다고 할 수 있을까요? 그렇지 않아요. 우리는 A뿐 아니라 B나 C나 D라는 물질에도 노출돼 있잖아요. 이처럼 환경 호르몬에 복합적으로 노출된 결과에 따라 건강에 영향을 받거나 자녀에게 영향을 미치게 됩니다.

차클 환경 호르몬의 기준을 지금보다 더 강화하면 되지 않나요?

계 정부나 의료 기관이 기준치를 정해두는 것도 중요하지만 우리 스스로 소비문화나 생활을 바꿔나가는 것이 현명하다고 생각합니다.

차클 최대한 일상생활에서 환경 호르몬에 노출되는 경우를 줄이도록 노력하자는 거죠? 구체적으로 어떤 경우에 많이 노출되나요?

계 대표적으로 우리가 먹고 마시는 음식과 관련된 것들이 있어요. 흔히 사용하는 일회용 종이컵이나 컵라면, 통조림 등이오. 또한 화장품이나 의류도 환경 호르몬으로부터 자유롭지 못해요.

차클 말씀을 듣고 보니 환경 호르몬이 없는 곳이 없는데요?

계 맞습니다. 우리는 환경 호르몬과 함께 살아가고 있다고 봐야 해요.

차클 종이컵이나 컵라면은 그렇다 치고 통조림에서도 환경 호르몬이 나온다는 것은 충격적이네요. 정확히 어떤 성분 때문인가요?

계 종이컵에 뜨거운 커피를 담아 마셔도 섭씨 100도까지는 안전하다고 생각하는 사람들이 많아요. 또 컵라면에 뜨거운 물을 부어 먹을 때도 10분 안에 먹으면 환경 호르몬으로부터 안전하다고 말하기도 하고요. 과연 그럴까요? 종이컵이나 컵라면 용기의 주 원료는 종이입니다. 하지만 컵이나 용기의 안쪽을 보면 종이가 물에 젖지 말라고 플라스틱 비닐류로 코팅을 해놓았어요. 바로 폴리에틸렌(PE)입니다. 여기에 펄펄 끓는 물을 부으면 어떻게 될까요? 얇은 폴리에틸렌 막이 녹아버리겠죠. 그걸 우리가 마시는 겁니다.

차클 그렇겠네요. 그런데 폴리에틸렌이 인체에 많이 유해한가요?

계 폴리에틸렌이 환경 호르몬인지 아닌지에 대해서는 논란의 여지가 있습니다. 그나마 상대적으로 안전한 플라스틱 원료이긴 합니다. 그리고 뜨거운 물을 붓는다고 곧바로 폴리에틸렌이 녹아 나오는 건 아닙니다. 그러나 시간이 점점 지나면 지날수록 훨씬 더 많이 녹아 나오겠죠. 더 주목해야 할 건 환경 호르몬이 기름에 매우 잘 달라붙는다는 겁니다. 컵라면에는 식물성이든 동물성이든 기름이 들어 있죠. 용기의 내부에서 녹아 나온 폴리에틸렌이 기름 성분에 달라붙으면 어디로 가겠어요. 결국 우리 입을 통해 몸속으로 들어옵니다. 정확하게 몇 도까지 안전하다고 말씀드릴 수는 없겠지만, 펄펄 끓는 물 정도의 온도는 조심하는 게 좋을 겁니다.

차클 그래야겠네요. 또 다른 대표적인 환경 호르몬으론 무엇이 있나요?

계 비스페놀A라고 많이 들어보셨을 거예요. 비스페놀A는 1891년 러시아에서 발견됐습니다. 우리 몸에 존재하는 에스트로겐이라는 여성 호르몬과 구조적으로 비슷한데요. 이것을 첨가해서 플라스틱을 만들면 가볍고 딱딱하고 투명해져서 유리를 대신해 많이 사용합니다. 만약 안경 렌즈를 유리로만 만들면 엄청나게 무거워지겠죠. 그래서 지금 우리가 사용하는 안경이나 선글라스 렌즈는 대부분 비스페놀A를 넣어서 만든 폴리카보네이트라는 소재를 사용합니다.

차클 안경을 쓰고만 있어도 비스페놀A가 우리 몸에 들어온다는 건가요?

계 비스페놀A가 포함된 제품들을 사용하게 되면 우리 몸에 그런 성분들이 들어오긴 하죠. 하지만 대부분 소변으로 금방 배출이 됩니다. 문제는 우리 몸에서 배출이 된 비스페놀A 성분이 하수종말처리장을 거쳐서 강으로 가고, 또 강물은 바다로 간다는 거예요. 그 성분이 다시 어디로 갈까요. 결국 환경적으로 돌고 돌아요. 그래서 토양, 강물, 바닷물 같은 곳에 환경 호르몬이 많이 포함돼 있습니다. 바닷물 속에 있는 플랑크톤이나 물고기 등 해양 생물들도 당연히 영향을 받겠죠.

차클 결국 비스페놀A가 우리 몸에서 배출되더라도 다시 우리 몸속으로 돌아온다는 말이군요.

계 맞습니다. 재미난 실험 결과가 있어요. 혹시 망둑어라고 아시나요? 서해안에 가보면 갯벌 지역에서 많이 볼 수 있는 물고기입니다. 이 망둑어는 치어일 때는 난황을 만들지 않아요. 난황은 난자에 들어 있는 노른자라고 생각하면 됩니다. 망둑어가 자라 알을 만들 때가 되면 간에서 난황의 원료를 만들어서 피를 통해 전달해요. 그럼 노른자의 양이 점점 늘어나게 돼서 난자가 만들어집니다. 이 과정이 바로 여성 호르몬에 의해 일어나요. 여성 호르몬이 피를 타고 빙빙 돌다가 간세포를 자극하는 거죠.

차클 비스페놀A가 망둑어의 몸속에서 어떤 이상을 일으킨다는 건가요?

계 난황을 만드는 과정은 망둑어 암컷의 간에서만 일어나요. 그런데 비스페놀A나 알킬페놀과 같은 환경 호르몬에 수컷이 노출되면서 수컷들도 에스트로겐 성분의 영향을 받아서 난황을 일부 만들어내게 된 거예요. 이렇게 환경 호르몬이 생물의 성까지도 교란시킬 수 있어요.

차클 큰일이네요. 망둑어 말고 다른 생명체들도 영향을 받나요?

계 물론입니다. 비스페놀A를 개구리의 수정란이 있는 배양액에 낮은 농도부터 높은 농도까지 처리해봤어요. 그랬더니 중추 신경계를 만드는

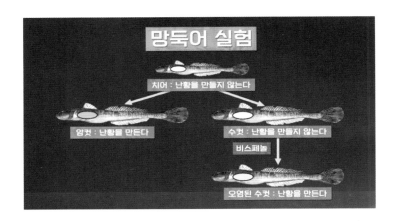

신경관이 영향을 받아서 기형적인 중추 신경계가 만들어졌다는 연구 결과도 있습니다.

차클 비스페놀A가 우리 주변에서 얼마나 많이 사용되나요?

계 굉장히 많이 써요. 생수통, 아기용 젖병, 통조림, 플라스틱컵, 영수증, 선글라스 등에 모두 비스페놀A가 들어가요. 가령 아기들이 사용하는 젖병의 경우 2012년에야 비스페놀 A가 사용 금지됐습니다. 불과 몇 년 전까지만 해도 비스페놀A가 들어간 폴리카보네이트 소재의 젖병이 생산된 거예요.

차클 아기가 쓰는 젖병에까지 쓰였다니 놀랍네요. 사용하기 편리하기 때문이었겠죠?

계 그런 셈이죠. 만약 생수통을 유리로 만든다면 쉽게 깨지고 들기도 힘들었겠죠. 그런데 환경 호르몬에 대한 규제가 심한 유럽 등지에서는 유리 생수통을 많이 쓰는 편이에요. 불편을 감수하더라도 안전한 소재를 쓰자는 것이죠.

차클   생수통을 물로 잘 세척해서 써도 몸에 나쁜 성분이 남아 있을까요?

계   막 생산된 물통은 어느 정도 괜찮아요. 그런데 생수통을 과연 몇 번 재사용했을 때 환경 호르몬이 녹아 나오는지는 실험이 필요합니다. 어찌 됐든 위험성이 있는 만큼 그걸 무시하고 공급자가 재사용을 하는 한 어쩔 수 없이 소비자들은 위험에 노출될 수밖에 없겠죠.

차클   생수통도 한번 잘 살펴봐야겠네요. 통조림에도 환경 호르몬이 많이 포함돼 있다고 하셨죠?

계   네. 통조림용 캔을 만드는 주 원료는 철이나 알루미늄입니다. 철판이 음식물과 직접 닿으면 어떻게 될까요? 녹이 슬고 음식에서는 쇠 냄새가 나겠죠. 그런 것을 방지하기 위해 음식물과 닿는 부분에 종이컵처럼 코팅을 해요. 그 코팅 소재가 바로 에폭시입니다. 건물 바닥을 반짝반짝하게 장식하는 코팅 소재가 바로 에폭시인데요. 그 주원료가 바로 비스페놀A예요. 한때는 비스페놀A가 꿈의 소재였어요. 그런데 알고 보니 우리의 몸에 안 좋은 영향을 미치는 환경 호르몬이었던 것이죠.

차클   모든 통조림에 비스페놀A가 들어가나요?

계   통조림을 거의 먹지 않는 사람과 먹는 사람의 비스페놀A를 측정해 비교해보면 통조림을 먹는 사람에게서 훨씬 높게 나올 겁니다. 자료를 조금 더 살펴보죠. 미국 식품의약국(FDA)에서 통조림 캔 78개에 대해 비스페놀A 농도를 조사했는데 71개, 즉 91퍼센트에서 비스페놀A가 나왔다고 합니다. 이 정도면 대부분 검출이 된 것이죠. 국내에서도 마찬가지예요. 29개 식품군의 통조림에서 25개 식품, 즉 86퍼센트에서 비스페놀A가 검출됐어요.

차클   통조림이라면 오랜 기간 보관을 하기 위해서 만든 식품 용기인데도 환경 호르몬에 취약하다니 충격적이네요.

계   그렇죠. 특히 생선을 비롯해 다양한 식품을 담는 용도로 쓰이는 통조림은 관리가 좀 필요하다고 생각해요. 앞서 비스페놀A가 기름에 잘 달라붙는다고 했었죠. 그런데 통조림에 들어가는 내용물은 대부분 기름기를 함유하고 있으니 환경 호르몬이 녹아나올 확률이 높죠.

차클   요즘 캠핑이 유행하면서 통조림 음식을 많이 섭취하는데 주의해야겠네요. 특히 캔을 직접 가열해서 조리하는 방식은 피해야겠죠?

계   맞습니다. 통조림을 직접 불에 올려 가열하면 내부 코팅이 벗겨질 수

밖에 없습니다.

차클 통조림 음식을 직접 사 먹지 않는다고 해도 음식점에서 재료로 사용하는 건 피하기 어려울 것 같아요.

계 2차 가공된 형태로 섭취하는 경우를 말씀하신 거죠? 예컨대 참치 샌드위치를 사 먹었는데, 주재료인 참치가 통조림에 들어 있던 것일 수 있으니까요. 그런 것까지 소비자가 일일이 피할 방법은 없겠죠. 그래도 본인이 직접 사 먹는 횟수를 조절하는 정도로 주의를 기울인다면 전체적인 섭취량을 줄일 순 있을 겁니다.

차클 통조림에 들어 있는 음식을 먹을 때 비스페놀A가 얼마나 우리 몸에 흡수되는 건가요?

계 아직까지 명확하게 실험 결과로 나온 내용은 없어요. 다만 생선 통조림을 먹을 때 함께 들어 있는 액체는 가급적 섭취하지 않는 것이 좋습니다. 아무래도 캔 내부에 코팅돼 있던 환경 호르몬이 녹아 있을 가능성이 높기 때문이죠. 더 안심할 수 있는 방법은 통조림 속 내용물을 물에 헹구는 것입니다. 음식물을 한 번 헹굴 때마다 비스페놀A의 농도가 낮게는 100분의 1에서 높게는 1000분의 1로 희석되기 때문입니다.

차클 일상생활에서 자주 사용하는 영수증에도 비스페놀A가 들어가 있다는 얘길 들었는데 맞나요?

계 최근에 인터넷을 가장 뜨겁게 달군 이슈 중 하나가 바로 영수증에 포함된 비스페놀A 문제였죠. 대부분 사람들이 하루 평균 한 장 이상의 영수증을 만지게 되잖아요. 이들 영수증도, 영화관에서 발급해주는 영화 티켓도 모두 비스페놀A를 함유하고 있습니다.

차클 어쩌다 종이에 비스페놀A가 들어가게 된 건가요?

계	빠르게 출력하기 위한 인쇄 방식 때문에 그렇습니다. 영수증에 사용되는 방식은 일반적인 레이저 인쇄 방식과는 달라요. 우선 비스페놀A를 함유하고 있는 염료를 종이의 표면에 발라요. 일종의 코팅 같은 거죠. 그러고 나서 종이 위에 바늘과 같은 열선을 이용해 글씨 모양으로 열을 가해서 코팅제를 태우는 방식입니다. 이러한 인쇄 방식은 일반 종이로는 불가능해요. 종이 위에 도포된 코팅제가 열을 받아들이면 색깔이 바뀌는 건데 이를 감열 방식이라고 부릅니다.
차클	음식처럼 먹는 것도 아니고 단지 종이 표면을 만지는 것만으로도 환경 호르몬이 우리 몸에 흡수된다는 얘기인가요?
계	네. 영수증 종이와 접촉하는 피부 밑에는 피하 조직이라는 게 있습니다. 피하 조직은 주로 지방 세포로 이뤄져 있어요. 건강한 남자들의 손바닥은 거칠거칠하고 두껍죠. 각질층도 많고요. 그러면 흡수가 덜 되는 편입니다. 그런데 젊은 여성이나 어린아이들은 피부가 촉촉할 뿐만 아니라 유분도 많죠. 거기다 핸드크림 같은 제품을 많이 바르면 환경 호르몬이 훨씬 더 많이 흡수돼요.
차클	피부를 통해 흡수된 환경 호르몬이 우리 몸에서 배출되기까지 시간이 얼마나 걸리나요?
계	두 가지 경우로 실험을 해봤어요. 하나는 입을 통해서 비스페놀A가 흡수되는 경우이고, 다른 하나는 피부를 통해서 들어온 경우입니다. 먼저 먹었을 때는 5시간 후에 최고 농도로 비스페놀A가 검출이 됐어요. 그러다가 24시간이 지난 다음에는 검출이 되지 않았습니다. 물론 검출되지 않는다고 해서 모두 빠져나간 것은 아니에요. 미량 남아 있긴 합니다. 그래도 99.9퍼센트는 빠져나가요.

차클 피부로 접촉했을 때는 어떤가요?

계 영수증 같은 것을 만져서 비스페놀A가 몸속에 들어왔을 때는 48시간
이 될 때까지 농도가 점점 증가해요. 소변에서도 비스페놀A가 계속 검
출이 돼요. 실험 대상자의 절반 정도는 5일 후에도 검출이 됐어요.

차클 피부로 접촉했을 때 비스페놀A가 몸속에 훨씬 더 오래 머무는 거네요.
얼핏 생각하기엔 입으로 먹었을 때 해악이 더 클 것 같은데 말이죠.

계 기름과 친한 비스페놀A의 특성에 힌트가 있습니다. 영수증을 손으로
만지면 피부를 통해 피하 조직에 흡수가 되는데요. 이렇게 환경 호르
몬이 몸속 지방에 녹아 들어가면 잘 빠져나오질 않아요. 그래서 훨씬
더 오래 몸에 잔류하는 것이죠.

차클 무섭네요. 그런데 환경 호르몬의 존재나 위해성에 대해 알면서도 계속
사용하는 이유가 대체 무엇인가요?

계 비스페놀A의 위해성에 대한 연구 논문이나 인터넷 기사들은 벌써 오
래전부터 나왔습니다. 그런데도 여전히 음식점이나 카페, 은행이나 관
공서에서 감열 방식으로 인쇄한 영수증이나 번호표 등을 사용하는 이
유는 싸고 빠르기 때문이에요. 즉, 위험하다는 걸 알면서도 편리함 때
문에 계속 쓰는 겁니다.

차클 그래서 요즘은 영수증을 안 받겠다고 얘기하는 소비자들도 늘고 있어
요. 하지만 꼭 챙겨야 하는 경우 조금이라도 안전을 지킬 방법은 없을
까요?

계 어쩔 수 없이 영수증을 만지거나 보관해야 한다면 코팅제가 묻어 있
는 앞면을 접촉하지 않도록 뒷면이 보이게 접으세요. 뒷면에는 코팅제
가 없으니 어느 정도 접촉을 줄일 수 있습니다.

차클	비스페놀A를 대체할 물질은 없는 건가요?
계	최근에 비스페놀A가 쓰이지 않은 'BPA Free(비스페놀A가 없음)' 영수증이 나오긴 했어요. 하지만 비스페놀A를 쓰지 않았다고 해도 비스페놀S나 비스페놀F 같은 화학 물질을 사용하고 있는 현실이죠. 결국 이 물질들도 화학 구조가 비스페놀A와 거의 99퍼센트 똑같아요.
차클	비스페놀A가 들어가 있지 않다고 해서 환경 호르몬으로부터 자유로운 것은 아니란 말인가요?
계	그렇습니다. 비스페놀A 프리가 환경 호르몬 프리를 의미하지 않아요. 다른 물질들 역시 우리의 몸에 영향을 줄 수 있습니다.

우리 아이의 장난감은 안전한가

"부모가 환경 호르몬과 관련된 많은 정보를 아는 게 중요해요. 일상에서 자주 쓰는 것 중 어떤 제품에 환경 호르몬이 들어 있는지 정확하게 잘 알아야 한다는 거죠. 그런 제품들을 10개에서 5개로 줄이면 확실히 환경 호르몬에 덜 노출됩니다. 특히 영유아의 경우에는 프탈레이트 노출에 취약하다는 점에 주의하세요."

· · ·

차클 비스페놀 외에도 소비자들이 주의해야 할 환경 호르몬은 어떤 게 있나요?

계 두 번째로 중요한 환경 호르몬 그룹이 있어요. 프탈레이트(Phthalate)라는 물질입니다. 이 물질은 우리 생활 중에 정말 많이 퍼져 있는 환경 호르몬의 일종입니다. 가장 대표적으로 쓰이는 곳이 중국집이에요. 배달 음식 포장에 많이 쓰이는 비닐랩 아시죠? 바로 그 랩의 소재가 PVC라는 필름이에요. 얇게 가공된 PVC 비닐을 쫙 잡아당겨서 음식물이 담긴 그릇을 감싸면 마치 테이프를 붙인 것처럼 밀봉이 되죠. 심지어 뒤집어도 국물이 안 쏟아지는데요. 이러한 유연성을 부여하는 특징을 가지고 있는 화학 물질이 프탈레이트예요.

차클 가정에서 사용하는 비닐랩도 중국집 랩과 같은 소재인가요?

계 가정에서 사용하는 랩과는 소재가 달라요. 집에서 쓰는 랩으로 국물 있는 음식을 포장하면 밀봉이 잘 안 될 겁니다. 소재 자체가 PVC 비닐이 아니라 PE, 즉 종이컵 내부를 코팅하는 폴리에틸렌과 비슷한 소재로 만들어져 있기 때문입니다.

차클 그럼 집에서 사용하는 랩은 안전한 건가요?

계 일상적인 용도로만 사용하면 큰 문제가 안 돼요. 다만 종이컵과 마찬가지로 뜨거운 온도에 장시간 노출시키면 안 됩니다. 전자레인지에 넣고 돌리거나 뜨거운 음식을 포장하는 용도로 사용하면 역시 위험해요.

차클 다이어트 방법 중에 랩을 몸에 감싸는 것이 있었는데요. 그것도 위험한 행동이겠군요?

계 PVC 랩이라면 위험할 수 있어요. 가정에서 쓰이는 PE 랩은 그나마 덜 위험합니다.

차클 프탈레이트가 들어간 제품으로 또 무엇이 있나요?

계 어린아이들이 많이 사용하는 문구용품을 주의해야 합니다. 크레용을 비롯해 알록달록한 색상을 자랑하는 문구들에 많이 들어가요. 또 좋은 향기를 내는 방향제, 즉 디퓨저의 향료들이나 머리카락에 좋은 냄새가 오래 남도록 하는 샴푸의 원료 등에도 쓰여요. 대체로 프탈레이트는 좋은 색이나 냄새를 오래 남기는 데에 굉장히 탁월한 물리화학적 특징들을 가지고 있어요. 문제는 그게 환경 호르몬이라는 것이죠. 그런데 이 성분이 심지어 수혈백에도 쓰이고 있습니다.

차클 네? 수혈백에 쓰이면 피를 통해서도 환경 호르몬이 환자 몸속에 들어올 수 있다는 말 아닌가요?

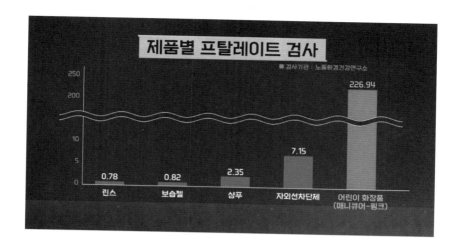

제품별 프탈레이트 검사

■ 검사기관 : 노동환경건강연구소

	린스	보습젤	샴푸	자외선차단제	어린이 화장품 (매니큐어-핑크)
	0.78	0.82	2.35	7.15	226.94

계 네. 어느 정도는 우리 몸에 흡수가 될 거예요. 만약 독감에 걸려서 입원했는데 링거 주사를 맞고 나았다고 해보죠. 그럼 퇴원 후 소변 검사를 받아보면 입원 전보다 프탈레이트 수치가 높게 나올 수 있어요. 수혈백이나 링거백은 늘어나는 소재로 만들어야 하기 때문에 어쩔 수 없습니다. 만약 환경 호르몬을 피하겠다고 유리병에 링거액이나 혈액을 담아둔다면 어떨까요? 혹시라도 충격을 받으면 쉽게 깨져버려 더 위험할 겁니다. 프탈레이트가 들어간 제품은 여러모로 편리하기 때문에 굉장히 많은 곳에 쓰여요.

차클 유리병 외에 프탈레이트를 쓰지 않는 안전한 용기는 없는 건가요?

계 의료계에서도 개선을 위한 노력을 기울였어요. 2015년부터는 프탈레이트가 아닌 대체 가소재로 만든 비닐 수액백 같은 것들을 병원에서 쓰고 있습니다. 하지만 그러한 대체제들은 프탈레이트가 들어간 비닐만큼 효과적이지는 못해요. 성능 면에서 절대적으로 떨어지죠.

차클　프탈레이트가 들어간 대표적인 제품들은 어떤 게 있나요?

계　샴푸, 보디로션, 린스, 보습젤, 자외선차단제, 매니큐어 같은 제품의 성분에 P라는 표기가 있으면 대부분 프탈레이트 계열이라고 보면 됩니다. 특히 DEHP(Di-EthylHexyl Phthalate)라는 것은 디에틸헥실프탈레이트의 약자예요. 특히 매니큐어 같은 곳에 많이 포함되는 물질이에요. 매니큐어도 일종의 페인트라고 할 수 있는데요. 프탈레이트가 안 들어가면 매니큐어 칠이 잘 안 됩니다.

차클　문구용품이나 어린이 제품에도 프탈레이트가 들어간다고 하셨는데, 위험하지 않나요?

계　다행히 어린이용 완구는 0.1퍼센트 미만으로 프탈레이트 사용을 규제하고 있어요. 그런데 요즘 많이 나오는 어린이용 화장품은 특별히 관리되고 있는 것 같지는 않아요. 어른용 제품과 마찬가지로 환경 호르몬이 들어가 있다고 보시면 됩니다.

차클　자녀들이 프탈레이트에 노출되는 것을 막으려면 어떻게 해야 할까요?

계　부모가 환경 호르몬과 관련된 많은 정보를 아는 게 중요해요. 일상에서 자주 쓰는 것 중 어떤 제품에 환경 호르몬이 들어 있는지 정확하게 잘 알아야 한다는 거죠. 그런 제품들을 10개에서 5개로 줄이면 확실히 환경 호르몬에 덜 노출됩니다. 특히 영유아의 경우에는 프탈레이트 노출에 취약하다는 점에 주의하세요. 영유아용 목욕 용품을 예로 들어볼까요? 플라스틱으로 만들어진 작은 목욕통에 뜨거운 물을 부어 영유아용 샴푸로 아이들을 씻긴다고 생각해보세요. 과연 그 제품들에 뭐가 들었는지 잘 살펴야 합니다.

차클　프탈레이트에 노출되면 인체엔 어떤 일이 벌어지나요?

계	프탈레이트가 어떤 질병과 상관이 있는지에 대해서는 지금도 논란의 여지가 있긴 합니다. 하지만 1999년부터 내분비 장애를 일으키는 환경 호르몬 추정 물질로 분류되고 있어요. 특히 과잉행동장애(ADHD)라는 질환과 연관이 있다는 결과를 보여주는 역학 조사와 동물 실험 결과들이 나왔습니다.
차클	ADHD가 프탈레이트 때문이라고요? 실험 결과를 좀 더 자세히 알려주시죠.
계	우선 임신한 쥐에게 프탈레이트를 농도별로 먹였어요. 새끼 쥐가 태어난 뒤 각각의 새끼를 관찰했습니다. 그런데 프탈레이트가 높은 농도로 검출되는 어머 쥐에게서 태어난 새끼 쥐들이 비정상적으로 움직였다고 해요. 이와 관련해 ADHD를 가진 아이들의 혈액이나 소변에서도 프탈레이트의 농도가 높게 나왔고요. 이런 것들이 확증적인 증거는 아닙니다만 프탈레이트의 양과 질병의 연관성이 있을 수 있다고 추정할 순 있죠.
차클	프탈레이트를 대체할 만한 물질이 나와 있나요?
계	네. 프탈레이트도 대체 소재가 다양합니다. 하지만 프탈레이트만큼 잘 늘어나는 성질을 가진 소재는 아직까지 없는 것 같아요.

네 번째
질문

어떻게 환경 호르몬을 줄일 것인가

"사실 대부분의 환경 호르몬은 우리 몸속에 들어오면 하루 이내
에 거의 다 빠져나가요. 다만 몸속에 남은 일부 환경 호르몬 물
질들이 우리의 생애 주기 동안 조금씩 쌓인다는 게 문제입니다.
즉, 우리가 난자일 때부터 노화 과정을 거쳐 죽음에 이르는 단
계까지 계속 조금씩 몸 안에 쌓이는 거예요."

• • •

차클 비스페놀A와 프탈레이트 외에도 자주 쓰이고 있는 환경 호르몬 물질
이 있나요?

계 바로 파라벤입니다. 주로 방부제에 쓰이는 물질인데요. 정말 많은 곳
에 쓰이는 물질이에요. 치약, 화장품, 구강청정제, 심지어는 약에도 들
어 있어요. 약도 쉽게 썩기 때문에 보존제가 들어갑니다. 예전에는 식
품에도 들어갔어요.

차클 유통 기한이 긴 것은 대부분 파라벤이 들어갔다고 보면 되는 거예요?

계 네. 학자들은 썩은 것을 먹어서 배탈 나는 것보다 환경 호르몬일지라
도 파라벤으로 보존을 시켜서 먹는 게 목숨을 유지하는 현명한 방법
이라고 주장해요. 틀린 말은 아닙니다. 화장품을 예로 들어보죠. 가령

영양 크림을 피부에 바른다고 생각해보세요. 피부 세포에 좋은 물질로 만들어져 있겠죠. 그런데 피부 세포에 좋다는 말은 박테리아나 곰팡이 같은 것들도 좋아하는 먹이라는 말이에요. 쉽게 썩지 말라고 방부제를 넣어줘야 하는 이유죠.

차클 그럼 파라벤이 들어가지 않은 천연 화장품은 안전한가요?

계 저는 별로 동의하고 싶지 않습니다. 천연 화장품은 쉽게 잘 썩는다는 단점이 있잖아요. 만약 천연 화장품을 만들어서 냉동을 시켰다가 조금씩 덜어서 쓰고 남은 것을 다시 냉동시키면 괜찮겠죠. 하지만, 그만큼 불편함을 감수해야 합니다.

차클 맞아요. 실제로 천연 화장품을 사면 빨리 쓰라고 권장하더라고요.

계 파라벤을 쓰면 편리하게 화장품을 쓸 수 있죠. 대신에 파라벤을 넣지 않고 천연 물질로만 화장품을 만들면 사용 자체가 굉장히 불편해지는 거예요. 편리함과 불편함 사이에서 균형을 잡아야겠죠.

차클 파라벤을 대신하는 방부제 물질도 개발됐나요?

계 파라벤이 아닌 다른 종류의 방부제를 넣어서 만든 화장품도 있습니다. 그런데 파라벤만큼 방부 성능이 썩 좋은 것 같지 않아요. 그리고 그런 물질들도 나름대로 또 다른 문제를 가지고 있어요. 어차피 화학 물질이니까요.

차클 파라벤이 정확히 어디에 안 좋은 영향을 미치나요?

계 파라벤도 화학적 구조 면에서 에스트로겐이나 갑상선 호르몬과 유사해요. 에스트로겐, 갑상선 호르몬만큼은 아니지만 비슷한 흉내를 낼 수 있는 능력을 가지고 있다는 거죠. 2000년대 초까지 알려지기 시작한 파라벤의 위해성에 관련된 연구를 보면 유방암과의 관련성이 의심

됩니다. 파라벤을 함유한 체취 제거제가 유방암을 유발한다는 연구 결과들이 발표됐었죠.

차클 체취 제거제라면 데오도란트 같은 것을 말하나요?

계 맞습니다. 여름에 땀이 많이 나는 사람들은 겨드랑이에서 나는 냄새를 없애기 위해서 체취 제거제를 많이 바르죠. 그런데 위치상 겨드랑이와 유방이 가깝잖아요. 게다가 문제는 이러한 체취 제거제를 한 번만 사용하는 것이 아니라 하루에도 몇 번씩, 여름 내내 바른다는 것이죠.

차클 아, 그럼 땀과 함께 몸으로 흡수되겠네요?

계 네. 더구나 우리 피부와 피하 조직에는 화학 호르몬이 잘 스며드는 기름 성분이 있잖아요. 그래서 데오도란트가 유방암을 유발하는 게 아닌지 의심을 받게 된 거죠. 유방암 조직으로부터 가장 가까운 부위에 도포된 화학 물질이 무엇인지 조사하다가 데오도란트의 성분 중 하나인 파라벤이 암을 유발하는 물질로 주목받게 된 겁니다.

차클 그 같은 의심을 입증하기 위한 실험도 실시했나요?

계 네. 영국에서 유방암 환자 160명 정도의 유방 조직을 떼어내서 파라벤 농도를 분석했어요. 유방의 어느 부위 조직에서 떼어내느냐에 따른 농도 차이는 있었지만 160개 조직 중 99퍼센트에서 파라벤이 검출됐다고 해요.

차클 그럼 유방암 환자가 아닌 사람에게서는 검출이 안 되나요?

계 좋은 질문입니다. 건강한 사람에게서도 파라벤이 검출됩니다. 그들 역시 파라벤이 함유된 화장품이나 생활용품을 쓰고 있기 때문이죠. 그런데 연구 결과 유방암 환자의 경우 파라벤이 훨씬 더 많이 검출되는 걸로 나타났어요. 파라벤에 많이 노출되면 유방암에 반드시 걸린다는 뜻은 아니에요. 다만 파라벤이 유방암에 걸리기 쉬운 조건을 만드는 데 기여했을 것이라는 결론을 내릴 순 있습니다.

차클　다른 환경 호르몬 물질도 마찬가지일까요? 질병의 결정적인 원인이라기보다는 영향을 미치는 수준이라고요.

계　네. 현재까지는 그렇습니다. 파라벤이 발암 물질이냐 아니냐는 쉽게 결론을 내릴 수 없는 문제예요. 다만 암의 위험성을 상승시키는 데 작용했을 가능성이 농후하다고 봐야 합니다.

차클　또 다른 환경 호르몬 물질로는 어떤 것이 있나요?

계　비스페놀A, 프탈레이트, 파라벤 이외에 일상생활 속에서 주의할 필요가 있는 제품이 있습니다. 바로 모기 기피제에 들어가는 디에틸톨루아미드(diethyltoluamide, DEET)라는 물질이에요. 모기가 아주 싫어하는 이 물질은 신경 계통에 작용하는 환경 호르몬이기도 합니다.

차클　군대에서 훈련을 받을 때나 야외로 놀러 나갈 때 흔히 바르는 모기 기피제를 말씀하시는 건가요?

계　맞습니다. 야간에 야외 활동을 하면 모기를 피하기 위해서 누구나 흔히 바르는 약품이죠. 그런데, 이러한 모기 기피제가 주목받게 된 계기가 있습니다. 바로 1990년 이라크가 쿠웨이트를 침공했던 걸프전 때의 일이에요. 당시 전쟁이 벌어졌던 중동 지역은 굉장히 기온이 높고 열대 풍토병까지 만연했어요. 모기 같은 벌레에게 잘못 물리면 말라리아나 다양한 바이러스성 질환에 걸릴 수 있었죠. 심한 경우에는 총알이 아닌 벌레에 물려 죽을 수도 있는 상황이었어요.

차클　병사들이 벌레를 피하려고 모기 기피제를 대량으로 사용했겠군요.

계　그렇습니다. 막사 주변에 석회가루를 뿌리듯이 대량으로 모기 기피제를 뿌렸어요. 전투나 경계 근무를 나갈 때에도 잔뜩 발랐다고 해요. 그런데 문제가 발생한 것은 걸프전에 참가했던 미군들이 전쟁을 마치고 고향으로 돌아온 다음이었어요. 이들 참전 군인에게서 여러 가지 질환이 나타나기 시작한 거예요. 예를 들어서 우울증에 걸리거나 정자가 감소하는 현상이 나타났습니다. 한두 명이 아니라 상당히 많은 사람들에게서 이런 증상이 나타나자 역학 조사를 실시하게 됐습니다.

차클 그때 DEET의 문제점을 발견하게 된 것인가요?

계 네. 역학 조사 결과 모기 기피제를 의심 물질로 추정하게 됐어요. 그 외에도 프라이팬에 쓰이는 과불화화합물, 섬유유연제에 쓰이는 노닐페놀, 잉크에 쓰이는 옥틸페놀 등의 환경 호르몬도 인체에 영향을 준다고 보고됐어요.

차클 정말 다양하네요. 그런 환경 호르몬 물질들을 우리 몸에서 쉽게 배출할 수 있는 방법은 없을까요?

계 일단 인체에 해를 끼치는 몇 가지 중요한 환경 호르몬들, 예컨대 비스페놀A, 프탈레이트, 파라벤 등은 검사를 통해 검출 여부를 확인할 수 있어요. 하지만 우리 몸에서 환경 호르몬 물질이 검출됐다고 해서 완벽하게 배출시키는 방법은 없습니다. 사실 대부분의 환경 호르몬은 우리 몸속에 들어오면 하루 이내에 거의 다 빠져나가요. 다만 몸속에 남은 일부 환경 호르몬 물질들이 우리의 생애 주기 동안 조금씩 쌓인다는 게 문제입니다. 즉, 우리가 난자일 때부터 노화 과정을 거쳐 죽음에 이르는 단계까지 계속 조금씩 몸 안에 쌓이는 거예요. 이것을 바디 버든(body burden)이라고 부릅니다. 일정 기간 몸에 쌓인 유해 물질의 총량을 말해요. 이러한 물질들이 결국 호르몬 교란을 일으켜서 많은 부작용을 초래하게 됩니다.

차클 호르몬 교란이 일어나면 우리 몸에선 어떤 일이 벌어지나요?

계 바디 버든이 일정 수준의 임계점을 넘으면 호르몬 민감성 암에 걸린다든지, 불임이나 난임 등 생식 계통의 문제들을 일으킬 수 있습니다. 최근에는 면역계 질환에서도 다양한 증상을 나타내고요.

차클 면역계 질환이란 어떤 병을 말하나요?

계 면역이란 우리 몸을 외부의 침입으로부터 보호하는 것을 의미해요. 그런데 면역 세포가 우리 몸을 스스로 공격하는 경우가 있어요. 자가 면역 질환이라고 합니다. 대표적인 예가 루푸스, 건선, 아토피 등이죠.

차클 요즘 어린아이들이 많이 걸리는 아토피가 환경 호르몬에 의한 자가 면역 질환 중 하나란 말이죠?

계 그렇습니다. 우리 몸에 들어온 환경 호르몬은 우리에게 영향을 미치는 걸로 끝나지 않아요. 생식 세포에도 안 좋은 영향을 미쳐 자식에게도 물려주게 되는 겁니다.

차클 지금 우리가 음식을 먹고 마시거나 공기를 들이마시는 게 다음 세대, 그다음 세대에까지 전해질 수 있다는 말인가요?

계 네. 맞습니다. 결론적으로 말하자면 환경 호르몬은 무서운 독성 물질은 아닙니다. 그렇지만 내 몸에 서서히 쌓여가면서 나를 서서히 망가뜨리는 악마라고 정의를 하고 싶어요. 최근에 제가 환경 호르몬을 포함하는 물질의 대체재로 쓰일 수 있는 물질이 없을지에 대한 연구를 진행했는데요. 안타깝게도 100퍼센트 안전한 물질은 없다는 결과가 나왔습니다. 조금이라도 덜 위험하고 더 안전한 것을 찾아내는 노력을 하는 것이 지금으로서는 최선이라고 할 수 있습니다.

차클   그러려면 많은 게 달라져야 하지 않을까요?

계   환경 호르몬 이슈는 대중의 소비와도 직결되는 문제이기 때문에 기
     업이 책임감을 갖고 대응해야 합니다. 조금 더 안전한 물질을 찾기 위
     해 기술과 제품 개발에 나서야겠죠. 기업이 환경 호르몬을 저감시킨
     제품을 만들면 돈도 많이 벌고 또한 사회적으로 좋은 일도 많이 할 수
     있어요. 물론 기업뿐만 아니라 일반 소비자들도 불편을 감수할 의지
     가 있어야 해요. 계속 편하려고만 하면 위험성과 위해성을 피할 수 없
     습니다.

차클   조금 불편을 감수하더라도 환경 호르몬을 줄일 수 있는 실천법으로
     무엇이 있을까요?

계   가령 전문가들은 환경 호르몬의 주요 원인을 플라스틱이라고 보고 있
     습니다. 우리나라의 플라스틱 소비량을 보면 굉장히 높은 수준이에요.
     심지어 1인당 사용량의 경우 미국보다도 우리가 더 높게 나와요.

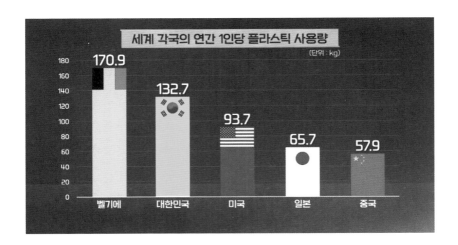

차클 배달 음식을 많이 시켜 먹는 것이 원인일까요?

계 무시할 수 없을 겁니다. 배달 음식에 들어가는 플라스틱 용기를 비롯해 다양한 생활 속 플라스틱 소비를 줄여야 합니다.

차클 플라스틱이나 환경 호르몬 물질의 소비를 줄이면 우리 몸에도 바로 영향이 나타날까요?

계 재미난 실험 결과가 하나 있어요. 몇몇 사람들을 모아 비스페놀A나 파라벤 같은 물질에 노출이 덜 되도록 생활하게 했어요. 그럴 경우에 여성들의 생리 불순이나 면역 질환 등이 개선되는지 확인하려 한 거죠. 나중에 소변이나 혈액 속 바디 버든의 양을 측정해보니까 분명히 줄어든 것이 확인됐어요. 굉장히 희망적인 실험 결과죠.

차클 적극적인 노력이 필요하겠네요. 환경 호르몬 물질이 들어간 제품의 사용을 줄이는 것 외에 또 실천할 만한 방법이 있을까요?

계 실내 환기를 자주 하면 좋습니다. 집 안의 먼지는 단순히 물리적인 입자가 아니에요. 먼지엔 화학 물질이 잔뜩 묻어 있습니다. 장판이나 벽지 등 다양한 곳에서 나온 물질들이 포함돼 있는 거죠. 만약 그런 먼지를 들이마시면 호흡기를 통해서 환경 호르몬이 우리 몸 안에 들어오게 되는 셈입니다. 그러니 반드시 창문을 열어서 실내 환기를 자주 해야 해요. 이렇게 말하면 밖에 미세먼지가 많은 날은 어떻게 하냐고 반문하는 사람들이 있어요. 그런데 사실 바깥의 미세먼지보다 실내에서 유발된 환경 호르몬이 묻은 먼지가 더 위험해요. 우리가 살고 있는 실내 환경이 생각보다 굉장히 더럽습니다.

차클 실외보다 실내 먼지가 더 위험하다니 충격적이네요. 또 다른 주의할 사항은 없나요?

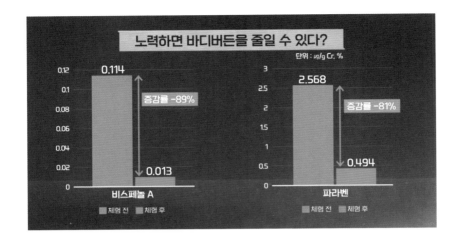

계 환경 호르몬을 줄이는 생활 습관 체크 리스트 몇 가지를 알려 드릴게요. 일회용 플라스틱 줄이기, 맨 손으로 영수증을 만지지 않기, 통조림 데워 먹지 않기, 오래된 플라스틱 컵 사용하지 않기, 코팅이 벗겨진 조리도구 사용하지 않기, 실내 환기 자주하기. 이 정도만 지키면 환경 호르몬으로부터 우리 몸을 지키는 데 많은 도움이 될 겁니다.

차클 그 정도를 지키는 것도 쉽진 않을 듯해요. 혹시 환경 호르몬을 배출시켜주는 음식이나 약 같은 것은 없나요?

계 환경 호르몬은 기름이나 지방 성분과 친하다고 했죠. 우리 몸에는 지방 조직이 많이 있습니다. 지방 조직의 대사율을 높여줄 수 있는 식품이나 약물 등을 먹으면 지방이 녹아 몸에서 빠져나가겠죠. 음식물을 통해서 환경 호르몬이 우리 몸속으로 들어온 경우엔 흡수가 잘 안 되게 만드는 식이섬유 같은 것들이 도움이 될 겁니다. 여러 가지 안 좋은 성분들이 식이섬유에 흡착돼 대변으로 배출이 되는 거예요. 그렇게 우리 몸에 덜 흡수시키고 변과 함께 섞여 나가게 하는 방법이 있습니다.

차클 식이섬유는 여러모로 많이 챙겨 먹어야겠어요. 또 다른 건요?

계 사포닌도 있습니다. 지방을 녹이는 효과가 있다고 알려진 건강식품이나 약품에는 사포닌이 들어 있어요. 이 사포닌이라는 성분은 천연 계면활성제, 즉 천연 비누라 할 수 있습니다. 사포닌이 많이 함유된 음식들을 먹으면 도움이 된다고 합니다.

차클 네. 좋은 정보 감사합니다. 하지만 애초에 환경 호르몬 물질들을 줄이는 노력이 더 중요하겠죠?

계 맞습니다. 결국 환경 호르몬의 문제는 인류가 편리함을 추구하다 보니 발생한 것입니다. 세상에 공짜는 없지요. 모든 편익에는 대가가 따르기 마련입니다. 편리해지기 위해서 자꾸 일회용품을 사서 쓰다 보면 바디 버든이 쌓이게 됩니다. 바디 버든을 줄이기 위해서는 불편함을 감수하는 모두의 노력이 필요합니다.

Part 2

과학, 생명의 시작과
끝을 탐구하다

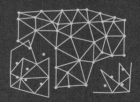

우리는 어떻게
기억하는가

●

강봉균

기억이 어떻게 저장되는지 밝히기 위해 기억 연구에만 30여 년을 쏟은 한국 신경과학계 석학. 2012년 과학기술정보통신부에 의해 국가과학자로 선정됐고 2018년 엔 대한민국 최고과학기술인상을 받았다. 현재 서울대 생명공학부 교수로 재직 중이다.

기억이란 무엇인가

"우리는 매일같이 수많은 정보의 홍수 속에 노출돼 있습니다. 굉장히 다양한 정보들을 일상생활에서 습득하게 되지요. 그런 정보가 학습을 통해 뇌에 입력되는 과정을 '배운다'라고 표현합니다. 그렇게 배운 정보들이 뇌에 저장된 형태, 그리고 그것을 나중에 필요할 때 적절히 꺼낼 수 있는 과정, 그러한 과정을 기억이라고 부릅니다."

• • •

차클   기억에 대해 30년간 연구를 하셨다고 들었습니다. 어떤 계기로 기억을 연구하게 된 것인가요?

강   인간이 모두 똑같은 것인지, 나만의 개성은 무엇인지에 대해 고민을 했었어요. 인간의 본질을 제대로 이해하려면 생명과학을 공부해야겠다고 마음먹었죠. 그러다 더 나아가서 신경과학, 뇌를 연구하는 과학을 해야겠다고 생각하게 됐어요. 그렇게 기억이라는 분야에 대해 연구를 하게 된 겁니다. 자, 이번에는 제가 질문을 해볼게요. 사람마다 기억에 차이가 나는 이유는 과연 뭘까요?

차클   관심사가 달라서 그런 것 아닌가요? 뇌 구조가 다르다는 말을 농담으로 종종 하는데요. 어찌 됐든 뇌와 관련이 있을 것 같아요.

강 비슷합니다. 기억의 종류가 다르고 기억의 능력이 사람마다 다른 이유는 각자의 개성이 다르기 때문입니다. 좋아하는 것과 싫어하는 것은 누구나 다르죠. 그러한 차이가 결국 뇌를 변화시키거든요. 즉, 개성의 차이라는 것도 뇌의 차이에서 비롯됩니다.

차클 뇌가 다르기 때문에 성격도 달라진다는 말인가요?

강 맞습니다. 뇌가 다르기 때문에 개성이 다르고 성격이 다르고 결국 인격이 다른 겁니다. 나와 상대방이 다른 이유를 이렇게 설명할 수 있죠.

차클 수업 시간에 단어나 공식을 외우려고 하면 잘 안 외워지는데, 우연히 본 전단지 내용 같은 것은 잘 외워지는 이유는 뭔가요?

강 그 질문에 대한 해답을 찾기 위해서 지금부터 뇌에 대해 자세히 들여다보도록하죠. 기억이 중요한 이유, 기억이 뇌를 어떻게 변화시키는지, 기억이 갖는 의미가 무엇인지 알아봅시다.

차클 흔히 무언가를 암기하는 것, 과거의 일을 추억하는 것을 기억이라고 부르지 않나요? 춤이나 운동을 배울 때 과거에 배웠던 것을 몸이 기억하고 있다는 식으로 표현하기도 하고요. 과학적으로는 기억을 어떻게 정의하나요?

강 과학의 언어로 기억을 설명해볼게요. 우리는 매일같이 수많은 정보의 홍수 속에 노출돼 있습니다. 굉장히 다양한 정보들을 일상생활에서 습득하게 되지요. 그런 정보가 학습을 통해 뇌에 입력되는 과정을 '배운다'라고 표현합니다. 그렇게 배운 정보들이 뇌에 저장된 형태, 그리고 그것을 나중에 필요할 때 적절히 꺼낼 수 있는 과정, 그러한 과정을 기억이라고 부릅니다.

차클 기억에도 종류가 있나요?

강　크게 두 가지로 나뉩니다. 각각 서술 기억과 비서술 기억이라고 하는데요. 우선 서술 기억은 의식이 있는 상태에서 이루어지는 기억입니다. 이러한 기억은 한 번만 보고도 기억된다는 장점이 있지만 쉽게 잊힐 수 있습니다. 또 왜곡될 수 있다는 단점도 있어요. 같은 영화를 보고도 서로 얘기하는 게 다를 때가 있죠. 그런 것들이 서술 기억이에요.

차클　비서술 기억은 무엇인가요?

강　몸에 밴 기억, 즉 습관이나 운동 기술 같은 것이죠. 이처럼 많은 훈련과 반복 작업에 의해서 어렵게 얻어질 수 있는 또 다른 형태의 기억을 비서술 기억이라고 부릅니다. 우리가 자전거나 수영을 한번 배우면 평생 써먹을 수 있잖아요. 하지만 처음에 배울 때는 매우 어려워요. 이렇게 처음에 배울 때는 어렵지만 한번 익히면 영원히 기억되는 것이 비서술 기억이에요.

차클　그럼 비서술 기억은 뇌에 저장되는 게 아니고 근육들이 기억하는 것인가요?

강　그렇게 생각하기 쉽지만 사실 몸이나 근육에 기억이 저장되진 않습니다. 근육을 움직이는 게 운동신경이거든요. 운동신경을 조종하는 조직은 뇌에 있고요. 운동기술은 근육에 저장돼 있는 것이 아니라 뇌 회로에 저장돼 있습니다.

차클　듣고 보니 너무 멍청한 질문을 한 것 같네요. 그렇다면 운동선수의 뇌를 이식받으면 누구나 운동을 잘할 수 있게 되는 건가요?

강　저는 충분히 가능하다고 생각합니다. 물론 운동 기술과 운동 프로그램을 실현할 수 있는 튼튼한 몸과 근육이 뒷받침돼야 하겠죠.

두 번째 질문 | 뇌는 어떤 구조를 갖고 있는가

"뇌의 작동 원리를 보면 컴퓨터와 비슷한 점이 굉장히 많습니다.
먼저 새로운 정보를 마주할 때를 생각해보죠. 어떤 정보가 감각
기관을 통해 들어오면 뇌의 신피질로 그 정보가 전달돼요. 우리
뇌에는 정보를 처리하는 신피질이라는 영역이 있거든요. 신피
질은 뇌의 겉을 둘러싸고 있으며 대뇌 피질의 90퍼센트를 차지
합니다. 특히 인간과 같은 고등동물의 경우 신피질이 많이 발달
돼 있어요."

• • •

차클　　기억과 뇌에 대해 알면 알수록 신기한 것 같아요. 뇌 구조에 대해 보다
　　　　자세한 설명을 듣고 싶습니다.

강　　　뇌의 작동 원리를 보면 컴퓨터와 비슷한 점이 굉장히 많습니다. 먼저
　　　　새로운 정보를 마주할 때를 생각해보죠. 어떤 정보가 감각 기관을 통
　　　　해 들어오면 뇌의 신피질로 그 정보가 전달돼요. 우리 뇌에는 정보를
　　　　처리하는 신피질이라는 영역이 있거든요. 신피질은 뇌의 겉을 둘러싸
　　　　고 있으며 대뇌 피질의 90퍼센트를 차지합니다. 특히 인간과 같은 고
　　　　등동물의 경우 신피질이 많이 발달돼 있어요.

차클　　대뇌에서 90퍼센트를 차지한다면 엄청나게 중요한 역할을 하고 있겠
　　　　군요?

156

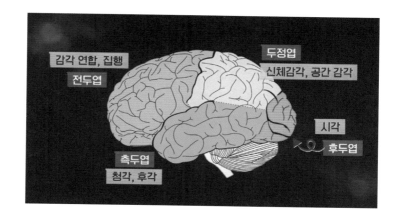

강	신피질 영역은 크게 네 가지 엽으로 나뉩니다. 후두엽은 시각 정보를 처리하는 영역으로 시각 중추가 있습니다. 우리가 무언가를 보게 되면 그 순간 시각적인 정보는 시상을 거쳐서 후두엽으로 들어가게 됩니다. 그리고 어떤 시각 정보를 보았는지 처리되는 것이죠. 그래서 눈이 멀쩡해도 후두엽에 어떤 손상이 있다면 볼 수가 없어요. 측두엽은 청각과 후각을 담당하는 영역입니다. 두정엽은 신체 감각과 공간에 대한 정보를 담당하고요. 마지막으로 전두엽은 인간에게 굉장히 중요한 영역이죠. 뇌 전체에서 3분의 1 정도를 차지해요.
차클	전두엽은 정확히 어떤 일들을 담당하나요?
강	아무리 사소한 일을 경험하더라도 그 안에는 촉각, 시각, 청각, 후각과 관련된 많은 정보들이 동시에 포함돼 있습니다. 그런 정보들이 서로 연합돼야 기억이 이뤄지거든요. 예를 들어 커피를 마신다면 시각 정보인 커피와 찻잔의 색, 미각 정보인 커피의 맛, 후각 정보인 커피의 향, 촉각 정보인 커피의 뜨거운 정도, 청각 정보인 함께 대화를 나눴던 상

대방에 대한 정보 등 하나의 사건에 굉장히 많은 정보가 들어 있겠죠. 그런 모든 정보들이 연합돼야만 그 장면을 우리가 기억할 수 있습니다. 그리고 그렇게 연합된 정보들을 총괄해서 담당하는 곳이 전두엽인 거예요.

차클 태어날 때부터 전두엽이 좀 작거나 측두엽이 좀 크거나 하는 식으로 사람마다 뇌의 특성이 다른가요?

강 네. 유전적인 소인에 의해서 뇌 구조에 다소 차이는 있을 수 있습니다. 하지만 학습에 의해 뇌가 계속 변해가는 과정을 확인할 수 있어요.

차클 그렇다면 유전적인 부분과 학습적으로 변화시킬 수 있는 부분 중에서 어떤 것이 더 결정적인가요?

강 인간의 유전자는 거의 대동소이합니다. 무엇을 경험하고 무엇을 배우느냐에 따라서 뇌가 달라지기 때문에 학습에 의해 개인의 차이가 난다고 볼 수 있습니다.

차클 뇌가 변화한다는 건 뇌의 형태가 달라지는 것을 의미하나요?

강 기능도 달라지지만 형태도 달라집니다. 우리 신체 부위에서 가장 유연성이 큰 기관이 바로 뇌입니다. 뇌는 굉장히 변화무쌍하거든요. 그렇다고 해서 뇌의 크기나 형태가 눈에 띄게 달라지는 건 아니고요. 아주 미세한 구조의 변화를 의미해요. 현미경으로 들여다보면 미세한 구조에서 많은 변화들이 일어난다는 것을 확인할 수 있어요.

차클 그렇군요. 그럼 뇌에서 기억은 어디에 저장이 되는 것인가요?

강 어떤 정보가 감각 기관을 통해 우리 몸에 들어오게 되면 일단 신피질로 넘어가게 되고 신피질에서 다시 뇌의 특정한 장소로 이동하게 됩니다. 그 장소를 발견하게 된 계기를 마련해준 사람이 있는데요. 신경

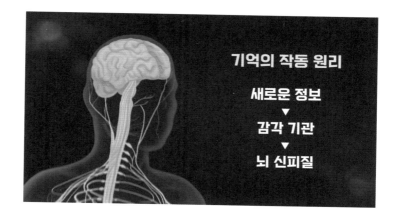

과학계에서 굉장히 유명한 연구 대상이기도 한 헨리 몰레이슨(Henry Molaison)이라는 분입니다.

차클 연구 대상이었다고요? 그분을 대상으로 어떤 연구를 진행한 건가요?

강 몰레이슨은 우리 인류에게 기억의 비밀을 푸는 열쇠를 가져다주었어요. 1950년대 초, 당시 9세였던 몰레이슨은 자전거를 타다가 사고를 당해서 머리를 다쳤습니다. 이후 간질 증상, 즉 뇌전증 현상이 매우 심해졌는데요. 다행히 간질 치료를 받아서 발작 증세는 호전이 됐습니다만, 다른 문제가 발생했어요.

차클 혹시 기억을 잃은 것인가요?

강 맞아요. 그런데 기억을 잃은 양상이 매우 특이했습니다. 가족이나 오래전 일들은 기억하면서 매일 만나는 의사를 기억하지 못하는 거예요. 또 식사를 마치고 30분 후에 다시 식사를 권하면 마치 처음인 것처럼 식사를 하고요. 수술을 담당한 의사와 병원 측은 굉장히 놀랐죠. 자신들의 수술이 잘못돼서 기억에 뭔가 문제가 생겼다는 것을 인식하게 된 겁니다.

차클 지능에는 이상이 없었나요?

강 유머 감각이나 지능 면에서는 예전처럼 정상이었습니다. 다만 처음 배우는 사실만을 오래 간직하지 못하는 거였어요. 10분 정도만 지나도 다 잊어버리는 겁니다.

차클 수술을 하면서 뇌의 특정 부위를 잘못 건드렸기 때문인가요?

강 네. 과거에 얻은 기억들은 신피질에 고이 간직돼 있기 때문에 저장된 정보를 활용해서 유머 감각을 발휘하거나 상대방과 이야기를 하는 데는 문제가 없었습니다. 문제는 몰레이슨을 수술했던 의사가 뇌의 특정 부위를 제거하는 바람에 기억에 이상이 생긴 것이었어요. 소위 해마라는 조직을 포함한 내측두엽을 제거해버린 겁니다.

차클 내측두엽에서 어떤 기능을 담당하길래 기억에 이상이 생긴 것인가요?

강 몰레이슨의 사례를 통해 해마가 기억을 저장하는 기능에 굉장히 중요한 역할을 한다는 사실이 밝혀졌습니다.

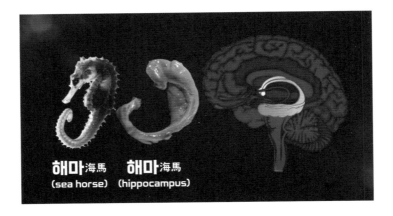

해마 海馬 (sea horse)　　해마 海馬 (hippocampus)

차클	이전에는 해마의 기능에 대한 정보가 없었던 거예요?
강	네. 전혀 없었죠.
차클	그렇다면 해마를 잘라내면 간질을 치료할 수 있다는 건 어떻게 알게 됐나요?
강	1940년대에 들어서면서 뇌전증 원인의 부위로 측두엽이 부각됐어요. 당시에는 대부분 내측두엽에서 간질의 병소가 발견된다고 알고 있었죠. 몰레이슨의 사례에서도 해마를 제거하기 위해서가 아니라 양쪽 내측두엽을 외과적으로 제거해보려는 시도를 한 것이었어요.
차클	그 당시엔 뇌 절제 수술이 보편적이었나요?
강	1930년대 말에 미국 신경외과의들이 자주 시도했던 수술이에요. 뇌의 일부, 피질을 절개하는 수술이 굉장히 유행했었어요.
차클	주로 어떤 환자에게 시술했나요?
강	예를 들어 성격이 매우 포악하거나 사이코패스처럼 성격 장애를 가진 환자에게 많이 시술하던 수술법이에요. 그런데 뇌 피질 일부를 일부러 절개하자 새로운 정보를 저장하지 못한다는 사실이 밝혀진 겁니다. 헨리 몰레이슨을 통해 해마가 새로운 정보를 순간적으로 저장해서 장기 기억으로 전환시켜주는 기능을 한다는 것을 알게 된 거예요.
차클	해마의 재발견이라고 해야겠네요. 몰레이슨의 경우 단기 기억 외에는 모두 정상이었다고 하는데, 운동 기능도 마찬가지였나요?
강	네. 수술 이후에 탁구를 배웠는데 실력이 제법 좋았다고 해요. 꾸준히 탁구를 배웠기 때문인데 정작 자신은 어디서 탁구를 배웠는지, 누가 가르쳐줬는지에 대해서는 전혀 기억을 못 했어요. 그저 자신이 선천적으로 운동감각이 좋아서 탁구를 잘 치는 것 같다고 말했다고 해요.

차클　그렇다면 몰레이슨의 사례에서 문제가 된 건 서술 기억과 비서술 기억 중 서술 기억이겠군요?

강　맞아요. 어떤 사실, 경험, 에피소드 같은 것들은 해마에서 관장을 하거든요. 반면 운동의 기술이나 춤동작의 순서 같은 비서술 기억은 소뇌와 기저핵에서 관장을 하죠. 좀 더 몸을 매끄럽게 움직일 수 있는, 소위 운동 기술과 관련된 장기 기억은 기저핵과 소뇌에 저장된다고 보면 됩니다. 몰레이슨이 탁구를 쉽게 익힐 수 있었던 것은 기저핵과 소뇌가 남아 있었기 때문이에요.

차클　그럼 이후엔 간질 환자에게서 해마를 없애는 수술이 사라졌나요?

강　몰레이슨의 수술을 집도했던 윌리엄 스코빌(William Scoville)이라는 의사는 이후에 굉장히 후회를 했다고 해요. 물론 발작 증세를 치료한 것은 의학적으로 성공이라 할 수 있지만 기억이 손상됐으니 집도의로서 죄책감을 많이 느꼈던 거 같아요. 그래서 기억이 손상되는 과정을 자세히 분석해서 다른 의사들이 더 이상 그러한 수술을 하지 않도록 경각

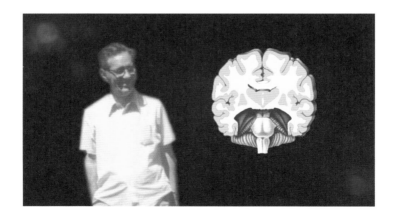

심을 주려고 했습니다.

차클 몰레이슨의 사례가 뇌와 기억에 관련된 다른 학자들의 연구에도 많은 영향을 주었나요?

강 네. 몰레이슨의 사례는 기억 연구에 굉장히 중요한 역할을 했습니다. 몰레이슨의 기억에 장애가 있다는 것을 정확하게 밝힌 건 심리학자 브렌다 밀너(Brenda Milner)입니다. 신경심리학의 개척자로 노벨상 후보로 거론될 만큼 많은 존경을 받고 있는데요. 기억이 서술 기억과 비서술 기억으로 각각 저장된다는 점, 비서술 기억은 온전한데 서술 기억만 문제가 될 수 있다는 점을 처음 밝힌 분이에요.

차클 몰레이슨이 기억 연구에 남긴 공로가 정말 크군요.

강 몰레이슨은 사후에도 뇌 연구에 기여를 했어요. 그가 죽고 나서 캘리포니아대학의 뇌관측연구소에서는 과연 수술에 의해서 제거된 부위가 정확히 어디인지를 알기 위해 MRI를 찍고 그의 뇌를 아주 얇게 박편으로 제작했습니다. 무려 53시간에 걸쳐서 총 2401개의 조각, 수십 마이크로미터 두께로 잘라낸 박편을 통해 뇌의 디지털 지도를 만드는 데 활용하기도 했습니다.

세 번째 질문

기억은 어디에 저장되는가

"뇌에 들어 있는 세포의 종류가 굉장히 많아요. 그중 중요한 세포가 신경 세포, 즉 뉴런이에요. 세포와 세포를 연결하는 구조물은 시냅스라고 하죠. 시냅스에 의해서 뉴런들이 연결되며 회로가 만들어집니다. 이렇게 신경 회로가 만들어지기 때문에 정보를 처리할 수 있고 결과적으로 기억을 하는 과정도 일어납니다."

• • •

차클 오래전 과거의 기억들은 어떤 식으로 뇌에 남아 있게 되나요?

강 신피질을 거쳐 해마로 들어온 정보들이 며칠, 몇 달, 아니면 평생 저장되기 위해서는 다시 해마에서 신피질로 넘어가야 합니다. 신피질로 분산 저장돼야 장기 기억으로 전환돼요.

차클 정보가 해마에서 다시 신피질로 돌아가는 이유는 뭔가요?

강 그 이유에 대해서는 여러 가지 학설들이 있어요. 우선 사람들이 너무나 많은 정보를 받아들이기 때문이죠. 이러한 정보들을 모두 저장한다면 우리 뇌는 복잡하기 짝이 없을 거예요. 해마가 우리에게 필요한 정보를 신피질로 보내고, 필요 없는 정보는 지워버리는 역할을 하는 겁니다. 어떤 정보가 저장해둘 만큼 중요한지를 확인하고 한번 걸러주는

164

곳이죠. 정말 중요한 정보를 잘 모아서 다시 신피질로 보내고 "잘 보관
해둬"라고 알려주는 거예요.

차클 해마에서 중요하다, 중요하지 않다고 거르는 기준은 무엇인가요?

강 인간도 동물이기 때문에 생존 본능이 굉장히 커요. 우리가 접하는 정
보 중에 목숨이 달린 정보들을 반드시 기억해야겠죠. 먹거리에 대한
정보도 마찬가지고요. 사고나 위험과 관련된 정보들도 기억을 해둘 필
요가 있습니다. 또 생명체는 항상 유전자를 다음 세대로 전달해야 되
는 숙명을 갖고 있어요. 이는 우리 몸에 무의식적으로 남겨져 있는 커
다란 본능입니다. 그래서 배우자를 찾는 것처럼 생식과 관련된 정보들
은 한 번만 경험해도 뇌에 잘 저장됩니다. 해마에서 그런 정보는 특별
하다고 인정해서 신피질로 잘 보내주는 것이죠. 반면 재미없고 따분한
정보들은 해마에서 중요한 정보로 인정하지 않기 때문에 신피질로 다
시 돌아가지 못합니다. 그래서 지워지는 거죠.

차클 그럼 기억력이 떨어지는 사람들은 신피질에 문제가 있는 건가요? 예

컨대 시험을 위해서 암기한 내용을 오래 기억하지 못하는 경우요.

강   아니에요. 그건 당연한 겁니다. 동물들에게는 시험이라는 게 없잖아요. 시험은 인간만이 가진 특수한 상황이죠. 우리 뇌에게는 영어 단어나 수학 공식은 의미가 없어요.

차클   좀 안심이 되네요. 새로운 정보나 지식은 해마로 전달됐다가 얼마 후에 신피질로 다시 가게 되나요?

강   한두 달에서 몇 달 동안 해마에 머무르다 그 이후에는 완전히 신피질로 넘어가게 됩니다. 해마라는 공간이 한정적이기 때문에 나중에 들어오는 정보들을 위해서 자리를 비켜줘야 해요. 그러기 위해서 해마와 신피질 간에는 계속 상호 소통을 합니다. 여러 가지 전기 신호를 통해서 정말 중요한 정보인지, 그걸 받아들일 준비가 됐는지를 확인하는 거죠. 그런 과정이 반복돼야 하기 때문에 해마와 신피질 사이에서 정보가 전달되는 데 시간이 걸리는 것으로 추정하고 있습니다.

차클   해마와 신피질이 정보를 주고받는다고 하셨는데요. 어떻게 그게 가능한 건가요?

강   뉴런과 시냅스라는 용어를 혹시 들어보셨나요? 뇌에 들어 있는 세포의 종류가 굉장히 많아요. 그중 중요한 세포가 신경 세포, 즉 뉴런이에요. 세포와 세포를 연결하는 구조물은 시냅스라고 하죠. 시냅스에 의해서 뉴런들이 연결되며 회로가 만들어집니다. 이렇게 신경 회로가 만들어지기 때문에 정보를 처리할 수 있고 결과적으로 기억을 하는 과정도 일어납니다.

차클   신경 회로가 정보를 처리한다고요? 알쏭달쏭하네요.

강   네. 서로 전기 신호를 통해 정보를 주고받는 거예요. 우리 뇌는 컴퓨터처럼 전기에 의해서 작동됩니다. 컴퓨터와 다른 것은 전기만이 아니라 화학 신호에 의해서도 작동된다는 점이에요. 그래서 뇌는 전기와 화학 기관이라고 할 수 있습니다.

차클 그럼 사람이 자고 있을 때는 뇌의 전기가 꺼지는 건가요?

강 아뇨. 자고 있을 때도 일을 하는 뉴런들이 있습니다. 신경 세포에 전기 신호 기록 장치를 연결해보면 뉴런에서 실제로 전기가 발생하는 과정을 직접 볼 수도 있습니다.

차클 뉴런을 실제로 볼 수 있다고요?

강 네. 길쭉한 모양의 신경 세포, 즉 뉴런의 모습을 한번 살펴보죠. 먼저 세포체가 보일 겁니다. 세포체에는 DNA가 들어 있는 세포핵이 있고요. 세포체를 둘러싸고 삐쭉삐쭉 튀어나온 돌기들을 수상돌기라 합니다. 마치 나뭇가지처럼 생겼죠. 이 수상돌기가 정보를 받아들이는 곳입니다. 한편 세포체에서 나오는 또 하나의 길쭉한 돌기가 축삭돌기인데요. 이 축삭돌기는 정보가 나가는 곳입니다. 그리고 제일 마지막에

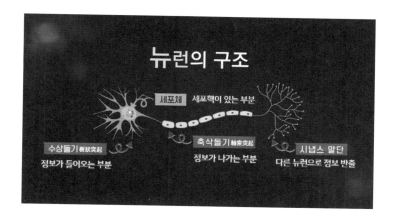

는 정보를 방출하는 시냅스 말단이라는 영역이 있습니다. 이게 뉴런이 갖고 있는 기본적인 단위예요. 이런 뉴런이 우리 뇌 속에는 1000억 개 정도 있습니다. 그 많은 세포가 용량 1.5리터 정도 되는 공간 안에 들어가 있는 거예요.

차클 그렇게 많은 세포가 뇌 속에 들어 있다니 놀랍네요. 그런데 흔히 머리를 때리면 머리가 나빠진다고 하잖아요. 실제로 머리에 충격이 가해지면 뇌 세포가 죽는 건가요?

강 물론 물리적인 충격은 굉장히 위험하죠. 그렇기 때문에 항상 격한 운동을 할 때나 자전거를 탈 때 헬멧을 써야 합니다. 그런데 기본적으로 우리 뇌는 천연 헬멧이라고 볼 수 있어요. 뇌는 두개골 속에 안전하게 자리하고 있고, 또 뇌 안에는 뇌실이 있는데, 그곳은 물로 채워져 있습니다. 완충작용을 하는 스펀지와 같은 구조가 두개골과 뇌 사이에 자리 잡고 있는 거예요. 웬만한 충격으로부터 뇌를 보호할 수 있는 장치가 되어 있다고 보면 됩니다.

차클 다행이네요. 이제 정보를 전달하는 과정에서 시냅스가 어떻게 작동하는지 좀 더 자세히 알려주시죠.

강 수상돌기에서 정보가 입력되고 세포체에서 그 정보를 종합해 처리하면 연산 과정이 일어나게 돼요. 그리고 그 결과를 전기 신호에 의해 축삭돌기를 통해서 보내게 되고요. 이때 전기가 흐르는 것을 영상으로 보면 접점인 시냅스들을 살펴볼 수 있어요. 반짝거리는 전기 신호가 시냅스 말단에 도달하면 시냅스 말단에서 화학 물질들이 뿜어져 나옵니다. 바로 신경 전달 물질이에요. 이 신경 전달 물질이 시냅스와 시냅스 사이의 틈을 건너와서 수용체 시냅스 후 가시에 있는 시냅스에 결합하게 되면 거기서 다시 전기가 만들어집니다. 이것이 두 뉴런이 연결돼 있을 때 전기 신호가 만들어지는 과정이에요. 이렇게 전기-화학-전기의 순서로 신호가 전달되는 거죠.

차클 시냅스들이 콘센트와 플러그처럼 물리적으로 맞닿아 있는 것이 아니라 블루투스처럼 떨어져 있는 상태에서 신호를 주고받는다는 거죠?

강 네. 기억의 핵심적인 요소가 바로 시냅스의 틈과 전기 신호에 있습니다. 뉴런이 하나의 전기선처럼 바로 연결돼 있다면 감각 정보를 처리할 때 정보를 곧이곧대로 그냥 전달하는 중개인 역할밖에 못합니다. 그럼 우리 뇌는 거의 로봇처럼 지시받은 대로 생각 없이 행동할 수밖에 없을 거예요. 그런데 우리 뇌는 생각을 하는 곳이잖아요. 바로 그 시냅스 틈이 있기 때문에 그곳에서 잠시 멈칫하면서 사고와 판단을 할 수 있는 거예요. 신경 전달 물질을 얼마나 보낼 것인지, 수용체에서 얼마나 받아들일 것인지를 판단하는 것이죠. 전기 신호를 조금 더 많이 원활하게 보낼 것인지, 필요 없는 정보니까 더 이상 연결을 하지 않고 끊어버릴지에 대한 판단도 시냅스에서 일어납니다.

차클 시냅스 하나하나가 정말 중요한 역할을 하는 거네요.

강 기억이 잘된다는 것은 두 뉴런 사이의 신호가 시냅스를 통해서 더 많이 전달된다는 의미거든요. 시냅스가 약화됐을 때 기억이 사라지는 현상이 나타날 수 있어요. 인간이 어떤 정보를 저장할 때는 시냅스가 하나만 필요한 게 아닙니다. 아무리 단순한 정보도 거기에 관련되는 시냅스는 수십만 개에서 수백만 개까지 필요하지 않을까 생각하고 있습니다. 복잡한 정보일수록 더 많은 회로가 필요하게 됩니다.

차클 술을 많이 마시면 흔히 필름이 끊긴다고 하잖아요. 이른바 블랙아웃

현상인데 이 경우에는 전기 신호가 시냅스에서 전달이 되지 않는 것인가요?

강 알코올에 포함된 에탄올이라는 화학 성분에 의해서 신경세포가 영향을 받을 수 있습니다. 회로를 통해서 전기가 전달되는 과정에 문제가 생길 수 있어요.

차클 블랙아웃이 된 상태에서도 대화를 나누고 감정을 나누는 데 전혀 문제가 없나요?

강 헨리 몰레이슨의 사례를 다시 생각해보죠. 그분은 해마가 없었는데도 유머 감각도 좋고 대화를 할 때 아무 문제가 없었거든요. 똑같은 사람을 몇 분 뒤에 다시 만나면 알아보지 못할 뿐이었어요. 술을 마시고 나서 블랙아웃이 되면 다음 날 기억 못 하는 것과 거의 비슷한 상황이죠. 기억을 하기 위해서는 정보가 해마로 가야 해요. 그런데 해마가 술과 같은 성분에 약간 취약하거든요. 정보를 저장하는 기능이 떨어져서 기억을 못 하는 경우가 있을 거라고 생각합니다.

차클 뉴런과 시냅스는 태어나기 전 미리 연결된 상태로 만들어지나요?

강 뇌에 있는 세포들의 연결을 배선이라고 불러요. 인간만이 가질 수 있는 독특한 배선은 유아기 때 스스로 만들어냅니다. 유전적으로 만들어지기도 하고, 후천적으로 자연히 만들어지기도 합니다. 예를 들어 엄마와의 접촉, 햇빛이나 땅, 물과 같은 것들에 대한 감각은 자신도 모르는 학습 과정을 통해서 익히게 되거든요. 그런 과정을 거치면서 기본적인 회로망을 형성하는 것이죠.

차클 태어난 뒤 언제 가장 활발하게 연결이 이뤄지나요?

강 시간에 따른 시냅스 밀도를 살펴보면 출생 후 1개월에서 6개월이 되면서 다른 뉴런들과 짝을 맺고 시냅스를 만들기 위해서 돌기들이 많아져요. 2년이 지나면 신경 회로들이 굉장히 왕성해지죠. 어떤 경우에는 불필요한 연결이 있을 수도 있어요. 오히려 다른 회로 작동을 방해하는 연결도 있을 수 있거든요. 그러면 가지치기를 하기도 합니다. 그런 과정들이 우리가 성장 초기에 학습하는 과정이라고 보면 됩니다.

차클 아이에게 주어진 다양한 환경들이 신경 회로 발달에 중요한 요소로 작용하나요?

강 발달이 일어나는 과정은 시각이나 촉각의 회로에 따라서 다를 수 있어요. 눈을 통해서 입체 사물을 볼 수 있는 능력도 감각 회로가 만들어져야 발달할 수 있거든요. 태어나자마자 빛을 보게 되고 사물을 인식하면서부터 신경 회로 배선이 완성되기 시작하죠. 하지만 언어 능력은 상대적으로 시간이 조금 더 걸립니다. 다양한 어휘를 습득하고 의사소통을 하는 능력을 발휘하는 과정은 몇 년에 걸쳐서 천천히 일어나잖아요. 뇌가 갖고 있는 여러 가지 인지 기능들이 발달하려면 특정한 기간에 맞춰서 정확하고 복잡한 정보가 주어지는 게 굉장히 중요합니다. 그래서 좋은 환경을 만들어줄 필요가 있어요.

차클 무엇이 뇌 발달에 좋은 환경일까요?

강 단순히 물질적으로 풍부한 것을 의미하지 않습니다. 뇌가 많은 것을 생각할 수 있게 해주는 환경을 말해요. 다양한 감각을 자극시킬 수 있는 환경이나 정서적으로 안정화된 환경에서는 뇌의 발달이 좋아지고 해마의 발달이 더 좋아진다는 연구 결과가 있어요.

차클 그렇군요. 그런데 사람이 아주 어릴 때, 예컨대 신생아 때의 기억도 가지고 있을 수 있나요?

강 학계에서는 그런 기억을 유아 기억이라 불러요. 이 유아 기억의 존재 여부에 대해서는 논란이 있습니다. 유아 기억이 저장은 돼 있으나 단지 회상이 안 될 뿐이라고 주장하는 연구 그룹이 있고요. 반면 아직까지는 좀 더 자세히 들여다봐야 할 부분이므로 정확히 말할 수 없다고 주장하는 연구 그룹이 있습니다. 유아 기억을 명확하게 입증하는 데이터들을 조금 더 기다려봐야 한다는 입장입니다.

차클 그런데 어떤 사람들은 정말 어릴 때 일들이 생생하게 기억난다고 하잖아요.

강 그런 기억이 맞을 수도 있어요. 하지만 우리는 과학적으로 따져봐야 합니다. 특정 개인의 경험을 곧이곧대로 과학적인 사실로 받아들이기에는 위험한 측면이 있습니다. 과학적인 사실이라는 것은 반복돼야 하고, 재현돼야 해요. 어떤 사실이 과학적으로 증명이 되려면 통제된 상황에서 똑같은 결과를 낼 수 있는 개연성과 반복성이 필요하다는 얘기입니다.

차클 어떤 시점의 풍경이나 함께 있던 사람들, 그때 했던 행동들이 정확히 기억난다고 해도요?

강 서술 기억은 왜곡될 수 있어요. 기억은 항상 정확한 게 아닙니다. 나중에 다른 사람에게 들었던 다른 정보를 자신의 기억이라고 잘못 생각할 수도 있는 것이니까요. 또 부모님이 자신의 어린 시절에 관한 이야기를 반복해서 해줬는데 그걸 마치 자신이 경험해서 회상하는 것처럼 착각할 수도 있어요. 그처럼 서술 기억은 얼마든지 바뀔 수 있고 본인 스스로는 그게 진짜라고 느낄 수 있어요.

기억은 어떻게 강화되는가

"몸의 근육을 늘리려면 열심히 운동해야 되잖아요. 시냅스의 변화를 일으키려 해도 마찬가지입니다. 평소 근육 운동을 많이 할수록 근육이 강화되는 것처럼 뇌에 있는 시냅스도 쓰면 쓸수록 강화돼요. 요즘은 나이가 많은데도 근육을 키워 보디빌더로 활동하는 분들이 있죠? 마찬가지로 뇌도 인지 기능을 향상시키기 위해서 많은 학습을 하고 많은 정보를 받아들이게 되면, 즉 뇌 운동을 많이 하면 신경 회로들도 강화됩니다."

• • •

차클   기억이 전기 신호로 시냅스에 저장된다는 것을 누가 밝혀냈는지도 궁금합니다.

강   100년 전쯤 노벨 생리·의학상을 수상한 신경해부학자 라몬 이 카할(Ramon y Cajal)이 현미경을 통해서 뇌에 들어 있는 다양한 세포들을 관찰했어요. 그것을 계기로 뉴런들 사이에 연결된 접점인 시냅스에서 일어나는 변화가 기억을 저장하는 메커니즘일 것이라고 예측했어요. 그는 "뉴런 사이의 시냅스 연결이 불변이 아니라 학습에 의해 변화될 수 있다"고 주장하기도 했어요.

차클   그의 가설은 어떻게 증명이 됐나요?

강   카할이 신경 세포에 대한 가설을 세운 이후 많은 사람들이 그의 생각

"뉴런 사이의 시냅스 연결이
불변이 아니라 학습에 의해 변화될 수 있다"
- 라몬 이 카할

을 정리하고 발전시켰죠. 특히 도널드 헵(Donald Hebb)이라는 심리학자가 70년 전에 카할의 학설을 지지했어요. 그는 "기억은 신경 세포의 시냅스에 저장되며 학습에 의한 시냅스 변화가 기억의 물리적 실체"라고 주장했습니다. 그렇지만 과연 기억이 형성되고 나서 실제로 시냅스에 저장되는지, 시냅스가 어떻게 달라지는지 직접 눈으로 볼 수는 없었어요. 워낙 신경 세포들이 미세한 데다 그 당시 기술 수준으로는 확인을 할 수 없었죠. 그런데 저와 함께하는 연구진들이 그 과정을 직접 확인했습니다. 기억 세포들끼리 연결된 시냅스만 특정한 형광 색깔을 나타내도록 분자생물학적인 기술을 이용해서 밝혀낸 겁니다.

차클   직접 확인하셨다고요? 대단하네요. 1000억 개가 넘는 뉴런들 사이에서 어떻게 기억 세포를 찾아낼 수 있었나요?

강   생쥐를 실험 동물로 삼아 공포 학습 실험을 통해서 밝혀냈습니다. 먼저 조그만 상자에 쥐를 넣고 아주 약한 전류로 자극을 줘서 쥐가 깜짝 놀라게 하는 실험을 했어요. 처음에 전기 자극을 주기 전에는 쥐가 호기슴에 이리저리 왔다 갔다 해요. 그런데 약한 전류 자극을 발바닥에 1초 정도 미세하게 주면 쥐가 놀라면서 공포 기억을 갖게 됩니다. 그런 다음에 쥐를 안전하게 원래 집에 다시 돌려보냅니다. 다음 날 똑같은 쥐를 똑같은 장소에 갖다 놓아봤어요. 그러자 쥐가 어제 전기 자극을 받은 장소에 대한 두려움에 얼어붙는 행동을 보이는 것이었어요. 이런 식으로 쥐가 기억을 하는지, 공포를 학습하는지를 알아낸 거죠.

차클 재미있네요. 당시 쥐의 신경 세포에서는 어떤 일이 일어났나요?

강 쥐의 해마에 있는 신경 세포 뉴런들의 단면을 살펴보시죠. 학습된 정보가 들어오게 되면 기억을 형성할 때 활성화되는, 즉 전기가 흐르는 뉴런들이 있습니다. 그런 뉴런들을 기억 세포라고 불러요. 사진에서 빨간 돌기는 공포 학습에 관여됐던 수상돌기이고, 하얀 돌기는 그렇지 않은 수상돌기예요. 이 돌기들 사이에 펼쳐져 있는 점들이 보이죠? 이게 바로 뉴런과 뉴런을 연결하는 시냅스입니다. 노란색은 공포 기억을 저장한 시냅스이고, 파란색은 공포 기억과 무관한 시냅스입니다.

출처: 서울대 강봉균 교수 연구팀

노란색
= 공포기억을 저장한 시냅스

파란색
= 공포기억과 무관한 시냅스

차클	점 크기가 천차만별인데요. 그 차이도 의미가 있나요?

차클 점 크기가 천차만별인데요. 그 차이도 의미가 있나요?

강 아주 좋은 질문입니다. 전기 충격을 미세하게 줄 때 조금 세게 주거나 여러 차례 줄 수도 있어요. 그러면 공포 학습이 더 심해지겠죠. 그런 경우에는 노란 시냅스가 더 많아지고 커집니다. 노란 시냅스가 더 크다는 것은 학습에 의해서 시냅스에 어떤 구조적인 변화가 일어난다는 것을 의미합니다.

차클 그런 식으로 시냅스가 수많은 자극에 영향을 받는다면 감정적으로 격앙돼 있다거나 흔들리는 상황일 때 시냅스도 함께 커지는 건가요?

강 네. 흥분된 상황에서 겪은 경험은 기억이 오래 가거든요. 감정 상태도 굉장히 중요한 것 같아요. 감정 상태에 따라서 여러 가지 신경 전달 물질이 나올 수 있습니다. 그때 나오는 신경 전달 물질들이 해마에 있는 세포들을 더 자극시켜요. 그러면 세포들 사이에 더 빠르게, 더 강하게 연결이 이뤄지곤 해요. 보통 상황에서는 그냥 흘러 지나갈 수 있는 정보임에도 감정적으로 굉장히 밀착돼 있고 중요한 정보인 경우에는 바로 저장되는 거죠.

차클 그럼 반대로 커진 시냅스가 다시 작아지기도 하고 희미해지기도 하나요?

강 그렇습니다. 이렇게 시냅스가 학습에 의해서 변화되는 현상을 시냅스 가소성이라고 합니다. 가소성에 의해서 기억이 저장되고 또 저장되는 내용이 달라질 수 있는 겁니다. 새로운 정보를 받아들일 수도 있고요.

차클 그럼 마치 영화 속 장면처럼 특정 기억을 주입하는 것도 시냅스를 조작하면 가능할까요? 나쁜 기억을 없애는 것도요?

강 이론적으로는 가능하다고 생각합니다. 실제로 그런 연구가 진행되고 있어요. 우리가 회상할 때 기억을 저장하는 세포들이 활성화되겠죠? 뉴런들이 연결된 시냅스도 활성화되고요. 이때 만약 시냅스가 없어지면 시냅스가 저장했던 정보들이 사라질 수 있잖아요. 그런 원리를 이용하는 겁니다. 예를 들어 나쁜 기억을 갖고 있는 환자가 외상후 스트레스 장애(PTSD) 같은 여러 정신 질환을 갖게 될 수 있겠죠. 이를 치료하기 위한 목적으로 연구가 진행되고 있어요.

차클 영화가 아니라 현실에서도 가능하다니 놀랍네요. 좀 더 자세히 설명해주시죠.

강 회상된 기억이 다시 회로에 자리 잡지 못하도록 순간적으로 방해하는 약물을 시험해보고 있습니다. 의사와 함께 끔찍한 광경을 떠올리는 상담을 진행할 때 그런 약물을 주입하는 식으로요. 나쁜 기억을 떠올리다 보면 혈압이 오르고 피부에 변화가 생기고 자율신경계가 활성화되거나 교란이 발생하거든요. 약물을 통해 환자가 그러한 순간을 건조한 사실로 기억하게 하는 거죠. 이처럼 끔찍하고 혐오스러운 감정적 경험만 선택해 없애려는 노력들이 진행되고 있고 어느 정도 효과를 보이고 있다고 합니다. 하지만 그렇게 특정 기억을 손상시켰을 때 다른 기억도 손상되는 부작용이 있을 수 있기 때문에 좀 더 조심스럽게 접근할 필요가 있어요.

차클 다른 기억까지 잃을 수도 있다니 겁이 나네요. 기억과 관련해선 다들 치매에 대한 관심이 많은데요. 혹시 치매도 시냅스와 관련이 있나요?

강 치매에는 여러 유형이 있어요. 그중 가장 대표적인 게 알츠하이머 치매입니다. 뇌에서 플라크나 섬유 같은 물질들이 엉키면서 시냅스를 방해하고 세포의 기능을 교란시켜 뇌 회로가 정상적으로 작동하지 못하도록 만드는 거죠. 그러면 뇌 회로를 활성화해서 어떤 정보를 꺼내려 할 때 제대로 꺼내지 못하게 돼요. 바로 이것이 알츠하이머 치매가 일어나는 과정입니다.

차클 치매는 조금이라도 호전이 될 수 있는 병인가요?

강 알츠하이머 치매는 한번 진행이 되면 다시 원상태로 되돌리거나 호전시키는 방법이 아직까지는 없는 걸로 알고 있어요. 그렇지만 많은 연구자들이 방법을 찾기 위해서 노력하고 있습니다. 예를 들어서 플라크, 섬유 엉킴과 같은 이물질들을 제거하거나 다른 방식으로 치매를 보완할 방법을 찾고 있어요.

차클 알츠하이머 발병 자체를 예방할 수 있는 실천 수칙은 없나요?

강 일단 신경 회로를 강화해야 합니다. 몸의 근육을 늘리려면 열심히 운동해야 되잖아요. 시냅스의 변화를 일으키려 해도 마찬가지입니다. 평소 근육 운동을 많이 할수록 근육이 강화되는 것처럼 뇌에 있는 시냅스도 쓰면 쓸수록 강화돼요. 요즘은 나이가 많은데도 근육을 키워 보디빌더로 활동하는 분들이 있죠? 마찬가지로 뇌도 인지 기능을 향상시키기 위해서 많은 학습을 하고 많은 정보를 받아들이게 되면, 즉 뇌 운동을 많이 하면 신경 회로들도 강화됩니다.

차클 그럼 카드 게임을 하는 것도 도움이 될까요?

강 약간은 도움이 되겠지만, 카드 게임도 계속하다 보면 규칙을 알게 돼서 나중에는 반사적으로 하게 되잖아요. 그런 것보다는 좀 더 고민을 할 수 있는 게임이 좋습니다. 예를 들어 다양한 언어 기능을 활용할 수 있는 외국어를 배운다면 도움이 될 거예요. 처음에는 굉장히 힘들고 귀찮겠지만 시험을 보기 위해 공부하는 것이 아니니까 즐거운 마음으로 배워보세요. 또 집으로 갈 때도 매일 가던 길로만 가지 말고, 조금 돌아가거나 멀리 가더라도 엉뚱한 길로 한번 가보세요. 내비게이션을 따라가지 말고 스스로 생각해서 길을 찾아가는 훈련을 하면 도움이 될 겁니다.

차클 치매까진 아니더라도 나이가 들면 건망증이 생기는데요. 역시 시냅스와 관련이 있겠죠?

강 기억의 강도가 커질수록 시냅스가 더 커지고 시냅스 수도 많아지는데요. 나이가 들면 뇌의 기능이 폭발적으로 증가하기보다는 현상을 유지하려는 경향이 있습니다. 시냅스 가소성, 즉 탄력성이 좀 떨어지고 시냅스 숫자도 다소 적어지는 상황이 되는 거죠. 그럼 기억 정보들이 어느 정도 손상되거나 건망증이 나타날 수 있어요.

차클 시냅스를 튼튼하게 만들어서 기억을 오래 유지할 수 있는 방법은 없나요?

강 반복 학습이 중요합니다. 또 반복 학습을 할 때도 한 시간 동안 여러 번 반복하기보다는 오늘은 5분에서 10분 정도 반복하고 내일 또 반복하는 식으로 간헐적으로 자주 학습하면 그 정보가 더욱더 오래 유지됩니다. 그리고 다양한 방식으로 기억하는 게 중요해요. 단순히 보고 외우는 게 아니라 필기나 암송을 통해 신피질을 자극할 수 있는 다양한 감각들을 활용해서 기억하려고 노력하는 거죠. 뇌 전체가 정보를 저장하는 데 관여하기 때문에 좀 더 효과적으로 저장할 수 있어요. 또 나중에 회상할 때도 특정한 신피질을 통해서 회상이 안 되면 다른 신피질을 통해서 회상할 수 있기 때문에 기억이 오래 유지되는 효과를 볼 수 있습니다. 당장은 기억나지 않아도 다음 날이라도 기억날 수 있거든요. 그렇기 때문에 다양한 단서들을 이용해서 학습을 하고 저장해놓는 습관이 필요할 것 같아요.

차클 또 다른 생활습관도 추천해주세요.

강 수면의 질이 중요합니다. 해마에 잠시 저장됐던 정보를 신피질로 보내는 작업이 일어나는 게 바로 수면 시간입니다. 그런 수면이 없다면 아무리 공부를 해서 해마에 중요한 정보를 간직한다고 해도 신피질로 정보가 전달되지 못해요. 그러면 소위 오래 가는 장기 기억, 몇 달 혹은 몇 년 지속되는 장기 기억이 만들어지지 않아요.

차클 밤을 새워서 공부하면 오히려 도움이 되지 않는다는 말씀이시군요?

강 네. 그런 것은 단기 기억에 불과해요. 벼락치기로 공부한 내용들은 나중에 기말고사 때나 수능 때까지 오래 저장되지 않아요. 그래서 벼락치기는 기억을 오래 유지하는 효과적인 학습 방법이라고 볼 수 없어요. 장기 기억으로 넘어가는 데는 많이 불리한 학습법이죠.

차클 마지막으로 뇌와 기억에 관해 강조하고 싶은 점을 말씀해주시죠.

강 아직까지 기억이 해마에서 신피질로 넘어가는 과정에 대해서는 베일에 싸인 부분이 많아요. 다만 확실히 말씀드릴 수 있는 건 우리 뇌는 변하고 있다는 것이에요. 굉장히 역동적으로 변화하고 있고, 항상 변할 수 있다는 얘기입니다. 쥐가 공포 학습을 기억할 때 특정한 시냅스들이 강화되는 변화를 겪었어요. 만약 쥐가 그런 경험을 하지 않았다면 그렇게 강화된 시냅스를 갖지 못했을 겁니다. 우리는 태어나서 자란 환경과 겪어왔던 인생의 행로들이 모두 달라요. 서로 다른 경험을 통해 시냅스들이 서로 다른 뇌를 만들었기 때문에 같은 얘기를 듣거나 같은 것을 보더라도 반응하는 방식이 모두 달라요. 개개인이 고유한 자아, 각기 다른 정체성을 갖게 되는 이유입니다. 그러한 자신만의 개성과 인격체는 모두 뇌에서 나온다는 것을 기억하면 좋겠습니다. 제스승인 에릭 캔델(Eric Kandel) 교수는 "우리가 우리인 이유는 우리가 배우고 기억하기 때문이다"라고 했어요. 이 말에 제가 얘기하고 싶은 메시지가 모두 담겨 있습니다.

당신은 미생물과 함께 잘 살고 있습니까?

•

천종식

인류 질병 극복의 새로운 열쇠, 우리 몸속의 미생물을 연구하는 미생물학자. 2018~2019년 논문 인용 세계 상위 1퍼센트 과학자로 선정됐으며, 인체의 비밀을 파헤치는 '미생물 탐정'으로서 국제백신연구소 분자미생물학과장, 한국과학기술한림원 정회원이다. 현재 서울대학교 생명과학부 교수로 재직 중이다.

첫 번째 질문 미생물이란 무엇인가

"사전적인 의미로는 눈에 보이지 않을 정도로 작은 생물이고, 과학적인 의미로 보면 동물과 식물을 제외한 나머지를 모두 미생물이라고 할 수 있습니다."

● ● ●

차클　몸속 미생물을 연구하신다고 들었는데 왜 미생물에 주목해야 하나요?

천　우리 몸에는 눈에는 보이지 않지만 많은 미생물이 세 들어 살고 있습니다. 이들 미생물은 질병이나 면역과도 관련성이 아주 깊습니다. 그래서 우리 몸속에 어떤 미생물이 살고 있는지, 어떻게 해야 그 미생물들과 함께 잘 살 수 있을지를 알아야 합니다. 그러기 위해선 우리 모두 과학자가 돼야 합니다.

차클　미생물이라는 단어를 많이 듣긴 했는데, 구체적으로 어떤 생명체를 말하는 건가요?

천　우선 미생물(微生物)이라는 단어에서 알 수 있듯이 눈으로 볼 수 없는 아주 작은 생물을 뜻합니다. 아주 작다는 뜻으로 작을 '미(微)'자를 쓰

며, 영어로도 마이크로오가니즘(microorganism)이라고 불러요.

차클 미생물은 모두 눈에 보이지 않을 정도로 작은가요?

천 아닙니다. 우리 눈에 보일 정도로 큰 미생물도 있어요. 1999년 아프리카에서는 최대 0.8밀리미터에 달하는 초대형 미생물이 발견되기도 했어요. 또한 우리가 매일 먹는 음식 중에도 있습니다. 바로 버섯이에요. 버섯은 미생물의 일종인 곰팡이의 한 종류라고 보면 됩니다.

차클 버섯이 미생물이라고요? 그러고 보니 과학시간에 균류로 분류한다고 배운 기억이 나네요.

천 네. 버섯은 광합성을 하지 않기 때문에 식물로 분류되지 않아요. 그런데 버섯의 예처럼 곰팡이라고 해서 모두 나쁜 것이 아니에요. 미생물역시 마찬가지입니다.

차클 혹시 진드기도 미생물인가요?

천 집먼지진드기나 이(머릿니)는 눈에는 잘 보이지 않지만 다리도 달려 있는 동물의 일종입니다. 미생물이 아니에요. 이렇듯 동물 중에도 굉장히 작아서 눈에 안 보이는 종류가 있고, 미생물 중에도 굉장히 커서 눈에 보이는 종류가 있습니다. 따라서 단순히 미생물을 눈에 보이지 않는 작은 생물이라고 정의하기는 힘든 거죠.

차클 그런데 보통 생물이라고 하면 식물과 동물로 구분하잖아요. 그러면 미생물은 식물인가요, 동물인가요?

천 그 질문의 답을 찾기 위해 전 세계의 과학자들이 엄청나게 다양한 생물체에 대해서 유전자 해독을 했어요. 저도 강화도 갯벌과 독도, 남극까지 찾아가서 수많은 미생물들의 유전자를 해독했습니다. 그리고 그 결과들을 모아서 지구 생명의 계통수라는 것을 만들었어요.

차클 생명의 계통수요?

천 계통수는 모든 생명체가 진화적으로 어떤 관련성이 있는지를 표시한 가계도 같은 것입니다. 여러분들이 알고 있는 모든 생명체들이 다 들어가 있어요. 그래서 어떤 생물의 조상이 더 가까운지를 확인할 수 있죠. 계통수를 통해 보면 지구의 생명체를 크게 박테리아·아케아·진핵세포군으로 나눌 수 있습니다.

차클 인간은 그중 어느 쪽에 속하나요?

천 유전자상으로 인간을 포함한 동물은 식물보다는 곰팡이와 더 최근에 조상을 공유했어요. 그렇다 해도 굉장히 먼 편이어서 아주 최근에 갈라진 것은 아닙니다.

차클 곰팡이가 미생물인 것도 놀랍지만, 곰팡이와 인간이 식물보다도 조상이 가깝다고 하니 더 놀랍네요.

천 맞습니다. 게다가 곰팡이는 지구가 살아가는 데 굉장히 중요한 미생물이니까 너무 미워하지 마세요. 만약 곰팡이가 없었다면 가을에 떨어져

쌓인 낙엽들이 분해되지 않아서 몇 킬로미터씩 쌓인 낙엽더미 속에서
우리가 살아야 할지도 몰라요.

차클   다시 아까 얘기로 돌아가보죠. 그럼 동물과 식물이 아닌 모든 것을 미
      생물로 보면 되는 것인가요?

천   네. 나머지는 그냥 다 미생물로 보면 돼요. 사전적인 의미론 눈에 보이
      지 않을 정도로 작은 생물이고, 과학적인 의미로 보면 동물과 식물을
      제외한 나머지를 모두 미생물이라고 할 수 있습니다.

차클   그렇게 애매하면 미생물이란 용어 자체를 바꿔야 하는 것 아닌가요?

천   미생물이라는 단어를 굉장히 오랫동안 써왔기 때문에 버리기가 어려
      운 거죠. 실제로 과학자들은 미생물이란 말 대신 학명을 주로 씁니다.
      그래서 과학자들 사이에선 별 문제가 없지만, 일반인들은 헷갈릴 수밖
      에 없죠.

차클   미생물을 찾으러 남극까지 갔다고 하셨는데, 그렇게 추운 남극에도 미

생물이 있었나요?

천   추운 남극 지방뿐만 아니라 정말 뜨거운 온도에서 자라는 세균도 있습니다. 심지어 120도에서 자라기도 해요.

차클   네? 섭씨 100도 이상이면 물이 끓잖아요. 높은 온도로 끓이면 살균이 된다고 알고 있었는데 세균이 살아남는다고요?

천   스트레인(Strain) 121이라는 초고온성 미생물은 미국의 북서부 해저 화산 분화구에서 발견됐는데요. 심지어 섭씨 121도에서도 자랄 수 있어요. 최대 130도에서도 생존한다고 합니다. 도저히 생명이 살 수 없을 것 같은 환경에서도 자라는 것이 미생물입니다.

차클   혹시 바이러스도 미생물에 포함이 되나요?

천   사실 바이러스는 생명체인 듯하면서 생명체가 아닌 존재죠. 생명체와 무생물의 중간쯤 돼요. 식물도 아니고 동물도 아니니, 바이러스 역시 미생물로 분류하고 있습니다.

차클   미생물의 범위가 정말 넓네요. 그러고 보니 최근 미생물이 음식물 쓰레기 처리에도 쓰인다는 뉴스를 봤습니다.

천   네. 음식물 쓰레기를 줄여주는 미생물도 개발돼 있습니다. 미생물을 잘 활용하면, 음식물 쓰레기도 줄이고, 오히려 쓰레기로부터 발전이나 난방을 할 수 있는 수소나 메탄가스를 얻을 수도 있습니다.

몸속 세균들은 어떤 일을 하는가

"우리 몸에 있는 세균들은 유익균과 유해균으로 나뉩니다. 유해
균은 몸속 염증을 유발하는 반면, 유익균은 식이섬유를 분해하
고, 에너지를 보충하며, 필수 비타민을 생성하는 역할을 합니다.
장내 벽을 강화하고 면역계도 조절합니다."

• • •

차클 앞서 인간의 몸속에도 미생물이 살고 있다고 하셨잖아요. 우리 몸에는
주로 어떤 미생물들이 있나요?

천 우리 몸에서는 거의 모든 종류의 미생물이 발견됩니다. 바이러스도 발
견돼요. 신종 코로나 바이러스가 유행하면서 바이러스에 대한 관심이
높아졌는데요. 보통 우리 몸에는 바이러스가 없다가 외부를 통해 우리
몸으로 들어오는 것이라고 생각하기 쉬운데 우리 몸 내부에도 바이러
스가 들어 있어요.

차클 대략 얼마나 많은 미생물이 우리 몸에 있는 것인가요?

천 과학자들이 밝힐 수 없을 정도로 많은 숫자의 미생물들이 발견됩니다.
그중에서도 가장 숫자가 많은 것이 세균이에요.

차클	우리 몸의 어떤 부위에서 주로 미생물이 많이 발견되나요?
천	우선 미생물이 좋아하는 조건을 알아보면 답이 쉽게 나옵니다. 첫째, 습기가 있어야 합니다. 둘째, 먹이가 되는 영양분이 있어야 하고요. 그래서 주로 입속이나 위장관을 따라 많은 미생물이 존재합니다. 그런데 위장관, 즉 입부터 항문까지 이어지는 길은 엄밀히 말해 인간의 몸속이 아니에요. 인간의 입부터 항문까지는 사실 외부와 이어져 있는 하나의 관이라 할 수 있죠. 아무튼 그곳에서도 많은 미생물이 발견되지만, 위는 위산이 있기 때문에 미생물이 살기 어려운 환경이에요. 반면 소장과 대장에는 미생물이 많이 살고 있습니다. 비율적으로 보면 소장에 비해 대장에 1만 배 정도 많은 미생물이 살고 있어요. 그런데 대변을 통해서 1조 마리 이상의 세균이 배출됩니다. 피부에도 구강과 장에 비해 적은 수지만 역시 미생물이 살고 있습니다.
차클	대체 우리 몸에 미생물이 얼마나 많이 있길래 대변으로 1조 마리가 배출되는 건가요?
천	우리 몸을 구성하는 세포보다 많은 수의 미생물이 우리 몸에 포진해 있습니다. 무게로 따지면 200그램 정도지만, 숫자로는 38조 개 정도입니다.
차클	38조 개요? 인간의 몸을 구성하는 세포는 몇 개인데요?
천	인간은 하나의 세포, 즉 엄마 자궁 속에서 하나의 수정란 세포로부터 시작해 자라죠. 이후 계속 분열을 거듭해서 간 세포, 피부 세포, 눈 세포 등 다양한 기능을 하는 30조 개 정도의 세포를 형성합니다.
차클	미생물이 오히려 인간의 세포보다 많다니 놀랍네요.
천	그래서 농담 삼아 우리 몸속에 민주주의를 도입하면 큰일 난다고 말

인체의 구성

전체 세포 수
약 30조

몸 속 미생물 수
약 38조

하죠. 세포당 한 표를 행사한다면 숫자가 더 많은 미생물에 밀리기 때문이에요. 우리 몸의 주권을 잃어버리는 꼴이 되는 거죠.

차클   그토록 많은 미생물이 어떻게 우리 몸속에 들어오게 되는 건가요?

천   인간이 태어날 때, 즉 엄마 배 속에 태아로 있을 때는 균이 거의 없는 상태라고 보면 됩니다. 태어나면 장 속에 미생물의 생태계가 만들어지는 것이 자연의 섭리예요. 그러니 엄마 입장에서는 인류가 진화하는 동안 공생하면서 적응한 좋은 균들을 빨리 아이의 몸속에 넣어줘야 하는 거예요. 그래서 아이가 엄마의 몸에서 태어날 때 산도(産道)의 길목인 질 속 미생물 종류를 바꿔줍니다. 아이에게 맞는 미생물로 미리 준비해주는 것이죠.

차클   몸속 미생물들의 종류를 마음대로 조절할 수 있다고요?

천   네. 엄마 배 속의 아이는 장에 아무것도 없는 상태예요. 탄생 과정에서 아이의 입을 통해 세균들이 들어가기 시작하죠. 그 세균들이 아이 몸속에서 생태계를 구성하게 됩니다. 그리고 태어난 뒤 먹는 엄마의 모유도 큰 역할을 합니다. 포유류의 모유에는 모유 올리고당(HMO)이라는 다당류가 있는데 유독 사람의 모유에 이 물질이 많이 들어 있습니다. 종류도 200가지 정도로 제일 많아요. 그런데 흥미로운 사실이 하나 있습니다. 사실 아이는 HMO라는 물질을 소화시키질 못해요.

차클 아이가 소화도 시키지 못하는 걸 힘들게 만들어 먹이는 이유는 뭔가요?

천 바로 아이 장 속 미생물의 먹이가 되기 때문입니다. 그리고 우리 몸에는 이러한 과정들이 이미 프로그램화돼 있어요.

차클 그렇군요. 그런데 요즘 분유에도 좋은 미생물 성분을 넣어서 판매한다는 광고를 본 것 같아요. 모유 성분과 비교하면 어떤가요?

천 시중에서 판매되고 있는 분유들엔 HMO 중 일부 성분이 들어가 있어요. 나머지 대부분의 성분들은 아직 만들어내지 못해요. 엄마의 몸에서는 자연스럽게 만들어지지만 말이죠.

차클 그럼 자연 분만을 하지 못해서 태아가 산도를 통과하지 못한다거나 부득이한 사정 때문에 모유 수유를 하지 못하면 아이들의 몸속에 좋은 미생물 생태계를 만들어주지 못하는 건가요?

천 제왕절개로 아이가 태어나게 되면 산도를 통과한 태아와는 다른 미생물이 몸속에 구성된다는 연구가 있었는데요. 최근에는 그게 아니라는 주장도 있습니다. 어쨌든 2~3년 정도 지나면 자연분만으로 낳은 아이나 제왕절개로 태어난 아이나 비슷해집니다. 제왕절개로 낳은 아이는 나중에 비만이나 아토피 등의 질병이 약간 더 많이 발생하는 것으로 알려져 있습니다. 이는 생후 초기에 형성된 장내 미생물 생태계와 연관돼 있다고 생각하고 있어요.

차클 다행이네요. 그런데 우리 몸속에 미생물이 그렇게 많이 살아도 별 문제는 없는 건가요?

천 우리 몸속 미생물이 그 정도로 유지되지 않으면 질병이 생길 수 있습니다. 만약 몸속 환경이 미생물을 몰아내는 쪽으로 바뀌게 되면 우리 몸이 아프기 시작해요. 세균이라고 해서 무조건 몸에서 다 몰아내야 하는 나쁜 균이라고 생각하면 안 됩니다. 실제로 우리 몸에는 유익균이 굉장히 많습니다.

차클 세균 중에 몸에 좋은 것들도 있다고요?

천 네. 우리 몸에 있는 세균들은 유익균과 유해균으로 나뉩니다. 유해균

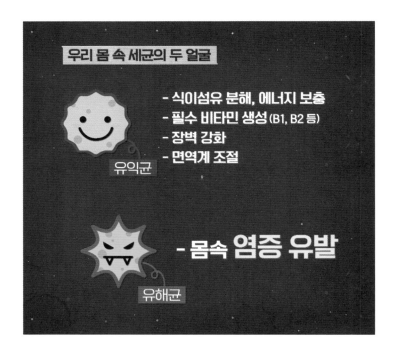

은 몸속 염증을 유발하는 반면, 유익균은 식이섬유를 분해하고, 에너지를 보충하며, 필수 비타민을 생성하는 역할을 합니다. 장내 벽을 강화하고 면역계도 조절합니다.

차클 미생물이 그렇게 많은 일을 하는 줄 몰랐네요.

천 네. 거기다 우리 장의 겉을 싸고 있는 표피 세포는 절반 이상의 에너지를 장내 미생물이 만드는 물질로부터 얻습니다. 한마디로 공생관계라고 할 수 있어요. 최근에 장내 세균에 대해서 점점 더 많은 연구가 이뤄지고 있습니다.

차클 세균이 우리 몸의 면역계에도 영향을 미친다는 게 놀랍습니다.

천 보통 면역력이 세면 좋다고, 약하면 나쁘다고 알고 계신데요. 사실은 그렇지 않습니다. 면역이 필요 이상으로 과하면 흔히 말하는 염증 상태가 되기 때문에 많은 질병에 걸릴 수 있습니다. 비정상적인 면역 체계가 자신의 몸을 공격하는 자가 면역 질환이 대표적입니다. 아토피, 갑상선 항진증, 류머티즘성 관절, 루푸스, 다발성 경화증 등이 있어요.

차클 그럼 염증을 유발하지 않을 정도로 면역력을 관리하려면 어떻게 해야 하나요?

천 면역력 관리를 위한 핵심 요소가 바로 장내 세균이에요. 그중에서도 유익균이 중요한 역할을 하죠. 수백 종의 유익균과 유해균들이 우리 몸속에서 계속 싸우면서 생태계를 이루고 있다고 보면 됩니다. 아프리카 세렝게티 초원에 펼쳐진 멋진 생태계를 생각하면 돼요.

차클 수많은 세균들이 싸우며 멋진 생태계를 이루는 우리 몸속의 세렝게티를 짚자면 대장일까요?

천 아무래도 대장에 세균들이 가장 많으니까 그곳에서 많은 싸움이 벌어

자가면역질환
비정상적인 면역체계가 자신의 몸을
스스로 공격하는 질환

진다고 할 수 있겠네요. 더불어 소장에 있는 세균들도, 입속 세균들도, 피부에 있는 세균들도 모두 싸우고 있어요.

차클　면역력이 너무 세면 안 좋다고 하셨는데요. 그럼 유익균과 유해균의 비율이 어느 정도로 유지돼야 건강한 상태라고 볼 수 있나요?

천　기본적으로 유해균이 없고 유익균이 많을수록 좋습니다. 하지만 아무리 좋은 것이라도 어느 한 종류만 많으면 좋은 생태계라고 볼 수 없어요. 유익균의 다양한 종으로 다양성이 확보된 생태계일수록 건강합니다. 장내 세균도 생태학적으로 다양한 종으로 구성돼 있어야 한다는 얘기예요. 이를 학계에서는 마이크로바이옴(microbiome)이라고 부릅니다. 미생물 생태계 또는 그 유전자라는 뜻이죠.

세 번째 질문

장과 뇌는 어떻게 이어져 있는가

"면역을 조절하는 장내 생태계에 변화가 생겨서 면역에 이상이
생기면 뇌로 신호가 가서 뇌에도 이상을 일으켜요. 그만큼 장과
뇌는 굉장히 밀접하게 영향을 주고받는 관계라는 것이죠."

• • •

차클 만약 마이크로바이옴이 불균형 상태가 되면 어떻게 되나요?

천 좋은 질문입니다. 미생물 생태계의 균형이 깨지면, 다시 말해 종 다양
성이 줄어들고, 유해균이 늘어나면 우리 몸에 많은 변화가 일어나게
된다고 알려져 있습니다. 특히 장내 미생물 생태계가 어떻게 구성되느
냐에 따라서 뇌에 많은 영향을 미칠 수 있다는 연구 결과들이 발표되
고 있습니다.

차클 뇌와 장은 멀리 떨어져 있지 않나요? 어떻게 장내 세균의 생태계가 뇌
에 영향을 준다는 것인가요?

천 뇌가 스트레스를 많이 받으면 장이 나빠지고, 반대로 장이 스트레스를
받으면 뇌에도 안 좋은 영향을 미친다고 해요. 최근에 발표된 연구를

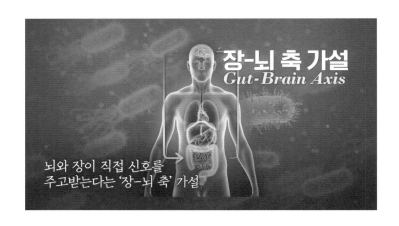

보면 모든 데이터에서 장과 뇌가 긴밀하게 연결돼 있다고 밝히고 있습니다. 장과 뇌가 미주 신경으로 연결돼 있고, 호르몬이나 면역계를 통해서도 서로 영향을 줍니다. 즉, 두 기관이 축으로 연결돼 있다는 가설이 학계에서 주목을 받고 있어요. 참고로 장에는 뇌 다음으로 신경 세포가 많이 포진해 있어서 제2의 뇌라고 불립니다.

차클 장과 뇌가 서로 대화라도 한다는 말인가요?

천 맞습니다. 우리 장에 뇌가 하나 더 있다고 생각하면 됩니다. 두 개의 뇌가 서로 교신을 주고받고 있는 거예요. 더 중요한 것은 뇌보다 장에서 더 많은 신호를 보낸다는 것입니다. 장에서 뇌로 가는 신호가 뇌에서 장으로 가는 신호에 비해 9대 1의 비율로 많습니다.

차클 그렇다면 장내 생태계에 불균형이 생기면 뇌에도 이상이 생길 수 있다는 말인가요?

천 네. 면역을 조절하는 장내 생태계에 변화가 생겨서 면역에 이상이 생기면 뇌로 신호가 가서 뇌에도 이상을 일으켜요. 그만큼 장과 뇌는 꿍장히 밀접하게 영향을 주고받는 관계라는 것이죠.

차클 뇌 관련 질환 중에서 특히 어떤 질병이 장내 세균 생태계의 영향을 많이 받나요?

천 최근에 환자가 많이 늘고 있는 뇌 관련 질환이 세 가지 있습니다. 치매·파킨슨병·자폐 스펙트럼 장애예요. 2019년 기준 국내 치매 환자는 약 55만 명으로 노인 10명 중 1명꼴로 발병하고 있어요. 파킨슨병은 12만 5000여 명, 자폐 스펙트럼 장애는 1만 1000여 명이고요. 그런데 이 세 가지 질병을 앓고 있는 환자들의 절반 이상이 공통적으로 장이 나쁘다고 해요. 그래서 과학자들은 10년 전부터 장내 미생물과 뇌 질환의 관계를 집중적으로 연구하기 시작했어요.

차클 어떤 연구가 이뤄졌는지 궁금하네요.

천 대표적인 것이 바로 하버드대학교의 한국인 면역학자 허준렬 교수가 2007년 〈네이처〉에 발표한 연구 결과입니다. 당시 허 교수는 태아를 가진 생쥐의 마이크로바이옴을 불균형 상태로 만든 다음 바이러스에 감염시키는 실험을 했습니다. 그러자 자식 생쥐가 자폐 스펙트럼 장애의 증상을 보였어요. 이 연구의 핵심은 Th17이라는 면역 세포가 많이 활성화되면 염증을 유발하고 나중에는 뇌에도 영향을 주어서 자폐증을 일으킬 수 있다는 것을 밝힌 것입니다.

차클 놀랍네요. 그 연구 결과가 사람의 자폐증에도 적용되는 것인가요?

천 지금도 많은 과학자들이 사람의 자폐증과 장내 세균 사이에 관련이 있는지 연구 중입니다. 그중에서 2017년 애리조나주립대의 강대욱 박사가 주도적으로 이끈 임상 연구가 있습니다. 고질적인 변비, 설사, 복통을 앓는 중증 자폐 스펙트럼 장애아 18명을 대상으로 6개월 동안 건강한 사람의 장내 미생물을 반복 이식하는 연구를 진행했어요.

차클 장내 미생물을 이식한다고요? 어떤 방법으로요?

천 몇 가지 방법이 있습니다. 대변의 약 3분의 1이 장내 미생물입니다. 사람의 대변을 잘 가공해서 세균만 모아 대장 내시경을 이용해 뿌려주기도 하고, 캡슐 형태로 만들어서 먹게 하기도 합니다.

차클 건강한 사람의 장내 미생물이 이식 받은 사람에게 좋은 영향을 주었나요?

천 장내 미생물을 이식하고 2년 후 57퍼센트의 아이들에게서 위장 장애가 개선됐습니다. 또 50퍼센트의 아이들에게게서는 자폐 증상이 개선됐어요.

차클 그럼 장내 미생물을 약으로 먹으면 자폐 스펙트럼 장애도 치료할 수 있는 건가요?

천 나중에 치료제로 나오게 되면 가능하겠지만 아직은 연구용으로 임상시험을 하고 있는 단계입니다.

차클 그럼 장내 미생물이 자폐 증상을 유발하는 건 확실하다고 볼 수 있나요?

천 장내 미생물 때문에 자폐증이 생긴다고 단정하기보다 자폐증의 원인 중 하나로 장내 미생물이 어느 정도 역할을 한다고 볼 수 있습니다. 다양한 원인 중 하나라는 가능성이 실험을 통해 밝혀진 거죠. 정확하게 어떤 방식으로 치료가 돼야 하는지는 앞으로도 연구를 해봐야 하는 상태입니다.

차클 앞서 말씀하신 대로 치매도 장내 미생물과 관련이 있나요?

천 최근 치매와 관련해서 서울대 의대 묵인희 교수와 경희대 배진우 교수 연구진이 주목할 만한 연구 결과를 발표했습니다. 2019년 영국 소화기학회 학술지 〈거트(Gut)〉에 발표한 '장내 미생물로 치매 치료가 가능할까?'라는 주제의 연구인데요. 연구 결과에 따르면 치매가 발생한 쥐에게 정상적인 장내 미생물을 계속 이식해줬더니 치매의 진전이 훨씬 더디어졌다고 해요.

차클   장내 미생물이 어떤 작용을 한 것인가요?

천   먼저 치매가 발생했을 때 뇌에서 늘어나는 베타 아밀로이드와 타우 단백질의 양을 줄어들게 했다고 합니다. 이와 함께 정상적인 장내 미생물을 계속 유지시켜주니까 단기적으로 기억하는 능력도 좋아졌다고 해요. 아무튼 장내 미생물을 관리하면 최소한 치매 증상이 더디게 진행된다는 것이 동물 연구를 통해 밝혀진 것입니다.

차클   뇌 질환 말고 다른 질병들도 장내 미생물과 연관이 있나요?

천   가장 대표적인 것이 비만입니다. 과거에는 비만의 원인이라면 칼로리 높은 음식을 많이 섭취하고 운동을 하지 않아서라고 생각했죠. 그런

이미지 출처: Gut, 69:283

정상 쥐　　AD(치매) 쥐　　마이크로바이옴 이식 쥐

'AD쥐'에게 4개월간
정상 쥐의 미생물 이식
↓
치매 관련
단백질 증가 속도 감소

데 최근 연구에 따르면 살이 찌는 것도 장내 미생물 생태계와 굉장히 밀접하게 관련이 있다고 해요. 가장 획기적인 연구를 2013년 미국 세인트루이스 워싱턴대학의 제프리 고든(Jeffrey I. Gordon) 교수가 발표했습니다. 고든 교수는 일란성 쌍둥이 중에서 한 사람은 뚱뚱하고 한 사람은 날씬한 사람들을 모은 뒤 그들의 마이크로바이옴을 무균 상태의 쥐들에게 이식했습니다. 이들 쥐에게는 다른 세균이 전혀 없으므로 쌍둥이의 마이크로바이옴을 그대로 갖게 되겠죠. 그러고 나서 양쪽 쥐를 똑같은 환경에서 키웠습니다. 먹는 것도 살이 찌지 않는 지방이 적은 고식이섬유의 사료를 줬죠.

차클 두 쥐의 차이점은 마이크로바이옴밖에 없었겠네요. 결과는 어떻게 됐나요?

천 모두 똑같은 조건으로 맞춰준 뒤 살펴봤더니 뚱뚱한 사람의 마이크로바이옴을 갖고 있는 쥐만 뚱뚱해졌어요. 이 쥐는 식욕도 좋아졌고요. 비만의 중요한 원인 중 하나가 마이크로바이옴이라는 것을 밝힌 중요한 논문이죠.

내 장내 미생물 생태계는 몇 점일까

네 번째 질문

"우리가 대표적으로 착각하는 것 중 하나가 여러 반찬을 늘어놓고 먹으면 그 음식들을 골고루 먹었다고 생각하는 거예요. 그런데 사실 하나의 접시에 자신이 먹은 것을 전부 올려놓고 보면 생각보다 다양하게 먹지 않는다는 것을 알 수 있어요. 물론 한식이 나쁜 것은 아닙니다. 골고루 먹는 식습관이 중요합니다."

· · ·

차클 장내 미생물은 언제부터 인간의 몸에서 공생하게 됐나요?

천 장내 미생물이 우리 몸과 공생을 하기로 언제 계약을 맺었는지에 대해서도 과학자들이 연구해봤습니다. 미국 텍사스대 연구팀이 아프리카 야생 침팬지, 고릴라의 분변 속에서 장내 미생물 유전자를 찾아내 비교 분석했어요. 그런데 아프리카 야생 침팬지나 고릴라의 장에서 현재의 장내 미생물이 최소한 1500만 년 전 무렵부터 인간의 조상과 공생관계였다는 증거를 밝혀냈죠. 그 말은 아주 오래전부터 장내 세균이 우리와 계약을 맺고 몸속에서 살았다는 뜻이에요.

차클 현생 인류 이전부터 세균과 공생을 해왔다는 말인가요?

천 그렇죠. 현생 인류가 등장한 지 20만 년밖에 되지 않았어요. 1500만

년이면 그보다 훨씬 이전부터 공생했던 것이죠.

차클 생각보다 훨씬 오래됐네요. 공생의 역사는 순조로웠나요?

천 이렇게 오랜 기간 함께 공생을 해왔는데, 기원전 약 9000년 전 인간이 농업을 시작하면서 1차 배신을 하게 됩니다. 당시 인류는 곡류 재배와 가축 사육에 성공했어요. 그 덕분에 수렵·채집사회에서 농업사회로 전환이 됩니다. 물론 식생활도 급변하게 됐죠.

차클 왜 농업사회로 넘어온 것이 미생물에 대한 배신이라는 것인가요?

천 농업을 통해 인류는 곡류를 풍성하게 먹게 됐어요. 이전과는 달리 쌀이나 밀처럼 전분이 많이 들어가 있는 음식들을 먹기 시작한 겁니다. 거친 음식이 주를 이루는 수렵·채집을 하던 때와는 전혀 다른 구성의 음식을 먹게 된 거죠.

차클 장내 미생물이 달라진 음식에 적응을 하지 못한 것이군요?

천 예를 들어 50년 전의 한국인과 지금의 한국인도 장내 미생물 환경이

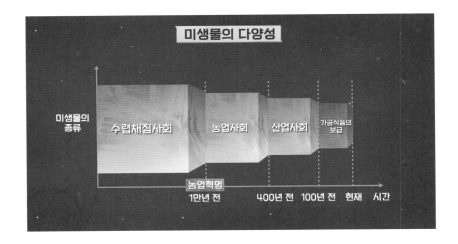

전혀 달라요. 사람의 유전자는 똑같은데 말이죠. 그러니까 서로 불협화음이 생기고 다양한 질병이 발생할 수밖에 없는 거예요.

차클 우리 몸속 미생물 균형을 무너뜨리는 가장 큰 원인이 음식이라는 말씀이신가요?

천 네. 대표적인 것인 서구화된 식단입니다. 서양인들이 먹는 음식이 미생물 균형을 무너뜨린다는 얘기가 아닙니다. 여기서 말하는 서구화된 식단이란, 산업화가 되고 국민소득이 높아지면서부터 등장하게 된 정제 탄수화물, 설탕, 가공식품 위주의 식단을 말해요. 불과 50년 전을 생각해보세요. 우리나라 식단도 채식 위주의 가정식이다가 지금은 외식이 보편화됐죠. 우리가 5년 전, 10년 전, 길게는 20년 전에 어떤 것을 먹었는지 생각해보세요. 우리도 결국 서구화된 식단으로 가고 있다는 것을 알 수 있습니다.

차클 그렇네요. 만약 사람이 미생물이 좋아하는 음식을 먹지 않으면 어떻게 되나요?

천 2016년 스탠퍼드대학교 저스틴 소넨버그(Justin Sonnenburg) 교수가 실험을 했어요. 연구진은 쥐에게 미생물 먹이가 되는 식이섬유를 전혀 주지 않았습니다. 그랬더니 장의 점막이 얇아졌다고 해요. 점막은 미생물과 우리 장 사이에 존재하는 끈끈한 층을 이야기하는데요. 우리가 장내 미생물의 먹이를 주지 않으면 이 세균들이 장내 점막을 먹어버리는 거예요. 그러면 자칫 장에 구멍이 생겨서 그 작은 틈으로 미생물이 만드는 독소 같은 것이 들어가서 염증을 일으키고, 다양한 질병으로 발전할 수 있어요. 튼튼한 장벽을 갖추려면 반드시 미생물을 잘 먹여야 합니다.

Gut Microbiome Index 평가

미생물 다양성
염증 유발 유해균 비율
염증 억제 유익균 비율
수렵 채집인과의 유사도

차클 장내 미생물들이 잘 살고 있는지 아닌지 확인하는 방법이 있나요?

천 마이크로바이옴을 검사하는 방법들이 있어요. GMI(Gut Microbiome Index)라는 것인데요. 인공지능 기법을 이용해서 미생물 생태계에 대해 종합적으로 점수화한 거예요. 주로 네 가지를 고려합니다. 장내 미생물 다양성, 염증 유발 유해균 비율, 염증 억제 유익균 비율, 마지막으로 수렵·채집인과의 유사도를 조사해서 점수로 나타내는 겁니다.

차클 수렵·채집인과 비슷할수록 장내 미생물 환경이 건강한 것이겠죠?

천 네. 맞습니다. 오늘날 한국인의 장에 있는 세균이 평균 200종 정도 됩니다. 반면 수렵·채집인들에게서는 그보다 많은 1000종도 관찰됩니다. 엄청나게 다양하죠. 이런 수치들을 종합해서 점수를 매깁니다. 한국인 평균은 59점 정도 되고 건강한 사람들은 평균 79점 정도입니다.

차클 GMI 수치를 개선할 수도 있나요?

천 물론입니다. 검사 결과는 일시적인 수치예요. 자신이 어떤 점수를 받았다고 해서 그런 상태가 계속 유지되는 게 아닙니다. 그 시점에 일시적으로 좋거나 나쁜 것이죠. 검사 전 2~3주 동안 가공식이나 밀가루 음식을 많이 먹으면 수치가 나빠질 수 있어요. 그 말은 곧 좋은 음식을 섭취하면 점수가 금방 좋아질 수 있다는 뜻입니다.

차클   GMI 점수 체계에 대해 좀 더 자세히 알려주세요.

천   장내 미생물 유형 지도라는 것을 보여드릴게요. 미생물의 다양성과 분포도를 통해 장 균형 상태를 측정하는데요. 연두색으로 표시된 곳을 보면 P형과 B형으로 나뉘어 있죠. 정상적인 사람들이 대부분 포진해 있는 구역입니다. P형은 프레보텔라(Prevotella)라는 유익균을 많이 보유한 사람들입니다. B형은 서구화된 식단을 주로 하는 사람들이에요. 이들은 박테로이데스(Bacteroides)라는 균을 많이 보유하고 있어요. 반면 빨간색에 있는 O형이 주로 장내 미생물 환경이 안 좋은 사람들이 많이 모여 있는 곳이에요. 우리나라 사람들은 주로 P형에서 B형 중간 정도에 있다고 보면 됩니다. 그에 비해 서구화된 식단을 주로 하는 미국 사람들은 B형 쪽에 많이 포진해 있죠.

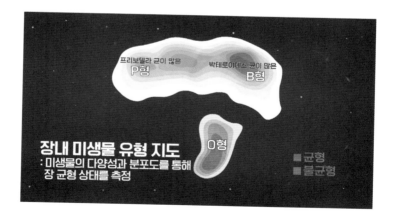

차클   P형의 장 유형을 가지려면 수렵·채집인처럼 먹어야 한다는 말이군요. 그런데 프레보텔라라는 유익균의 특징은 무엇인가요?

천   대표적인 건강 미생물이에요. 건강과 관련된 여러 논문에서도 자주 언급되고 있습니다. 염증을 억제하는 물질인 짧은사슬지방산이라는 것을 만들어내는 게 특징입니다. 또한 똑같이 다이어트를 해도 P형인 사람은 살이 더 잘 빠진다고 알려져 있어요. 비만과도 연관성이 있는 걸로 보입니다. 전분 성분이 없고, 식이섬유 위주의 음식을 먹으면 프레보텔라 균을 늘리는 데 도움이 됩니다.

차클   그럼 박테로이데스 균을 늘리는 음식에는 어떤 것들이 있나요?

천   주로 서구화된 식단이 해당됩니다. 박테로이데스 균을 늘리는 음식 중 대표적인 것이 동물성 단백질과 지방입니다. 프레보텔라와 박테로이데스는 상호 보완적이에요. 한쪽이 늘어나면 일반적으로 다른 쪽이 줄어들죠. 프레보텔라가 상대적으로 많은 장 유형이 건강에 바람직합니다.

차클	한식에는 나물처럼 식이섬유가 들어간 반찬들도 많은데, 한국인들이 B형으로 점점 옮겨가는 이유가 뭔가요?
천	제 생각엔 우리가 대표적으로 착각하는 것 중 하나가 여러 반찬을 늘어놓고 먹으면 그 음식들을 골고루 먹었다고 생각하는 거예요. 그런데 사실 하나의 접시에 자신이 먹은 것을 전부 올려놓고 보면 생각보다 다양하게 먹지 않는다는 것을 알 수 있어요. 물론 한식이 나쁜 것은 아닙니다. 골고루 먹는 식습관이 중요합니다.
차클	마지막으로 O형에는 어떤 특징이 있나요?
천	O형인 분들은 몸속에 유해균이 많고 다양성이 많이 떨어지는 유형입니다. 특히 환자들 사이에서 O형이 많아요. 대표적인 유해균인 이콜라이(대장균)가 많은 유형이에요. 비만, 당뇨, 염증성 장 질환, 치매 환자에게서 이런 유해균이 많이 발견됩니다.
차클	인류의 식습관이 바뀌면서 새롭게 발견되는 신종 미생물도 있나요?
천	최근에 제가 연구해본 결과, 한국인 장에서 가장 많이 발견되는 스무 개의 세균 중 무려 여덟 개가 새로운 종이었습니다. 사실 새로운 종에는 기여를 많이 한 과학자의 이름이 부여되기도 하는데요. 한국의 하천에서 찾은 신종 세균에 영광스럽게도 제 이름이 붙어 있습니다. 독일 과학자들이 '종식추니아'라고 이름을 붙여주었어요.
차클	결론은 식단을 바꾸면 GMI 수치들이 바뀔 수 있다는 거죠?
천	네. 저 스스로도 3년 동안 다양한 것을 먹으면서 실험을 해봤어요. 그 과정에서 제 몸의 프레보텔라가 무엇을 좋아하는지 알게 됐죠. 실험을 하던 지난 3년 동안 GMI 수치는 중간에서 높은 수준을 다행히 유지했고요. 장 유형 지도에서는 주로 P형을 유지했고, 이따금 B형이 되기

도 했어요. 그때는 조금 좋지 않은 식단으로 식사를 했었죠. 그래도 한 번도 O형이 된 적은 없었어요. 여러분들도 2~3주 정도 미생물이 좋아하는 음식을 잘 챙겨 먹으면 GMI 점수를 높일 수 있습니다. O형이나 B형에 있다가도 P형으로 이동할 수 있고, 서구화된 식단으로 다시 돌아가면 2주 만에 B형으로 갈 수도 있어요.

차클   불과 2주 동안 식단을 바꾼다고 사람의 몸이 달라진다니 놀랍네요.

천   극단적으로 식단을 많이 바꿀 경우 2주 정도면 장내 미생물이 많이 달라집니다. 물론 빠르게 다시 원상복귀할 수도 있고요.

무엇을 먹고 살아야 하는가

"프로바이오틱스나 프리바이오틱스 같은 것들은 보조제입니다.
그러한 보조제를 먹었다고 해서 서구화된 식단을 마구 먹어도
된다고 생각하면 안 돼요. 스스로 관리자가 돼서 몸속 생태계를
돌보고 자신이 먹는 것에 대해 책임질 줄 알아야 합니다. 지름길
을 찾기보다 꾸준한 관리가 최선입니다."

• • •

차클 바람직한 식습관에 대해 좀 더 조언해주시죠.

천 우선 음식을 먹을 때 세 가지로 분류하면 좋겠어요. 하나는 나 자신이
먹는 것, 다른 하나는 미생물이 먹는 것, 마지막으로 그냥 몸에서 배출
되는 것으로요. 미생물도 못 먹는 것은 결국 대변으로 나가거든요.

차클 미생물이 못 먹는 것까지 챙겨 먹어줘야 하나요?

천 특별히 변비가 있는 분들은 그렇게 배출되는 음식들을 많이 먹으면
좋습니다. 대표적으로 섬유질이 풍부한 음식들이죠. 이런 음식들은 미
생물도 못 먹지만 배변 활동을 돕는 음식들이에요.

차클 그렇군요. 그런데 내 몸뿐만 아니라 미생물도 생각해서 음식을 먹어야
한다니 신경 쓸 것들이 더 많아지는 기분인데요?

천   내가 좋아하는 것만 먹겠다는 이기적인 생각을 조금 버리고 미생물과
      친화적인 음식들을 찾아서 많이 먹으면 결국 우리 몸도 좋아지는 거
      예요. 요리를 할 때나 식당에서 음식을 주문할 때 조금만 신경을 쓰면
      됩니다.

차클   예를 들어주실 수 있을까요?

천   우선 생선이나 육류는 미생물이 좋아하는 음식은 아니에요. 하지만 우
      리 몸을 위해서는 먹어야 하는 음식들이죠. 도정하지 않은 곡류, 콩류
      와 견과류, 껍질째 먹는 과일류, 녹말의 양이 적은 채소류, 해조류, 엽
      채류, 버섯 등이 미생물이 좋아하는 먹이들이에요.

차클   주로 자연에서 난 그대로의 음식들을 먹어야겠네요?

천   맞습니다. 중요한 것은 홀푸드(whole food), 즉 통째로 먹어야 해요. 예를
      들어 사과를 먹을 때 대체로 껍질을 까서 먹는데, 사과 껍질에는 펙틴
      (pectin)이라고 하는 미생물 먹이가 많이 포함돼 있어요. 그래서 사과 껍

210

질을 까서 먹으면 미생물이 싫어할 겁니다. 포도, 체리, 자두처럼 껍질째 먹을 수 있는 것들은 껍질째 먹는 것을 추천합니다.

차클 　보통 어린아이들은 당근이나 브로콜리 같은 채소들을 잘 안 먹잖아요. 그래서 즙으로 만들어서 줄 때가 많은데요. 이런 야채즙은 미생물 먹이로 충분치 않은가요?

천 　만약 건더기를 다 걸러서 맑은 주스로 먹는다면 미생물들이 너무 미워할 겁니다. 미생물 먹이를 쏙 빼놓고 마시는 것이니까요. 즙을 낸다면 가급적 건더기까지 모두 먹는 것이 좋습니다. 부드러운 부분만 먹지 않는 것이 중요합니다.

차클 　과일에도 당이 많이 포함돼 있는데, 당이 많은 과일은 피해야 할까요?

천 　네. 과당이 많은 과일보다는 콩류나 견과류가 좋습니다. 채소를 먹을 때도 녹말이 비교적 적은 것들이 좋습니다. 예를 들면 녹말이 많이 든 감자 같은 것은 피하는 게 좋아요. 그것보다는 브로콜리, 양파, 마늘, 가지처럼 전분의 양이 적은 채소를 추천합니다. 무엇보다 다양한 미생물의 종의 수를 늘리는 것이 중요해요. 그러려면 다양한 종류의 식재료를 골고루 먹어야 합니다.

차클 　내가 먹는 음식과 미생물이 먹는 음식의 비율을 어느 정도로 해야 좋을까요?

천 　딱히 정해진 것은 없지만, 저는 최소한 5 대 5는 맞춰야 한다고 생각합니다. 우리가 미생물의 먹이를 먹으면 장에서 짧은사슬지방산이 만들어지기 때문이에요.

차클 　짧은사슬지방산이 어떤 역할을 하죠?

천 　우리 몸속 장 세포가 짧은사슬지방산을 먹는데요. 에너지원으로 쓰는

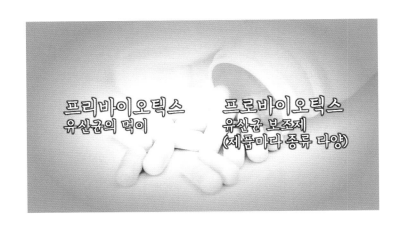

프리바이오틱스
유산균의 먹이

프로바이오틱스
유산균 보조제
(제품마다 종류 다양)

겁니다. 만약 짧은사슬지방산이 만들어지지 않으면 장벽이 얇아져서
문제가 생기죠. 또 짧은사슬지방산이 면역 세포를 조절해서 염증을 줄
여줍니다. 염증은 만병의 원인이라고 말씀드렸죠. 뇌질환까지도 염증
때문에 생기니까요.

차클　　그런데 식습관을 바꾸는 게 말처럼 쉽지 않은 일이잖아요. 요즘 많이
　　　　나와 있는 유산균 제품이나 프리바이오틱스 제품들을 챙겨 먹는 걸로
　　　　대신할 수는 없나요?

천　　　많은 분들이 짧은사슬지방산을 직접 먹을 수 있는 방법이 없는지 궁
　　　　금해하는 것이 사실입니다. 약처럼 먹으면 얼마나 편하겠어요. 그럼
　　　　불편하게 식단 조절을 할 필요도 없으니까요. 하지만 미생물 먹이에
　　　　해당하는 음식을 대체할 그런 약은 없습니다.

차클　　프로바이오틱스나 프리바이오틱스 제품 같은 것들도 도움이 안 되는
　　　　거예요?

천　　　물론 전혀 도움이 안 되는 것은 아닙니다. 한국인들의 마이크로바이옴

에 대해 조사를 많이 해봤는데요. 똑같은 프로바이오틱스를 섭취해도 어떤 분들에게서는 장의 미생물 생태계를 개선하는 효과로 나타나지만, 또 어떤 분에게서는 변화가 전혀 없기도 했어요. 심지어 이전보다 더 안 좋아지는 경우도 있습니다. 이러한 건강보조제는 효과가 있고 없고의 문제가 아니라, 자신에게 맞는지 맞지 않는지의 문제로 접근할 필요가 있습니다.

차클 무엇이 자신에게 맞는지를 먹어보지 않고는 모른다는 말씀이신가요?

천 엄밀히 말하면 그렇습니다. 자신에게 맞는지 안 맞는지는 마이크로바이옴 검사를 해야 알 수 있는데 이게 또 번거로울 수가 있죠. 그래서 자가진단을 하는 방법이 있습니다. 브리스틀 스케일이라는 것인데요. 그 방법이 아주 간단합니다. 프로바이오틱스든 음식이든 섭취한 기간을 전후로 자신의 대변 상태를 확인해 점수로 관리하는 것이에요.

차클 결국 유산균이든 프로바이오틱스든 자신에게 맞는 것을 찾아서 꾸준

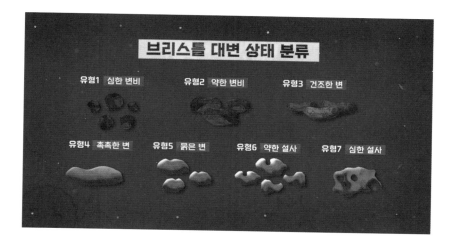

히 먹는 것이 중요하다는 말씀이죠?

천 네. 그리고 프로바이오틱스나 프리바이오틱스 같은 것들은 보조제입니다. 그러한 보조제를 먹었다고 해서 서구화된 가공식품을 마구 먹어도 된다고 생각하면 안 돼요. 스스로 관리자가 돼서 몸속 생태계를 돌보고 자신이 먹는 것에 대해 책임질 줄 알아야 합니다. 지름길을 찾기보다 꾸준한 관리가 최선입니다.

차클 유산균 하면 우리나라의 김치가 대표적 음식으로 떠오르는데요. 김치의 유산균도 우리 몸속 미생물에게 좋지 않을까요?

천 한국인이 건강한 이유를 김치에서 찾는 분들이 많은데 저도 그렇게 생각합니다. 김치는 식이섬유와 유산균이 풍부하고 마늘 같은 미생물 먹이도 많이 함유된 음식입니다. 장내 미생물을 도와주는 프로바이오틱스 유산균도 많이 들어 있어요.

차클 김치에 유산균이나 미생물 먹이가 많이 들어 있는 이유는 뭔가요?

천 김치는 미생물학적으로도 굉장히 재미있는 음식이에요. 김치를 담가보면 알겠지만, 일단 배추를 소금에 절여요. 소금에 절이면 흔히 말하는 잡균들이 자라지 못해요. 보통 배추가 자라는 흙에 있던 미생물들은 소금을 싫어하거든요. 단, 유산균은 소금을 좋아해서 경쟁에서 유리해지고, 김치가 익는 과정에서 더 많이 자라게 됩니다. 결국 김치는 유산균이 만드는 유산으로 시큼해지죠. 그 양도 많아지고요.

차클 유산균이 소금을 좋아하는군요. 그런데 다른 나라에도 발효식품들이 많잖아요. 김치가 다른 발효식품과 다른 점은 무엇인가요?

천 김치 유산균에만 많이 포함된 유산균이 있습니다. 바로 바이셀라(Weissella)라는 세균이에요. 바이셀라에 대해서도 조사를 해봤는데, 다른 나라의 발효식품에서는 거의 나오질 않았어요. 만약 몸에서 바이셀라 균이 나온다면 한국 사람이라는 것을 알 수 있을 정도예요.

차클 균으로 한국 사람을 구분할 수 있다니 재밌네요. 그런데 막걸리에도 유산균이 많이 들어 있고, 와인에도 좋은 균이 많이 들어 있다고 하지 않나요?

천 영국에서 아주 재미난 연구 결과를 발표했어요. 킹스칼리지의 연구진들이 무려 1만 4000명의 쌍둥이를 연구하면서 그중 900명에 대해 평소 어떤. 술을 마시는지 조사하고 장내 미생물을 검사해봤어요. 다른 종류의 술에 비해서 레드 와인을 주로 마신 사람들의 마이크로바이옴이 좋다는 결과가 나왔습니다. 적색을 만들어주는 레스베라트롤(Resveratrol)이란 폴리페놀이 많이 들어 있다고 해요. 기왕이면 레드 와인을 마시는 것이 조금 더 낫다는 연구 결과입니다. 하지만, 이러한 연구 결과에 너무 의존해서 술을 많이 마신다면 좋을 것이 없겠죠. 실제로 마이크로바이옴이 좋았던 조사 대상자들도 2주간 한두 잔 정도만 마신 경우라는 것을 참고하세요.

차클 미생물에게 좋은 음식 말고 미생물의 생태계를 해치는 음식들도 있나요?

천 정말 조심해야 될 것이 있습니다. 바로 항생제예요. 우리 몸이 세균에 감염되면 항생제를 먹잖아요. 그런데 그때 먹는 항생제가 특정한 세균만을 죽이는 것이 아니에요. 과장해서 말하자면 장내 미생물 생태계를 파괴하는 핵폭탄이 우리 몸속에 들어간다고 생각하면 됩니다.

차클 항생제는 이래저래 주의해야겠네요. 장내 미생물과 관련해 우리가 또 알아야 할 게 있을까요?

천　　여러 과학자들이 제시한 위생가설도 귀담아들을 필요가 있습니다. 예를 들어 야생의 쥐가 있고, 실험실에서 자란 쥐가 있다고 해보죠. 자연에서 자란 쥐는 굉장히 더럽고 거친 환경에서 자랐을 것이고, 실험용 쥐는 굉장히 깨끗하고 안전한 환경에서 자랐겠죠. 이 두 쥐의 장내 미생물을 새로운 쥐에게 이식시켜봤습니다. 다른 조건은 똑같고 장내 미생물만 다른 상태로요. 그러고는 새로운 쥐들을 인플루엔자 바이러스로 감염을 시켰어요. 12일이 지나자 자연 쥐의 미생물을 이식받은 쥐는 바이러스에 감염이 됐어도 90퍼센트 이상 살아남았습니다. 반면 깨끗한 환경에서 자란 쥐의 미생물을 이식받은 쥐는 20퍼센트만 생존했어요. 즉, 80퍼센트가 죽어버렸다는 거죠.

차클　어느 정도 더러운 환경에서 자라야 면역력도 생긴다는 건가요?

천　　맞습니다. 만약 우리 주변의 환경이 점점 깨끗해지면 아토피나 천식, 자폐 스펙트럼 장애 같은 질병이 점점 늘어난다는 것이 바로 위생가설이에요. 어떤 나라도 예외는 없습니다. 잘살고 깨끗할수록 그런 질

병들이 늘어나요. 그런데 우리 아이들이 노는 환경을 보면 점점 더 자연으로부터 멀어진다는 것이 문제입니다. 지금 흙이 있는 놀이터에서 노는 아이들이 있나요? 반드시 깨끗하다고 해서 좋은 것이 아니라는 점을 기억해야 합니다.

차클 결국 세균과 공생하는 관계를 잘 유지해야 한다는 말씀이시군요.

천 네. 맞습니다. 병원균은 멀리해야 하는 균이지만 유익균과 공생하는 관계는 정말 끝까지 잘 지켜가야 해요. 또 반려견이나 반려묘를 키우듯이 장내 미생물을 관리하고 신경을 쓰면 뇌에도 좋은 영향을 미칠 수 있어요. 100세까지 건강하고 행복하게 살기 위해선 태어날 때부터 우리 몸속에 공생해온 동반자가 있다는 사실을 기억해주세요.

병원은 환자를
살리는 곳인가

•

박종훈

'환자의 안전이 치료의 시작', '의료계의 오류에 대한 거침없는 해부'를 강조하는
고려대학교 의과대학 정형외과 교수. 원자력병원 정형외과 의사를 거쳐 고려대학
교병원 진료부원장, 고려대학교 의료원 대외협력실장과 고려대학교 의무기획처
장을 지냈다. 현재 고려대 안암병원장, 대한사립대학병원협의회와 서울시병원협
회의 부회장을 맡고 있다.

의료사고란 무엇인가

> "의학은 오류의 역사라고 불릴 만큼 다양한 의학적 오류가 존재
> 하는 분야입니다. 그러한 사고와 오류를 어떻게 극복할 것인지
> 가 관건이죠."

• • •

차클 '병원은 환자를 살리는 곳인가'라는 주제부터 의아합니다. 당연히 병
원은 아픈 사람을 치료하고 병을 낫게 해주는 곳 아닌가요?

박 병원은 환자를 살리는 곳이 맞죠. 당연한 것이죠. 그런데 이러한 주제
를 언급할 만큼 의료사고는 현대의학의 난제 중 난제라고 할 수 있기
때문입니다.

차클 그렇군요. 주변에서 크고 작은 의료사고들을 겪었다는 얘길 듣긴 했는
데 정확히 어떤 경우를 의료사고라고 하는지 궁금합니다.

박 의료사고의 기준도 의학 기술의 발달에 따라 조금씩 바뀌어왔습니다.
과거에는 의료사고라고 볼 수 없었던 것들이 최근 들어서는 의료사고
로 판명나는 경우도 많아요.

차클   예를 들어 병원에서 상처를 꿰맸던 실밥이 치료가 끝난 이후까지 남아 있는 것도 의료사고라 할 수 있나요?

박   상처가 아무는 과정에서 살이 도톰하게 올라와서 봉합실이 잘 안 보이는 경우도 있으니 그 정도는 의료사고라고 보긴 어려워요. 그건 나중에라도 그냥 빼면 되니까요.

차클   그럼 자궁의 물혹을 제거하는 과정에서 난소까지 제거한 경우는 어떨까요. 이 정도면 의료사고라고 할 수 있죠?

박   그런 경우 사전에 환자에게 난소도 제거될 수 있다는 상황을 고지했는지가 중요합니다. 의사는 수술을 하기 전에 수술 부위나 수술 방법, 수술 후 일어날 수 있는 일들에 대해 수술 전에 환자에게 설명하고 동의를 구할 의무가 있거든요. 예전에는 환자들도 의사가 필요한 치료는 다 알아서 해준다는 생각에 전적으로 의지했기 때문에 이 같은 환자 동의 절차를 많이 생략했었죠. 하지만 지금은 달라요. 그 행위가 수술 중에 불가피하게 벌어졌어도 환자에게 사전 동의를 받지 않고 처치했다면 문제가 될 수 있습니다.

차클   의료사고라는 것이 누구나 겪을 수 있는 일이라 두려운 것이 사실입니다. 말씀하신 것처럼 의료사고를 구분하는 기준이 유동적이라는 것도 불안하고요.

박   사실 의료사고는 현대의학에 있어서 굉장히 골치 아픈 문제입니다. 현대의학은 엄청나게 눈부신 발전을 이뤘잖아요. 과거에 비하면 고치지 못하는 병이 거의 없을 정도로 발전을 했는데도 불구하고 완벽하게 해결되지 않는 부분들이 의료사고로 남아 있는 거예요. 사실 의료사고는 의학의 아버지라 불리는 히포크라테스 때부터 계속 존재한 숙제이기도 합니다.

차클　히포크라테스도 의료사고에 대해 경고를 했었나요?

박　　네. 히포크라테스는 '프리멈 논 노체르(Primum non nocere)'라는 말을 남
　　　겼어요. 이 말은 "무엇보다도 해를 입히지 마라(First, do no harm)"라는 의
　　　미예요. 히포크라테스 때부터 의료로 인해 인간에게 해를 끼칠 수 있
　　　다는 생각을 한 것이죠. 그만큼 의료사고는 의학의 역사에서 중요한
　　　주제입니다.

차클　의료사고를 방지하기 위해 의학계에서는 어떤 노력을 해왔나요?

박　　의학의 발전을 가능하게 한 두 줄기가 있어요. 한 줄기는 새로운 치료
　　　법을 많이 개발한 것이죠. 다른 한 줄기는 우리가 지금 행하고 있는 의
　　　료 기술에서 오류를 끊임없이 발견하고 개선해나가는 과정이었어요.
　　　어떻게 보면 의료사고나 의료적 오류는 의학에서 피할 수 없는 부분
　　　이긴 합니다. 의학은 오류의 역사라고 불릴 만큼 다양한 의학적 오류
　　　가 존재하는 분야입니다. 그러한 사고와 오류를 어떻게 극복할 것인지

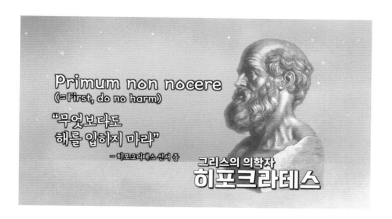

가 관건이죠. 그동안 의학이 어떻게 이 문제와 싸워왔는지, 어떻게 의료사고 문제를 해결해야 더 많은 생명을 구할 수 있을지에 대해 자세히 살펴보도록 하죠.

"우리 몸은 사실 모든 것이 균 덩어리라고 할 수 있어요. 우리는
모두 균과 함께 살고 있는 거예요. 의료진이라고 다를 게 없죠.
의료진에게 있는 작은 세균이 면역력이 떨어진 환자에게 들어
가면 치명적일 수 있는 것에 대해서 잘 와닿지 않는 거예요. 눈
에 보이지 않으니까요."

• • •

차클 과거엔 병의 정확한 원인이 뭔지, 병원에서 환자를 어떻게 돌봐야 할
지도 잘 몰랐다고 들었어요.

박 네. 과거에는 병원에서도 위생이나 감염에 대한 개념이 부족했어요.
특히 감염의 원인이 세균이라는 것이 밝혀진 게 고작 150년 전밖에
안 돼요. 그러니까 중세시대에는 전염병이 창궐하면 어마어마하게 많
은 사람이 죽을 수밖에 없었죠.

차클 중세를 휩쓴 페스트를 말씀하시는 건가요?

박 맞습니다. 14세기에 흑사병, 즉 페스트만으로 유럽 인구의 3분의 1인
약 1억 명이 사망했었다고 하죠. 당시는 전염병을 막는 유일한 방법이
"환자에게서 멀리 떨어져라, 환자 시체를 더 높게 쌓아 막아라" 정도

감염 경로를 알지 못해 유럽 인구의 3분의 1을 사망하게 한 페스트

였어요. 당시에는 그럴 수밖에 없었을 겁니다. 전염의 이유를 몰랐으니까요. 그처럼 원인을 모르니 흑사병에 감염됐다는 건 곧 사망선고나 마찬가지였죠.

차클　지금도 코로나 바이러스가 전 세계를 휩쓸고 있잖아요. 페스트 외에 또 어떤 감염병이 인류를 위협했었나요?

박　19세기 유럽을 한번 살펴보죠. 당시 유럽에는 결핵과 콜레라가 대유행했었습니다. 그런데 당시 산모들의 경우 결핵과 콜레라 외에도 산욕열이라는 또 하나의 질병에도 시달렸습니다. 격렬한 발작과 160 이상으로 치솟는 맥박, 고열 그리고 찢어질 것 같은 하복부의 통증을 동반하는 병이었는데요. 출산 중 감염으로 골반에 균이 전부 퍼져서 일종의 패혈증을 일으켜 사망에 이르게 됩니다. 그 무렵 병원에서 아이를 낳은 산모 중 25퍼센트가 이 병으로 생을 마감했다고 알려져 있습니다. 그런데 이상한 건 병원이 아닌 가정에서 분만한 산모의 경우 산욕열에 걸려 사망할 확률이 1퍼센트도 채 되지 않았다는 겁니다.

차클 집이 아니라 병원에서 세균 감염으로 더 많이 죽었다니 충격적이네요.

박 문제는 당시 의료계에서는 그 이유를 몰랐다는 것입니다. 그러다 오스트리아의 산부인과 의사인 이그나츠 제멜바이스(Ignaz Philip Semmelweis)가 그 원인을 규명했어요. 그는 한 의사가 부검을 하다가 메스에 손을 찔리는 장면을 목격해요. 그런데 그 의사가 산욕열 환자와 비슷한 증상을 보이다가 2~3일 시름시름 앓더니 죽어버린 거예요. 그때 제멜바이스가 깨닫게 됩니다. "의사의 손에 묻은 '시체 입자' 때문에 산모들이 사망했다"고요.

차클 그럼 그 전엔 의사들도 왜 산모들이 줄줄이 죽어나가는지 이유를 몰랐단 말인가요?

박 그렇죠. 당시에는 감염에 대한 개념이 없었기 때문에 산부인과 의사들이 맨손으로 아기를 받았어요. 간혹 산모가 아기를 낳다가 사망을 하는 경우가 발생하기도 하는데, 그런 경우 산부인과 의사가 부검도 같이 진행을 했어요. 역시 맨손으로요. 그렇게 의사의 손에 묻은 균이 또 다른 산모의 몸으로 계속 옮겨가게 된 겁니다.

차클 제멜바이스가 '시체 입자'라고 생각한 게 결국 세균이잖아요?

박 엄밀한 의미에서 그가 말한 시체를 만드는 입자란 감염을 일으키는 세균과는 조금 다른 개념이긴 합니다. 아무튼 제멜바이스는 "다음 환자를 진료하기 전에 염소화석회로 손을 씻자"고 제안을 했죠. 나중에 의사들이 그의 제안을 따르면서 산모 사망률이 1퍼센트대로 급격히 떨어집니다.

차클 사망률이 25퍼센트에서 1퍼센트로 떨어지다니 놀랍네요. 제멜바이스는 큰 업적을 세웠다고 칭송받았겠어요.

박 그 반대예요. 제멜바이스는 저런 주장을 한 것 때문에 산부인과학회에서 쫓겨납니다. 당시 의료계에는 과거로부터의 관습을 지키는 분위기가 팽배해 있었거든요. 그래서 학계가 제멜바이스의 주장에 근거가 없다고 판단한 거예요. 세균의 존재도 모르던 시절, 눈에 보이지도 않는 시체 입자가 있다는 그의 주장을 유언비어라고 받아들였던 것 같아요.

차클 어이가 없네요.

박 네. 그렇죠. 결국 산부인과학회에서 쫓겨난 제멜바이스는 심지어 정신병원에 갇혀 살다가 1865년에 생을 마감하게 됩니다.

차클 옳은 주장이 받아들여지지 않은 것도 억울한데 정신병원에까지 갇혔다니 너무하네요. 그럼 그의 주장이 사실로 받아들여진 것은 언제인가요?

박 제멜바이스가 죽고 15년이 지난 뒤 1880년대에 파스퇴르가 세균을 발견하고서야 비로소 눈에 보이지 않는 세균이 감염의 원인이 될 수 있다는 사실이 입증됩니다. 제멜바이스가 주장한 '시체 입자'의 정체가 바로 세균이었다는 것을 의학계에서도 인정하게 되죠. 그리고 예방법까지 제시했던 제멜바이스의 논문은 2013년 유네스코 세계기록유산으로 등재됐습니다. 지금은 "의사들이여, 손을 씻어라"라는 단순한 한마디가 의학사에서 가장 위대한 발견으로 평가를 받고 있어요. 제멜바이스의 사례는 기존의 의학적 오류를 바로잡는 주장이 나와도 이를 인정하지 않고 기존 관습을 지키려는 사람들이 많다는 것을 단적으로 보여줍니다. 의료계에서 자신들의 오류를 수정하려 들지 않는 동안 산모들만 억울하게 산욕열로 죽어나간 거예요.

차클   당시 사망했던 25퍼센트의 산모들은 의료사고의 피해자인 거네요?

박   그렇죠. 그런데 지금 관점에서는 의료사고의 피해자인데 당시의 관점으로 보면 입증 불가능한 일이었겠죠. 원인을 밝혀낼 수 없었으니까요. 어쨌든 제멜바이스가 감염의 원인을 밝혀낸 이후부터 의료계는 세균과의 전쟁을 치르고 있습니다. 그런데 사실 지금도 많은 사람들이 손을 잘 안 씻는 게 문제예요.

차클   의학 드라마를 보면 수술 전에 손을 꼼꼼하게 씻고 간호사가 장갑도 대신 끼워주던데, 실제 현장에서는 그렇지 않다는 말인가요?

박   당연히 수술이나 중요한 시술을 할 때는 씻겠죠. 문제는 늘 씻어야 한다는 거예요. 환자 한 사람, 한 사람을 만날 때마다 늘 씻어야 됩니다. 그런데 무의식적으로 자신의 손은 깨끗하다는 생각이 있어서 그렇게 하지 않는 거예요. 우리 몸은 사실 모든 것이 균 덩어리라고 할 수 있어요. 우리는 모두 균과 함께 살고 있는 거예요. 의료진이라고 다를 게 없죠. 의료진에게 있는 작은 세균이 면역력이 떨어진 환자에게 들어가면 치명적일 수 있는 것에 대해서 잘 와닿지 않는 거예요. 눈에 보이지 않으니까요.

차클   우리 손에 실제로 세균이 얼마나 있는 건가요?

박   대략 1제곱센티미터 안에 5000~500만 마리가 있다고 해요.

차클   그렇게 많아요? 그럼 비누로 손을 깨끗이 씻으면 세균이 줄어드나요?

박   일반적인 비누로는 큰 효과가 없습니다. 손을 씻는다는 행위 그 자체보다 어떻게 씻느냐가 중요합니다. 액체비누로 꼼꼼하게 씻을 경우 세균이 약 66퍼센트 감소한다고 알려져 있어요. 특히 손톱 밑이 세균의 온상이라고 알려져 있어요. 대부분 손을 씻어도 손톱 밑까지는 잘 씻지 않잖아요. 그래서 질병관리본부에서도 〈표준예방지침〉을 마련해 두고 의료진은 손톱을 짧게 유지하고 인조 손톱은 사용하지 말라고 권고하고 있죠.

차클 의료진의 손 이외에 병원에서 세균에 감염되는 주요 경로는 뭔가요?

박 물론 다양한 감염 경로가 있을 수 있습니다. 최근 방영되는 의학 드라마를 보면 의료진의 잘못된 습관들이 많이 나오더군요. 예컨대 긴 넥타이를 맨 의료진이 환자를 진료하거나 회진하는 장면들이 나오는데, 그것은 명백히 잘못된 행위입니다. 대한임상미생물학회지에 보고된 바에 따르면 전공의들이 착용하는 넥타이에서 슈퍼박테리아가 100퍼센트 검출됐다고 해요.

차클 넥타이가 세균 감염의 통로라고요?

박 네. 의사들이 넥타이를 매고 있다고 생각해보세요. 몸을 앞으로 숙이게 되면 환자에게 넥타이가 닿을 수 있겠죠. 또 가운도 마찬가지예요. 과거 의사들이 입었던 가운은 대개 도포처럼 길게 늘어졌으니까요. 요즘은 대부분 시술을 하거나 처치를 할 때에는 반팔 치료복을 입도록 권장합니다. 긴 가운이나 넥타이를 착용하는 것은 지양합니다. 또 팔꿈치 아래로 옷이 내려오지 않게 입기를 권하죠.

차클 이처럼 세균 감염의 통로들이 꾸준히 밝혀졌는데, 왜 의료사고는 계속 일어나는 것인가요?

박 의학의 역사를 얘기하다 보면 인간이 정말 똑똑하기도 하지만, 단점도 많다는 것을 알게 돼요. 특히 의료계에서는 자신이 알고 있는 지식을 잘못 활용해 사고를 치는 경우가 많습니다. 대표적인 의학계의 잔혹사를 하나 소개하도록 하죠. "세균을 없애 환자를 구하겠다"고 했던 정신과 의사 헨리 코튼(Henry Cotton)의 사례입니다.

차클 정신과 질환과 세균은 별 관계가 없지 않나요?

박 예리한 지적입니다. 일단 어떤 사연인지 좀 더 자세히 말씀드리죠. 1928년 미국의 마사 허위츠라는 사람이 정신병 증세 때문에 치료법과 병원을 백방으로 수소문하고 있었습니다. 그러다 치료 성공률이 무려 85퍼센트나 되는 미국 최고의 정신병원 트렌턴 주립병원을 발견하게 되죠. 당시 헨리 코튼이 트렌턴 주립병원의 원장이었고 국소 감염 치료법을 시행해 수천 명의 환자들을 호전시켰다고 합니다. 마사 역시 이곳에서 치료받은 뒤 1930년에 완치 판정을 받고 가족의 품으로 돌아왔다고 해요.

차클 도대체 국소 감염 치료가 어떤 치료인데 정신과에서 도입한 건가요?

박 국소 감염 치료란 치아 제거, 편도 절제술, 결장 관장, 장기 적출 등을 뜻합니다. 헨리 코튼은 뇌에서 가까운 입, 특히 치아를 세균 감염의 통로라고 생각했어요. 그래서 충치를 없애면 정신병도 나을 수 있다고 본 거예요. 헨리 코튼이 이러한 치료법을 떠올리게 된 건 앞서 설명했던 파스퇴르의 세균 발견 및 백신 발명과 관련이 있습니다. 인간의 눈에 보이지 않는 균이 병의 원인이 될 수 있다는 것을 알게 되자 헨리 코튼은 정신병도 세균 감염 때문에 생긴 병일 것이라고 가정한 겁니다. "신체 특정 부위에 생긴 감염이 피를 타고 뇌로 퍼져서 정신병 증상이 발생하며, 감염 부위를 제거하면 치료할 수 있다"고 생각한 것이죠.

차클 그런 가정이 의학적으로 입증이 됐나요?

박 국제학술지인 〈구강재활저널〉이 발표한 자료에 따르면 "치아 때문에 식사가 어려워지면 우울감에 영향을 줄 수 있다"고 해요. 즉, 노화 등으로 치아가 안 좋아지며 생기는 우울감을 해결하기 위한 보조 치료 정도론 도움이 된다고 볼 수 있죠. 하지만 마사 허위츠가 앓고 있던 정신병은 전혀 다른 문제예요. 그런데 헨리 코튼은 정신과적으로 치료를 해야 하는 정신병을 국소 감염 치료를 통해서 해결하려고 했던 거예요. 결과적으로 지나친 의료 행위를 하고 말았죠. 1918년부터 7년간 무려 1만 864개의 치아를 적출하고, 879명의 환자에게서 편도선을 절제했어요. 그렇게 치아를 빼고 편도선을 모조리 수술해도 차도가 없으면 다른 곳에도 문제가 있다고 생각해 무려 2186회의 개복 수술을 해 맹장을 떼어내는 등 공격적 치료를 했다고 해요.

차클 생각만 해도 끔찍하네요. 그런데 앞서 많은 환자들이 그 같은 치료를 받고 완치됐다고 하셨는데 맞나요?

박 1919년 〈뉴욕의학저널〉에 85퍼센트 완치 판정이라는 의료 실적을 발표하긴 했습니다. 그런데 사실 결론부터 말씀드리면 저 데이터는 조작된 것이에요. 나중에 의료조사관이 완치 판정 85퍼센트의 근거가 무엇인지 밝혀내는데요. 그 근거가 터무니없었습니다. 문제의 병원에서 치료받고 퇴원한 환자들이 이후 다시는 입원하지 않았다는 것을 근거로 든 겁니다.

차클 기가 막히네요. 그럼 실제로 환자들이 완치된 게 아니었군요?

박 그렇습니다. 헨리 코튼은 309명에게 결장절제술을 시술한 결과 75명이 회복됐다고 주장했습니다. 하지만 실제론 22명만 회복되고 138명은 사망했다고 합니다.

차클 당시 동료 의사들이 그의 치료법에 반대하지는 않았나요?

박 물론 이의를 제기한 사람들이 많았어요. 하지만 당시 의료계에도 관습이나 기득권을 보호하는 것을 우선시하던 분위기가 만연해 있었어요. 병원 기록을 전면 조사해서 완전히 조작된 결과임을 밝혀냈음에도 불구하고 미국정신의학회가 이를 무마시켰죠. 헨리 코튼이 당시 미국의 사협회나 정신의학회의 열렬한 지지를 받고 있었거든요. 정신의학계와 정부로부터 상도 많이 받은 인물이었습니다.

차클 그럼 그의 치료법이 잘못됐다는 게 대중에 알려진 건 언제쯤인가요?

박 2005년이 돼서야 앤드루 스컬(Andrew Scull)이라는 사회학자가 쓴 《현대정신의학 잔혹사》라는 책을 통해 대중에게 처음으로 공개됐어요. "(완치 판정) 85퍼센트라는 그의 주장과 달리, 의료진 조사에선 15퍼센트 미만으로 나와 큰 차이가 났습니다"라고요. 이러한 사례를 통해 우리가 얻은 교훈을 반드시 기억해야 합니다. 관습이라는 이유로 무조건 따르기보다 반드시 오류를 찾아내 개선해나가는 것이 의학의 발전에 도움이 된다는 것을 말이죠. 수십 년 동안 문제가 있었는데도 그저 덮어놓고 감추려 하면 너무나 많은 사람들을 고통 속에서 살아가게 만들 테니까요.

수혈은 꼭 필요한가

> "분명히 수혈이 필요한 경우들이 있습니다. 절대로 오해하지 말
> 아야 합니다. 모든 수술을 무수혈로 할 수 있다고 생각하면 안
> 돼요. 다만 수혈이라는 것이 환자에게 문제를 일으킬 수 있으니
> 신중하게 접근해야 합니다."

• • •

차클 앞서 국소 감염 치료를 예로 들어 의학적 오류를 고쳐나가야 한다는
얘기해주셨는데요. 또 다른 사례는 없을까요?

박 이번엔 현대의학의 지식 중에 오류는 없는지 한번 살펴보도록 하겠습
니다. 먼저 수혈 문제입니다. 수혈을 받은 환자는 수혈을 받지 않은 환
자에 비해 합병증 발생률이 1.8배, 사망률은 2배에 달한다고 합니다.

차클 수혈에 뭔가 문제가 있는 거네요. 헌혈을 하지 말아야 하는 건가요?

박 그렇게 생각하면 오해입니다. 헌혈과 수혈은 반드시 필요합니다. 다
만, 수혈을 할 때 좀 더 신중하게 접근해야 한다는 걸 말씀드리고 싶어
요. 사실 의학의 비약적인 발전은 수혈 때문에 가능했습니다. 만약 수
혈이 없었다면 많은 환자들이 수술 중에 사망했을 거예요. 오늘날 이

뤄지는 수많은 외과 수술도 불가능했을 테고요.

차클   수혈이 어떻게 인류 역사에 등장하게 됐는지도 궁금하네요.

박   인류의 역사를 살펴보면 인간은 수혈에 대한 어떤 욕망 같은 것이 있었어요. 사람이 죽을 때 피를 많이 흘리는 걸 목격하고는 피 속에 생명의 근원이 있을 것이라고 생각한 겁니다. 또 건강한 사람의 피를 받으면 병도 치료할 수 있다고 여겼죠. 대표적인 사례가 노화와 질병의 예방을 위해 피 목욕을 즐긴 이집트의 파라오입니다. 검투사의 피가 회춘 비결이라 믿은 로마 시대 귀족들도 있어요. 심지어 213대 교황인 인노첸시오 8세(Innocentius PP. VIII)는 치료를 위해 소년들의 피를 수혈 받았다는 기록이 있어요. 물론 우리가 생각하는 그런 수혈이었는지는 모르겠습니다만, 이처럼 젊은 피에 대한 인간의 갈망으로 수혈을 시도한 사례가 역사 속에 많이 등장합니다.

차클   흥미로운 이야기들이군요. 다른 사례도 있나요?

박   지금의 의학적 상식으로는 있을 수 없는 일들이 많았습니다. 예를 들면 동물의 피를 인간의 몸에 주입하는 경우도 있었어요. 1600년대 프랑스 왕 루이 14세의 주치의였던 장 밥티스트 드니가 대표적이죠. 우울증에 빠진 여자에게 개의 피를 주입하는 식이었어요. 개의 피에 개 특유의 명랑한 특징이 들어 있을 거라고 생각한 것이죠. 반대로 성격이 포악한 사람에게는 온순한 양의 피를 주입하기도 했습니다. 그런데 한번은 양의 피를 수혈받던 사람이 흥분한 나머지 몽둥이로 양을 때려죽이는 일이 일어났어요. 그 후 동물 피를 수혈하는 것이 효과가 없다는 결론을 내리게 됐어요. 또 수혈 때문에 사망에 이른 한 사건을 계기로 이후 유럽에서는 150년 정도 수혈을 법으로 전면 금지했습니다.

차클 그럼 인간의 피를 인간에게 수혈하기 시작한 것은 언제부터인가요?

박   1800년대에 인간 대 인간의 수혈을 시도하기 시작했습니다. 하지만
     수혈을 하던 중에 사람들이 많이 죽어나갔죠. 이때까지도 인간의 혈
     액형이 각각 다른 것을 몰랐으니까요. 비로소 1900년대에 들어와서
     야 오스트리아의 병리학자 카를 란트슈타이너(Karl Landsteiner)가 ABO
     식 혈액형을 발견합니다. 1916년에 항응고제가 개발되고 1936년에
     는 첫 혈액은행이 창설돼요. 수혈이 필요할 때를 대비해 채혈한 혈액
     을 보존, 확보하는 기관, 즉 혈액은행이 미국에서 만들어진 거죠.

차클 혈액을 보관해둔다는 개념이 도입된 계기가 있을 것 같은데요.

박   1939년 제2차 세계대전이 발발하면서 대략 2500만 명의 병사들이 전
     사했습니다. 너무 많은 목숨이 과다 출혈로 사망하게 되자 수혈이 산
     업적으로 발전하게 됩니다. 그때 인류는 피가 곧 사람의 생명을 살린
     다는 인식을 갖게 됐어요. "수혈은 목숨을 살린다(Give Blood, Save Lives)"
     라는 구호까지 생겨납니다. 그래서 전 세계 적십자를 중심으로 헌
     혈 운동이 확산됐어요. 영국에서는 총리까지 나서서 헌혈을 하는 것
     이 애국이라고 강조했습니다. 실제로 맞는 말이에요. 당시엔 의학이
     발달하지 않았기 때문에 피보다 더 좋은 치료제가 없었으니까요. 수
     혈이라는 치료 방법이 인간의 생명을 살릴 수 있는 훌륭한 치료제로
     자리를 잡은 계기가 한국전쟁이라는 설도 있습니다. 아무튼, 그렇게
     1960~1970년대로 접어들면서 '피는 최고의 치료제'라는 개념이 완
     전히 자리를 잡게 됩니다.

차클 그런데 피가 최고의 치료제라면 앞서 말씀하신 것처럼 수혈을 통해
     합병증이나 사망률이 증가한 이유는 무엇인가요?

박 2015년 〈네이처〉에 논문이 하나 게재됩니다. "수혈을 줄여야 생명을 구한다(Save Blood, Save Lives)"는 제목의 논문인데요. 지난 100년 동안 수혈을 해야 목숨을 구한다고 믿어왔던 신념을 정반대로 뒤집는 파격적인 주장을 폈습니다. 수혈을 줄이면 환자들의 재원 기간과 사망률이 의미 있는 수준으로 감소한다는 겁니다. 또 다른 논문에서는 인류의 혈액형이 기존에 알고 있던 4가지가 아니라 수백 가지라고 밝혔어요.

차클 그럼 그동안 수혈을 할 때 서로 맞지도 않는 혈액을 넣어줬겠군요. 그래서 문제가 발생한 건가요?

박 수많은 연구 결과에 의하면 결론적으로 혈액을 일종의 액체 장기로 봐야 한다고 밝히고 있습니다. 즉, 수혈을 한다는 것은 장기 이식을 하는 것이나 마찬가지라는 말이죠. 수혈을 하게 되면 면역 반응을 약화시키고 감염에 더 취약해지는 역설적인 상황이 만들어지는 것도 그런 이유 때문입니다. 타인의 세포와 단백질이 내 몸 안으로 들어오면 당연히 우리 몸의 면역계는 즉각 반응을 하거든요. 전쟁이 벌어지는 것이지요. 200여 가지의 단백질이 혈액 속에 있는데 그런 것들이 일시에 들어오면 당연히 거부 반응이 일어나겠지요?

차클 수혈을 받고 나서 어지럼증이 생기거나 몸에 이상이 있는 것도 면역 반응이 약해졌기 때문인가요?

박 꼭 그렇다고 말할 수는 없고요. 어쨌든, 건강을 찾기 위해 수술과 수혈을 했는데 내 몸에 새로 들어온 피와 원래의 피가 서로 전쟁을 일으키면서 면역 체계에 교란을 발생시키니까 감염 등에 취약해질 수밖에 없었던 거예요. 면역계의 교란에 의한 감염의 취약성도 문제지만 크게 주목받지 못하고 있는 사실이 있습니다. 제가 주목하는 것은 제2차 세계대전에 참전했던 병사들 중 수혈을 받았던 병사들을 30년 후에 조사해보니 약 30퍼센트 정도가 다른 사람의 DNA를 갖고 있더라는 겁니다. 헌혈받은 혈액을 그대로 수혈하는 전혈 수혈일 경우에 발생할 수 있는 일이지요. 아마도 백혈구가 간여하지 않았나라고 추정을 해봅니다. 지금은 전혈(혈액의 모든 성분을 헌혈하는 것)을 수혈하는 경우가 별로 없어서 걱정을 안 해도 됩니다만 예전엔 그런 일들도 있었습니다.

차클 그럼 가급적 수혈을 하지 않는 편이 좋은 건가요?

박 그렇습니다. 수혈을 안 받고 수술한 사람들이 훨씬 더 회복이 빠르고 합병증이 적다는 것은 이미 기정사실이거든요.

차클 교수님께서는 무수혈 치료에 대한 임상 경험이 많다고 알려져 있는데요. 실제로 수혈의 안 좋은 점들을 확인하신 적이 있나요?

박 제 환자 중 뼈에 생기는 암의 일종인 골육종을 앓고 있던 환자들이 있었습니다. 주로 청소년들에게 발생하는데요. 2008년부터 2012년 이전까지는 골육종 환자 9명에게 평균 6.9팩의 혈액을 사용했어요. 사실 혈액팩 7개 정도면 어마어마한 양이에요. 그래도 당시에는 그게 최선이라고 여겨 예전처럼 그냥 수혈을 했었죠. 그런데 2013년부터 새로운 기법을 많이 도입하게 됐습니다. 그래서 지금은 골육종 환자 11명의 평균 혈액 사용량이 0.15팩 수준이에요. 거의 수혈을 안 하는 것이나 마찬가지죠. 숫자가 적어 일반화할 수는 없지만 어쨌든 그 이후부터 제 환자 가운데 감염이 된 환자는 한 명도 없었어요.

차클 수혈을 하는 수술에서 무수혈 수술로 바뀌게 된 계기가 있었겠죠?

박 네. 앞서 의학은 오류의 역사라고 했듯이, 수혈 치료의 효능에 대해 한편에서는 열광했지만 한편으로는 의심을 하는 사람들이 생겨났어요.

계속 연구를 하면서 수혈이 긍정적인 면도 있지만 감염 등의 합병증이 발생하는 문제가 있고, 또 인간은 우려와 달리 출혈의 상황에서도 잘 견딜 수 있는 메커니즘을 갖고 있다는 것을 알게 된 것이지요. 거기에 더해 출혈을 적게 하는 수술 기법들과 장비들이 발전을 해왔고, 혈액 생산을 빠른 시간 안에 가능하게 하는 약제의 발견, 출혈을 줄이는 지혈제의 발견 등등에 힘입어 과거와 달리 수혈 치료가 만능이 아니라는 걸 알게 된 것입니다.

차클 우리 몸에 자가 치유력이나 재생력이 있다는 말씀인가요?

박 네, 그렇습니다. 수술이 시작되고 출혈이 발생하면 그때부터 우리 몸에서 피를 만들어내는 조혈 기능이 순식간에 8배나 증가해요. 또한 우리 몸 스스로 중요 장기로 가는 혈관을 열고, 불필요한 장기로 가는 혈관을 닫아요. 그리고 혈액의 순환을 매우 빠르게 전환시키면서 같은 혈액 양으로도 산소 전달의 효율을 높이려고 하죠. 이런 식으로 우리 몸은 스스로 이겨내려는 능력을 강화시켜요. 그때 고용량의 철분제 같은 것을 투여하면 피가 만들어지는 조혈 기능이 가속되기도 하죠.

차클 놀랍네요. 무수혈 수술을 위한 기술도 많이 발전했나요?

박 그럼요. 예를 들면 수술하는 동안에 출혈이 발생하면 그 피를 정제해서 몸에 재주입해주는 셀세이버 같은 장비도 있습니다. 앞서 설명드린 것처럼 출혈을 줄일 수 있는 지혈제도 경구용, 정맥주사용, 도포용 등 다양하게 마련돼 있어 상처 부위의 출혈도 줄일 수 있고요. 그러니까 조혈 기능은 촉진하고 출혈은 줄이는 기술, 장비, 약제들이 과거에 비해 매우 발전한 것이지요.

차클 무수혈 수술을 도입한 후로 완치율이나 합병증 발생률은 얼마나 개선

됐나요?

박 세계보건기구(WHO)는 2010년 환자 혈액 관리(Patient Blood Management, PBM)라는 시스템을 적극 권장하고 나섰습니다. 수혈을 최소화하고 다양한 대체 치료를 적용하라는 거죠. 이러한 시스템을 도입하면서부터는 여러 수치들이 개선되고 있습니다. 사망률 68퍼센트 감소, 입원 기간 33퍼센트 감소, 합병증 발생률 41퍼센트 감소, 의료비용 24퍼센트 감소라는 결과를 낳았어요. 하지만 아직까지 이 시스템이 완벽하게 의료 현장에서 구현되고 있지는 않아요. 앞으로 우리가 극복해나가야 되는 문제죠.

차클 그럼에도 여전히 수혈이 많이 필요한 수술들도 있지 않나요?

박 물론입니다. 동맥이 파열됐다면 당장 수혈 이외에는 방법이 없어요. 분명히 수혈이 필요한 경우들이 있습니다. 절대로 오해하지 말아야 합니다. 모든 수술을 무수혈로 할 수 있다고 생각하면 안 돼요. 다만 수혈이라는 것이 환자에게 문제를 일으킬 수 있으니 신중하게 접근해야 합니다.

의료사고는 막을 수 없는가

"전공의들의 주당 평균 근무 시간이 84.9시간이에요. 대학병원의 경우 인력은 부족한데 정말 많은 환자를 상대해야 하죠. 그러다 보니 자연히 업무가 과중되는 부분이 있습니다. 하지만 그럼에도 불구하고 의무 기록이 정확하지 않다는 것은 용인할 수 없는 일입니다."

• • •

차클 뉴스를 통해 종종 산모의 배 속에 가위를 넣어둔 채로 봉합을 한다거나 수술 부위를 착각해서 멀쩡한 환자를 불구로 만들어버리는 경우들을 보게 되는데요. 이런 일들이 모두 의료사고잖아요.

박 맞습니다. 의료사고는 의료계는 물론 우리 사회가 함께 이해하고 개선해나가는 노력이 필요한 분야입니다. 먼저 의료사고의 개념부터 정리하자면 의료인의 진료, 치료 과정에서 발생한 신체적·정신적 피해를 의미해요. 지적하신 수술 과정의 실수는 의료사고로 볼 수 있어요. 그런데 최근 자주 보도되는 대리 수술이나 마취수술 중 벌어지는 성추행 등은 의료사고가 아니라 엄연한 범죄행위입니다. 범죄와 의료사고는 달라요. 즉, 의사의 자격이 있는 사람이 정상적인 의료 행위를 수행

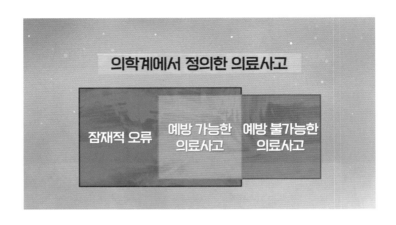

하던 중에 발생하는 실수를 의료사고라고 봐야 합니다.

차클 그렇군요. 의료사고도 유형에 따라 구분할 수 있겠지요?

박 의료계는 의료사고를 예방 불가능한 의료사고, 예방 가능한 의료사고, 잠재적 오류로 구분합니다. 먼저 도저히 예방할 수 없어서 의사에게 책임을 묻기가 어려운 사고들이 있어요. 예를 들어 뇌혈관 벽이 비정상적으로 부풀어 오르는 혈관 질환인 뇌동맥류를 누구나 갖고 있을 수 있습니다. 그런데 자기한테 그런 문제가 있는지 스스로 알기 어려워요. 그래서 산모가 아기를 낳다가 뇌압이 상승해서 뇌동맥류가 터져서 사망을 하는 경우가 있어요. 이것은 의료 과정 중에서 예방 가능한 일이 아닙니다. 모든 산모들의 뇌혈관에 기형이 있는지 검사를 할 수도 없고요. 이러한 사고들의 경우 예방이 불가능한 의료사고, 즉 의료진 과실로 볼 수 없는 사고로 분류합니다.

차클 환자 본인도 모르고 의사도 몰랐던 경우를 말하는 것이군요. 그럼 예방 가능한 의료사고란 어떤 것인가요?

박 의료사고 중에는 충분히 예방할 수 있었던 사고들이 있어요. 수술할 부위가 좌측에서 우측으로 바뀌었다면 그건 명백한 의료진의 과실입니다. 다음으로 잠재적 오류라는 것이 있어요. 실제로 사고로 이어지진 않았으나 수술이나 치료 과정에서 뭔가 발견된 뒤 의료적으로 해결된 경우입니다. 이런 건 사고라고 보지 않아요.

차클 결국 관건은 예방 가능한 의료사고를 막는 거겠네요. 이런 사고가 얼마나 많이 일어나고 있나요?

박 과거에는 의료사고가 발생하면 그냥 운이 없었다고 치부했어요. 하지만 그런 의료사고들도 얼마든지 예방할 수 있었다는 것을 알린 자료가 있습니다. 1990년대 말에 미국학술원에서 발표된 보고서인데요. 제목 자체가 '인간은 누구나 실수할 수 있다(To err is human)'입니다. 이 보고서에 따르면 "매년 4만 4000명에서 9만 8000명이 병원에서 예방할 수 있는 의료사고로 사망한다"고 해요. 의료사고로 사망하는 환자들이 이렇게 많다는 것이 알려지고 나서 전 세계적으로 의료사고에 대한 인식이 달라졌죠.

차클 생각보다 정말 많은 숫자네요. 우리나라 상황을 구체적으로 보여주는 통계는 없나요?

박 우리나라에서도 입원 환자 중 의료사고 발생 확률이 9.2퍼센트, 의료사고 발생 환자의 사망 확률이 7.4퍼센트라고 조사된 보고서가 나온 적이 있어요. 또한 의료사고의 예방 가능성을 43.5퍼센트라고 추정했죠. 그런데 이보다 높게 65퍼센트에서 70퍼센트까지도 예방 가능했다고 보는 사람들이 있어요. 하지만 우리나라에서 한 번도 이러한 조사를 제대로 한 적이 없기 때문에 아마도 이 보고서는 외국 통계를 보고 추정치를 낸 것 같아요. 정확한 통계라고 할 순 없습니다.

차클 왜 우리나라에서는 의료사고에 대한 조사나 통계 조사를 하지 않는 건가요?

박 실제로 의료사고의 심각성에 대한 인식을 하게 된 것이 얼마 되지 않습니다. 그건 외국도 마찬가지예요. 대부분 의료사고라고 하면 개인과 개인 간의 문제 정도로만 생각했죠. 범사회적으로 대처하거나 정부가 관리해야 할 대상으로 여기지 않는 영역이었습니다.

차클 그 말은 저 통계 수치보다 더 높은 확률로 의료사고를 줄일 수도 있다는 말이겠네요?

박 네. 그럴 수도 있죠.

차클 앞서 제시된 수치대로 환산하면 국내에서 대략 몇 명 정도가 의료사고를 당하고 있는 건가요?

박 울산대 예방의학과 이상일 교수가 2017년 입원 환자 664만 명에 대입을 해본 결과, 예방 가능한 의료사고 사망자가 무려 1만 9000여 명

병원 안에서 일어나는 의료사고

1위 낙상 사고
2위 투약 오류

환자안전통계연보 분기별 보고 현황(16.07.29~17.12.31)

에 이른다고 해요. 쉽게 설명하자면 300명의 승객을 태운 비행기가 한 달에 4대씩 추락하는 거나 마찬가지예요. 2017년 우리나라 교통사고 사망자의 5배에 해당하는 수치예요. 따라서 이제는 병원과 개인의 문제로 치부할 게 아니라 정부 차원에서, 국가적 차원에서 의료사고에 대해 들여다봐야 한다는 목소리가 커지고 있습니다.

차클 그런데 병원에서 어떤 종류의 의료사고가 가장 많이 일어나나요?

박 1위는 낙상 사고입니다. 주로 고령 환자들이 병원에서 많이 넘어지거든요. 그리고 2위는 투약 오류입니다.

차클 병원에 낙상 주의라는 안내판이 많이 붙어 있는 이유군요. 그런데 약을 잘못 처방하거나 주사를 잘못 놓는 사고가 그다음으로 많다는 게 놀랍습니다.

박 2018년 2월까지 보고된 의료사고 5562건 중 투약 오류가 1565건으로 전체 의료사고의 28퍼센트를 차지했다고 해요. 특히 2010년도에 발생한 투약 오류 의료사고, 일명 '종현이 사건'은 드라마의 소재로 쓰이기도 했습니다. 2007년 백혈병 진단을 받은 정종현 어린이에 대한 얘기예요. 종현이의 병은 비교적 치료 성적이 양호한 백혈병으로 알고 있습니다. 그런데 2010년 5월 19일 당시 아홉 살이던 종현이가 마지막 치료를 받기 위해 병원을 찾았다가 의료사고를 당합니다. 척수와 정맥에 항암제를 투여하는 날이었는데요. 실수로 정맥주사용 항암제가 척수로 투여된 것입니다. 이후 종현이는 10일 만에 사망하고 말았습니다. 3년간의 길고 긴 항암 치료의 마지막 단계에서 허망하게 사망하게 된 것이죠. 그 이후 종현이 가족은 모든 병원에서 위험한 약재를 주사할 때는 반드시 두세 번 검증하는 시스템을 법적으로 갖추도록 바꾸기 위해 법원과 병원을 상대로 힘든 싸움을 시작했습니다.

차클 어떻게 그런 일이 벌어질 수 있는지 이해가 안 가네요. 이런 투약 오류가 일어나는 원인이 도대체 무엇인가요?

박 당시 상황은 정확히 알 수 없지만, 그동안의 의료사고가 일어난 과정들을 돌이켜 보면 짐작이 가능합니다. 기존의 의료 환경에서는 그런 일들을 개인의 실수라고 치부하고 주의를 주는 것에서 마무리되었을 겁니다. '주의 좀 하지, 왜 그랬어' 하고 질책했을 거예요. 이런 식으로 대처하는 것이 기존의 방식이었습니다. 즉, 의료사고를 개인의 역량 문제로 여겼다는 것이지요. 그렇게 하다 보니 동일한 유형의 사고들이 반복될 수밖에 없었을 겁니다. 결국 실수가 생기지 않으려면 시스템으로 막아야 했는데, 그런 결과를 얻기까지 많은 세월이 흘렀던 것이지요.

차클 전적으로 옳은 말씀입니다. 종현이 사건 이후에 좀 달라진 건 있나요?

박 '개인의 문제가 아니라 시스템의 문제'라는 식으로 인식이 변화하게 됐죠. 지금은 의료 처치의 매 단계에서 검증할 수 있는 시스템을 도입해나가고 있습니다. 주사제의 경우는 눈에 띄는 라벨과 표식을 하도록 바꾸고 있어요. 저희 병원의 경우는 아주 중요한 주사제를 같은 날에 놓지 못하게 하죠. 만약 중복 주사할 경우 사고 위험이 있는 주사제를 같은 날 놓도록 처방하면 시스템상으로 다른 날 투여하도록 변경하고 있습니다.

차클 과거에는 이렇게 주의를 주는 시스템이 전혀 없었나요?

박 과거에는 수기로 처방을 작성하다 보니까 실수가 발생할 여지가 있었죠. 예를 들어 '항생제 100밀리미터'라고 했는데 받아 적은 사람이

1000밀리미터로 받아 적으면 의사가 처방한 양의 10배나 투약이 되는 거예요. 이런 투약 오류가 굉장히 많았습니다. 이제는 투약 오류를 줄이기 위한 시스템이 빅데이터 기반으로 마련됐습니다. 의사가 처방을 할 경우에 문제가 있으면 자동적으로 전산 시스템에서 경고를 해주죠. 이렇게 점점 더 의료사고에 제동을 거는 시스템들이 보강돼가고 있는 상황입니다.

차클   의료사고가 일어나면 어떻게 하나요? 감추는 데 급급하지 않고 재발을 막기 위해 의료계 내에서 공유하기도 하나요?

박   물론입니다. 의료사고를 감추지 말고 공유해서 문제점을 개선할 수 있도록 하는 환자안전법도 만들어졌습니다. 병원은 의료사고가 발생하면 보건복지부에 자율 보고를 하고, 보건복지부는 원인과 유형을 분석해서 해결책을 제시하게 돼 있어요. 그리고 그 내용을 정부가 모든 병원에 전파하죠. 이렇게 의료사고가 발생하면 공론화되게끔 시스템이 구축돼 있습니다.

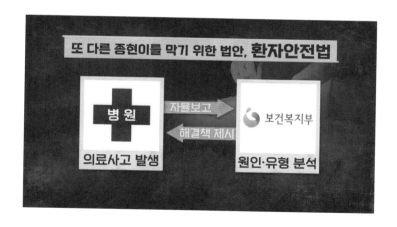

차클	또 다른 종류의 의료사고 사례도 듣고 싶습니다.
박	2014년 1월 23일 아홉 살의 전예강 어린이는 고열과 심각한 빈혈 그리고 저산소증으로 응급실을 찾았습니다. 당시 의료진은 즉각 수혈을 하고 원인을 찾기 위해 척수액 검사도 시행했다고 합니다. 그런데 예강이는 응급실에 도착한 지 7시간 후 사망하고 말았어요. 딸의 갑작스러운 죽음에 어머니는 진료기록부를 요구해서 CCTV 속 화면과 대조해봤습니다. 문제는 당시 응급실에서 진료했던 인턴이 환자 18명 중 예강이를 포함한 9명의 환자 상태를 진료기록부에 허위로 기재했다는 거예요. 함께 있던 간호사 역시 간호기록지에 근무 시간과 수혈 진행 시간을 거짓으로 작성한 걸로 밝혀졌습니다.
차클	진료 기록을 허위로 작성했다고요? 그럼 그것 때문에 사망한 건가요?
박	물론 기록이 잘못돼서 예강이가 사망한 것은 아니겠죠. 응급실을 찾았을 때 고열과 빈혈, 저산소증을 보인 걸 보면 이미 이전에 심각한 문제가 있었다고 봐야 합니다. 그런데 문제는 나중에 원인을 찾기 위해 진료 기록을 들여다보니 전부 엉터리로 작성돼 있더라는 거죠. 그 기록을 봐서는 도대체 의료진이 그때 어떤 조치를 했는지 알 길이 없는 거예요.
차클	이것도 시스템의 문제인 것인가요?
박	그렇죠. 시스템의 문제죠. 기록이 그토록 엉터리로 작성이 되고 있다는 것 또한 우리 의료의 민낯을 보여주는 것입니다. 물론 실제 의료 현장에 가보면 왜 그럴 수밖에 없는지 이해가 되는 부분이 있긴 해요.
차클	국내 의료진의 업무 강도가 살인적이란 얘긴 들었습니다.
박	맞습니다. 인턴 및 레지던트 같은 전공의의 주당 평균 근무 시간이

84.9시간이에요. 대학병원의 경우 인력은 부족한데 많은 환자를 상대해야 하죠. 그러다 보니 자연히 업무가 과중되는 측면이 있습니다. 하지만 그럼에도 불구하고 의무 기록이 정확하지 않다는 건 절대 용인할 수 없는 일이죠.

차클 사실 피해를 입은 아이의 부모가 진료 기록을 달라고 애를 써야만 하는 과정 자체가 문제인 것 같아요. 좀 더 쉽게 기록을 확보할 수 있게 시스템이 개선되고 있나요?

박 이런 사건들이 꾸준히 사회문제로 대두되면서 법적으로 많이 개선됐습니다. 2018년 9월 1일부터 환자나 가족이 요청하면 의무 기록, 진료 기록을 열람하고 복사할 수 있도록 법이 마련됐습니다. '진료 기록 블랙박스 제도'라고 해요. 병원은 진료 기록의 원본, 수정본, 온라인 접속 기록까지 의무적으로 보관해야 하고, 필요할 경우 환자가 열람·복사도 할 수 있게 됐죠.

차클 예강이 사건을 통해 개선된 건가요?

박 그렇죠. 다만 기록을 얼마나 정확하게 하는지는 여전히 의료진들 개개인의 역량과 태도에 달려 있습니다. 사실 현재로선 의료진이 자기가 한 의료 행위에 대해서 부실하게 기록하는 것 자체를 막을 방법은 없어요. 다만 의사가 자신의 의료 행위 기록을 수정했을 경우 그 자체만으로도 불리하게 작용할 수 있습니다. 해당 의사가 자신의 의료 행위를 정당화시키기 굉장히 어려워진 거예요. 의료사고를 줄이기 위한 노력뿐 아니라 이처럼 기록을 남기는 것도 중요함을 일깨워준 사건이라 할 수 있습니다.

차클 의료사고가 발생하면 개인들이 병원이라는 큰 조직을 상대로 싸워야 하는데요. 이럴 때 의료사고 피해자를 돕는 제도는 없나요?

박   이제는 법이 바뀌어서 피해자 측이 요구하는 해명 요청을 병원이 거부할 수가 없어요. 예를 들어 심각한 의료사고가 발생해 환자가 사망하거나 1개월 이상 의식 불명에 빠지거나 장애등급 1급을 받게 되면 자동적으로 의료분쟁 절차가 진행됩니다. 환자와 의료기관 간에 발생한 분쟁을 해결하는 법적 절차가 마련돼 있기 때문에 예전처럼 의료기관이 나 몰라라 할 수 없습니다.

다섯 번째
질문

의료 문화를 어떻게 개선해야 하는가

"지난 100년 동안 대한민국의 의료 수준이 세계 어느 나라와 비교해도 많이 발전했지만, 안타깝게도 환자의 안전을 고려하는 의료 문화는 부족했다고 생각합니다. 제아무리 수술 실력이 좋아도 단순한 확인조차 하지 않아서 수술 부위가 바뀌는 경우가 잦다면 과연 선진 의료라고 할 수 있을까요."

• • •

차클 의료사고를 막기 위한 조치들을 더 소개해주세요.

박 의학 드라마에 자주 나오는 장면을 예로 들어보죠. 의학 드라마를 보다 보면 수술실로 집도의가 뛰어들어와서 곧바로 수술을 하는 것을 본 적이 있을 겁니다. 그런데 그것은 분명 의료사고로 이어질 수 있는 아주 위험한 행위예요. 집도의라면 반드시 수술실에 들어가기 전에 환자가 누구인지, 어느 부위를 수술하는지를 확인하는 절차를 거쳐야 합니다.

차클 집도의가 수술실을 잘못 찾아가는 경우는 없지 않나요? 왜 꼭 그런 절차를 거쳐야 하는 거죠?

박 예전에는 대부분의 집도의가 환자나 수술 부위를 미리 확인하지 않았어요. 수술실에 들어가면 레지던트들이 마취와 수술 준비까지 다 마쳐 놓은 상태이기 때문이죠. 그러면 집도의는 수술실로 들어가서 바로 수술하면 되고요. 그런데 미국이나 선진국에서는 그렇게 수술을 하고 있지 않더라는 것을 알게 된 거예요. 의료 선진국에서는 수술 전에 모든 것을 집도의가 일일이 확인해요. 환자는 누구이며, 어떤 부위를 수술하는 것인지를 모두 점검하는 거죠. 만약 이런 절차를 거치지 않으면 왼쪽 무릎이 아픈 환자의 오른쪽 무릎을 수술하는 식으로 부위가 바뀔 수 있고, 심지어 환자가 바뀌는 경우도 있어요.

차클 수술실에서 정말 그런 일이 벌어질 수 있단 말인가요?

박 환자 자체가 바뀐 걸 몰라서 갑상선암 환자의 위를 떼어내고, 위암 환자의 갑상선을 떼는 극단적인 경우도 있었어요. 이런 것들이 모두 수술 직전에 환자 확인을 하지 않아서 벌어진 문제입니다. 단지 환자 확인만 했더라면 예방 가능한 사고죠.

차클 너무 안타깝네요. 이중 삼중으로 확인하는 노력이 필요할 것 같아요.

박 의료사고는 능력에 따라 덜 내고 더 내는 문제가 아니에요. 누구라도 사고를 낼 가능성이 있다는 것을 알아야 합니다. 그래서 타임아웃이라는 제도가 도입됐어요. 수술 직전에 환자가 누구이고, 수술 부위가 어딘지 확인하고, 그 이외에 수술에 대한 준비가 제대로 돼 있는지를 반드시 확인하는 절차를 타임아웃이라고 부릅니다.

차클 그런 타임아웃을 수술실에서는 정확히 언제 실시하는 것인가요?

박 환자가 수술실에 자리하고 나면 항상 집도 직전 최종 단계에서 해요. 마취 전 환자에게 확인하는 것은 사전에 마취과에서 하고, 환자가 마취돼 있는 상태에서 수술에 참여하는 모든 이들이 모여서 환자의 성

명과 생년월일, 진단명과 수술명 그리고 수술 전반의 준비가 돼 있는
지를 집도의가 확인하는 것이지요. 이런 식으로 집도의는 간호사나 마
취과 의사를 비롯해 수술실의 모든 사람들에게 수술 준비가 다 돼 있
는지를 확인합니다. 모두가 동의할 때 비로소 수술을 시작합니다. 이
것이 바로 타임아웃 제도입니다.

차클 실제로 수술실에서 타임아웃을 하다가 오류를 발견한 적도 있었나요?

박 네. 레지던트들이 수술 부위를 다르게 표시한 걸 제가 집도 전에 확인
한 경우가 있었어요.

차클 전문가인 의사들이 단순한 확인조차 제대로 하지 않아 사고를 낸다는
게 여전히 잘 믿기진 않아요.

박 바로 안전불감증 때문에 그렇습니다. 운전을 하는 경우를 생각해보세
요. 안전벨트를 하지 않고 운전을 하면서도 자신에겐 사고가 일어나지
않을 거라고 생각하는 사람들이 있죠. 바로 그런 생각 때문에 의료사
고가 발생하는 거예요. 지난 100년 동안 대한민국의 의료 수준이 세계
어느 나라와 비교해도 많이 발전했지만, 안타깝게도 환자의 안전을 고
려하는 의료 문화는 부족했다고 생각합니다. 제아무리 수술 실력이 좋
아도 단순한 확인조차 하지 않아서 수술 부위가 바뀌는 경우가 잦다
면 과연 선진 의료라고 할 수 있을까요. 그래서 10년 전부터 국제의료
기관 인증에도 관심을 갖기 시작했습니다. 가장 중요한 것은 확인, 또
확인이에요. 안전한 병원을 만들기 위해서는 가장 중요한 기본을 지켜
야 해요.

차클 열심히 연구하고 논문을 많이 쓰기에 앞서 환자를 확인하는 기본이
중요하다는 말씀이 굉장히 많은 것을 생각하게 합니다.

박   진료 현장에 있다 보면 정말 비슷한 이름을 가진 환자들이 연달아 오
    는 경우도 있습니다. 예를 들어 김순자 할머니하고 김숙자 할머니가
    있다고 가정해볼게요. 두 할머니가 모두 귀가 좀 잘 안 들린다고 칩시
    다. 근데 김숙자 할머니가 잠깐 화장실을 간 사이에 간호사가 "김숙자
    님"이라고 호출했는데, 김순자 할머니가 잘못 듣고 진료실로 들어올
    수 있는 거예요. 만약 그때 의사가 환자 확인을 하지 않으면 정말 어떤
    의료사고가 벌어질지 모릅니다.

차클 국제적으로도 환자 확인을 잘 하라는 게 중요한 지침으로 통하나요?

박   국내 평가에서도 그렇고, 외국 평가에서도 그렇고 환자 확인을 반드
    시 해야 한다는 것을 의료진의 기본 자세로 꼽습니다. 여러분도 만약
    병원에 갔는데 의사 선생님이 처치를 하거나 수술하기 전에 환자 본
    인이 맞는지 묻지 않는다면 한 번쯤 확인을 하세요. 의사들이 의료사

영국은 의료사고 예방을 위해 청문회와 공개 세미나, 현장 조사를 통해 제도 개선 권고안을 내놓았다.

고를 잘 예방하고 있는지를 환자들도 적극적으로 확인해볼 필요가 있습니다. 의료사고는 의사와 환자가 함께 막아나가는 것입니다. 그래서 저는 환자들에게도 제가 이름을 묻지 않으면 반대로 저에게 확인을 하라고 부탁해요.

차클 의료사고를 막는 이렇게 간단한 예방법이 있었네요.

박 2009년 영국은 의료사고가 너무 많이 발생하는 것을 우려해 의료사고를 예방할 수 있는 시스템을 만들기로 했어요. 당시 139차례의 청문회, 7차례의 공개 세미나와 현장 조사를 거쳐서 290개 항목의 제도 개선 권고안인 〈프란시스 보고서〉를 작성하죠. 당시 데이비드 캐머런 총리는 "내 과거의 실패를 얘기함으로써 미래의 다른 사람들을 보호할 수 있다"라는 말로 의료사고 예방 시스템의 필요성을 역설했습니다. 제가 지금껏 여러분에게 말하고자 했던 바도 마찬가지입니다. 우리 사회가 함께 의료사고에 대해 고민해야 해요. 잘못한 사람과 기관을 콕 찍어서 벌주는 것만으로는 해결되기 어려운 문제예요. 시스템을 제대로 갖춰 의료사고가 발생하지 않는 사회로 함께 나아가야 된다는 말씀을 드립니다.

진실을 밝히는
과학의 힘

●

정희선

세계적인 약독물 전문가로 대한민국을 넘어 세계에서 인정받는 과학 수사의 선봉장이다. 국립과학수사연구원의 초대 원장으로 34년을 근무했다. 여성 최초 국제법과학회 회장, 아시아인 최초 국제법독성학회 회장, 영국 여왕 훈장을 받은 최초의 한국 여성이다. 현재 성균관대 교수로 재직 중이다.

누가 마약을 만드는가

"제가 전문으로 다루는 약독물 중 가장 중요한 분야가 바로 마약입니다. 최근에 유명 연예인들이나 사회적 인사들이 마약을 복용하거나 유통시켜서 사회적으로도 많은 문제를 일으키고 있죠. 요즘엔 한 달에 한 번꼴로 기사가 등장하니 이제는 별로 놀랍지도 않은 거 같아요."

• • •

차클 가장 먼저 국립과학수사연구원(이하 국과수) 초대 원장이라는 타이틀이 눈에 들어옵니다. 국과수라는 기관을 뉴스를 통해 많이 접하긴 했는데 어딘지 베일에 싸인 느낌이거든요.

정 국과수의 슬로건이 바로 '진실을 밝히는 과학의 힘'입니다. 지금부터 저는 우리나라에서 일어났던 수많은 사건들 중에서 과학 수사를 통해 해결된 사건들을 소개할게요. 이를 통해 우리나라의 과학 수사 기술이 세계적으로 어느 정도 수준에 있는지 알려드리려고 합니다.

차클 과학 수사라면 범위가 아주 넓을 것 같은데요.

정 맞아요. 다양한 분야의 전문가들이 함께 일하고 있어요. 모든 것을 말씀드릴 수는 없고 제 전공 분야에 집중해서 말씀드리도록 하겠습니다.

약독물 분야가 제 전공인데요. 아마도 많은 분들은 익숙하지 않은 분
야일 겁니다.

차클 약독물이라면 약물과 독물을 말씀하시는 건가요?

정 네. 약물이나 독물의 기본 개념에 대해선 다들 알고 계시죠? 그런데 사
실 약물과 독물은 사람에게 해가 되는 양을 기준으로 구분합니다. 공
기도 많이 마시면 죽을 수 있고, 소금도 많이 먹으면 죽을 수 있어요.
심지어 물도 많이 마시면 죽을 수 있습니다.

차클 어떤 물질이든 과하면 독이 된다는 의미군요?

정 그렇습니다.

차클 청산가리를 탄 음료를 마시게 해서 사람을 죽였다는 뉴스를 본 적 있
습니다. 이 청산가리도 독물에 해당하는 거죠?

정 청산가리는 시안화칼륨 또는 청산칼륨이라는 화학 약품입니다. 이 약
품은 굉장히 독성이 커요. 우리나라에서는 1970년대까지만 해도 사
망 원인의 절반이 청산가리였다고 해요. 그런데 1980년대에 약 20퍼
센트대, 1990년대에 10퍼센트대로 떨어졌습니다. 하지만 아직도 자
살이나 다른 사람을 살해하는 용도로 청산가리가 쓰이고 있어요.

차클 청산가리가 구입하기 쉬운 독극물인가요?

정 청산가리는 유독 물질로, 지금은 누구든 취급해서는 안 되는 금지 물
질입니다. 환경부 장관의 허가를 받은 경우에만 수입 등을 할 수 있습
니다. 하지만 1970년대에는 규제가 심하지 않아 구입하기가 쉬웠어
요. 그래서 청산가리를 이용한 사건들이 많았던 겁니다.

차클 청산가리를 맛이나 향으로 구분할 수 있는 방법은 없나요?

정 위험한 이야기예요. 자칫 맛을 본다고 먹었다가 치사량을 넘길 수도

있어요. 게다가 이런 독극물을 이용할 때는 자양강장제처럼 향이 강한 음료나 다른 성분이 많이 들어간 음료에 극소량을 섞습니다. 조금만 섞어도 효과가 있기 때문에 분간하기가 어렵죠.

차클 또 다른 약독물로는 무엇이 있나요?

정 제가 전문으로 다루는 약독물 중 가장 중요한 분야가 바로 마약입니다. 최근에 유명 연예인들이나 사회적 인사들이 마약을 복용하거나 유통시켜서 사회적으로도 많은 문제를 일으키고 있죠. 요즘엔 한 달에 한 번꼴로 기사가 등장하니 이제는 별로 놀랍지도 않은 거 같아요.

차클 우리나라에서 법적으로 규제하는 마약은 몇 종류나 되나요?

정 현재까지 390여 종을 규제 대상으로 분류하고 있습니다.

차클 마약의 정확한 정의는 무엇인가요?

정 세계보건기구(WHO)가 내린 마약의 정의를 살펴보죠. 첫째, 약물 사용에 대한 욕구가 강제적일 정도로 강한 것(의존성). 둘째, 사용 약물의 양이 증가하는 경향이 있는 것(내성). 셋째, 사용을 중지하면 온몸에 견디기 힘든 증상이 나타나는 것(금단 증상). 넷째, 개인에 한정되지 않고 사회에도 해를 끼치는 약물에 해당되는 것. 이 같은 특징을 가진 약독물을 마약류라고 정의합니다.

차클 약독물을 사용하는 사람의 심리 상태가 주요 기준이 되는군요?

정 마약이라는 물질의 중독성 때문에 그렇습니다. 어떤 약물을 끊으면 부작용이 생기거든요. 이를 금단현상이라고 하죠.

차클 담배의 금단현상보다는 심하겠죠? 주로 어떤 증상이 나타나나요?

정 초기에는 잠이 오지 않는 불면증 형태로 나타나다가 심하면 경련이나 혼수상태를 겪고, 아주 심한 경우에는 사망하기도 합니다. 마약을 오래 복용한 사람들은 약물이 없으면 살아갈 수가 없을 정도예요. 그래서 헤로인 등을 오랫동안 복용한 마약 사범을 검거했을 때 바로 감옥에 보내면 안 됩니다. 그랬다간 위와 같은 부작용이 발생할 수 있어요.

차클 마약 중독자 본인뿐 아니라 주변 사람들까지 많이 힘들겠어요.

정 맞습니다. 마약의 부작용은 본인뿐만 아니라 사회적으로도 굉장히 큰 해악을 미치죠. 환각 증세 때문에 굉장히 폭력적으로 변해서 다른 사람에게 피해를 주는 경우도 많아요. 그만큼 사회적인 비용이 굉장히 많이 드는 것이 마약입니다.

차클 마약에는 어떤 종류가 있나요?

정 천연 마약과 합성 마약이 있습니다. 양귀비, 아편, 코카인, 대마 등은 한 번쯤 들어보셨죠? 이런 마약들은 식물에서 채취를 하기 때문에 천연 마약이라고 해요. 반면 합성 마약 중에는 화학 물질을 출발 물질로 합성해서 만드는 마약들이 많아요. 요즘 마약과 관련한 가장 큰 문제는 너무나 많은 신종 마약들이 등장하고 있다는 겁니다.

차클 신종 마약이 그렇게 많은가요?

정 법적으로 규제되는 마약이 390여 종이라고 앞서 말했었죠. 그런데 신종 마약의 경우는 800~900종이나 됩니다.

차클 새로운 마약이 생기는 속도를 법이 따라가질 못하는 거군요?

정 그렇죠. 마약을 규제하기 위해서는 약리 작용, 남용 가능성 등에 대한 연구를 진행해 그 결과를 바탕으로 규제해야 합니다. 그런데 새롭게 등장하는 마약이 많고 그 속도가 빨라 실제적으로는 규제를 하기가 어려워요. 오래전부터 남용됐지만 남용이 줄어들었다가 최근 다시 증가해 신종 마약으로 분류된 LSD가 대표적인 약물입니다. 이 마약의 특징은 환각성이 강하다는 것입니다. 눈앞에 이상한 것이 보이는 환시와 이상한 소리가 들리는 환청이 나타난다고 해요. 전혀 다른 세계에 간 것처럼 느끼는 것이죠.

차클 LSD가 우리나라에서도 유통되고 있나요?

정 네. 우리나라에서 많이 남용되지는 않았지만 최근에 LSD로 인해서 끔찍한 사건이 발생해 언론에 크게 보도된 적이 있습니다. 대학 입학을 앞둔 열아홉 살의 고등학생이 미국에서 온 친구와 함께 약물을 투약했습니다. 원래 온순한 성격인데 집에 돌아왔을 때 아버지의 안경을 벗기려고 하고, 의자를 쌓기도 하는 등 이상한 행동을 했다고 해요.

차클 그 정도로 끝난 게 아닌 모양이죠?

정 맞습니다. 아들의 이상한 행동에 모두 걱정하고 있는데 마침 이모가 방문했던 것이죠. 그런데 아들의 눈에 어머니와 이모가 스파이로 보이고, 모든 사물이 로봇으로 보여 흉기로 찔렀다고 해요. 그렇게 약물에 취해 엄마와 이모를 살해하는 끔찍한 사건을 저지른 겁니다.

차클 어떻게 그런 일이…. 혹시 이런 경우에도 사법 처리 때 심신상실 규정이 적용되나요?

정 그렇죠. 자기가 무슨 일을 저질렀는지조차 몰랐다고 해요. 어머니와 이모가 다칠 것이라는 생각도 못했고, 어머니를 찔렀다는 것을 뒤늦게 알고 매우 후회했다고 해요. 이후 심신상실로 판정돼 감형이 됐어요. 살인사건에 대해서는 무죄 처분을 받고, 마약 복용에 대해서만 법적으로 처벌을 받았습니다.

차클 하지만 본인이 어머니와 이모를 죽였다는 죄책감은 평생 가지고 살아야겠네요.

정   평생 죄의식에 빠져 살아갈 수밖에 없죠. 그래서 이런 약물들, 특히 LSD가 무서운 거예요. 특히 약물을 복용하고 한참 후에 플래시백(멀쩡하다가 갑자기 약물 증상이 나타나는 것) 증상이 나타난다는 점도 주의해야 합니다.

차클   얼마나 많은 양의 약물을 복용하면 그렇게 자신이 한 일을 기억조차 못하게 되나요?

정   굉장히 적은 양으로도 저런 반응이 나타나요. LSD는 50마이크로그램이 일반적 사용량인데 너무 적어 무게를 잴 수가 없을 정도예요. 그래서 일정량을 물에 녹이고 여기에 그림이 인쇄된 종이를 넣어 흡착시켜 사용해요. 우표 한 장 크기면 몇 번씩 쓸 수 있지요. 실제로 제가 봤던 LSD 종이는 손가락 한 마디 크기였어요. 뒷면을 보니 4등분으로 표시되어 있어 4명이 입속에 넣고 혀를 통해 흡수하는 형태였습니다.

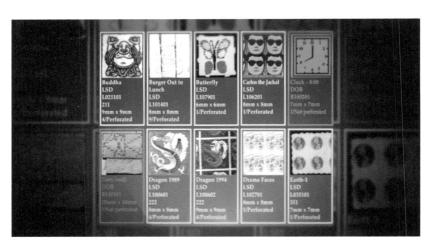

약물 성분이 포함된 인쇄물 상태로 유통되는 LSD

차클	좀 더 강력하게 단속을 할 수는 없나요?
정	해외에서 반입할 때 잡아내기가 참 어려운 약물이에요. 조그만 종이에 인쇄를 해서 유통을 하기 때문에 숨기기 쉽거든요.
차클	유통하기 쉬운 마약이 그토록 효과가 강력해 사람을 폭력적으로 만든다는 게 너무 무서운 것 같아요.
정	그렇습니다. 신종 마약 중에 베스솔트, 플래카라는 마약이 있는데, 이 마약은 투약자가 마치 좀비처럼 행동하게 된다고 해서 일명 좀비 마약이라고 불려요. 미국 마이애미에서 2012년에 실제로 목격된 사건이 있어요. 마약을 투여한 사람이 폭력적으로 변하는 것을 넘어서 노숙자의 얼굴을 뜯어 먹는 사건이 발생했습니다. 이처럼 우리 주변엔 예상하지 못한 결과를 낳는 마약들이 정말 많아요.
차클	최근에 사회적으로 굉장히 이슈가 됐던, 일명 물뽕이라는 것도 신종 마약이라고 볼 수 있는 건가요?
정	물뽕이라고 알려진 GHB는 데이트 상대나 처음 만난 이성에게 투약해서 성범죄에 많이 활용한다고 알려져 있습니다. 이 약물은 무색무취가 특징이에요. 다른 액체에 몰래 타서 다른 사람에게 투약해도 전혀 눈치를 못 채요. 또 이 약물을 마신 사람은 순간적으로 정신을 거의 잃어버리게 돼서 기억도 잘 못하고요. 마약에서 깨어났을 때는 이미 굉장히 많은 시간이 지나버린 후죠.
차클	끔찍하네요. 물뽕을 몰래 투약한 범인을 잡을 순 있나요?
정	이 약물은 우리 몸속에서 굉장히 빠르게 대사가 돼요. 배출 속도도 굉장히 빠르고요. 보통 무슨 약물을 먹었는지를 알려면 6시간에서 24시간 안에 소변을 채취해서 실험을 해야 하거든요. 물뽕은 너무 빨리 배

출되기 때문에 증거를 확보하기도 어려워요. 그래서 대체로 물뽕 피해 자들의 경우 범죄 사실을 입증하기가 힘듭니다.

차클 대체 이런 마약들을 누가 만드는 건가요?

정 대부분 마약을 밀거래하는 사람들이 만들지만 환각제의 대부라고 불리는 유명한 화학자가 있어요. 엑스터시라는 마약 들어보셨나요? 엑스터시의 제조법을 찾아내 엑스터시의 아버지라고 불리며, 200가지가 넘는 화합물을 만들어 직접 자신의 몸에 실험을 한 알렉산더 슐긴(Alexander Shulgin)입니다. 향정신성 의약품에 속하는 커다란 두 개 부류를 개발한 사람으로 잘 알려져 있습니다.

차클 아무리 유명한 학자라도 마약을 만들었으면 처벌을 받아야 하는 것 아닌가요?

정 그는 유기화학 분야의 고전으로 불리는 책을 다섯 권이나 썼는데요. 이분은 미국 마약수사국에 마약에 대한 전문성을 제공하는 대신 마약을 생산할 수 있는 허가를 받아 실험실을 설치하고 향정신성 의약품을 합성해 아내와 동료들과 직접 복용하며 제조 방법, 효과를 기록했습니다. 나중에는 마약수사국에 의한 허가가 취소되고 벌금을 받았지만 향정신성 의약품을 만드는 방법 등을 쓴 책을 발간했어요. 불법으로 마약을 제조하는 사람들은 이 책을 고전으로 간주할 정도입니다. 슐긴은 엑스터시가 심리 치료에 쓰일 것이라 기대했지만 결국 마약으로 사용됐고 그가 탄생시킨 마약으로 사망하는 사람들이 생기면서 환각성 마약을 디자인하고 합성했다는 불명예를 남긴 인물이죠.

두 번째 질문 | 완전 범죄는 없는가

"2001년에 유엔 마약통제본부가 국과수를 국제 마약 기준 실험실로 지정했어요. 당시 마약을 실험하는 기준 실험실로 뽑혀 국과수의 실험 기준을 인정받는 계기가 되었습니다. 특히 모발 검사법은 국과수가 갖고 있는 뛰어난 기술로서 말레이시아, 싱가포르도 우리의 기술을 배워 갔어요. 그만큼 국과수의 마약 검사 기법은 세계적이라고 생각하고 있습니다."

• • •

차클 마약 사범을 단속할 때 주로 어떤 방식으로 검사를 하나요?

정 마약을 투약했는지를 알아보는 데 가장 많이 쓰는 방법이 소변 검사예요. 그런데 일정 시간이 지나면 소변에서는 마약 성분이 나오지 않아요. 약물 성분을 검출하는 데 한계가 있죠. 그러한 한계를 극복하기 위해서 고안해낸 방법이 모발 검사법입니다.

차클 혹시 국과수에 계실 때 직접 개발하신 건가요?

정 1980년대 후반에는 소변을 통한 마약 검사법, 1990년대 초에는 모발을 통한 마약 검사법을 개발했습니다.

차클 모발에서 어떤 방식으로 약물 성분을 검출하게 되나요?

정 투약받은 약물 성분이 모근을 통해서 머리카락에까지 흡수된다고 보

약물 성분은 모근을 통해 머리카락에도 흔적을 남긴다.

면 됩니다. 이후 머리카락이 자라면서 모발 속의 약물도 자라는 속도에 따라 이동하게 되고요.

차클 머리카락에서는 얼마나 오랫동안 약물 성분이 검출될 수 있나요?

정 머리카락은 한 달에 약 1센티미터 정도 자라거든요. 만약 6개월 전에 필로폰을 맞았다고 하면 모근에서부터 6센티미터 정도 위치에 약물 성분이 남아 있는 거예요. 어떤 약물을 언제쯤 투약했는지에 대한 기록이 머리카락에 남는 것이죠.

차클 그럼 제모를 하면 검출이 어려운가요?

정 검출되지 않을 가능성이 크죠. 그래서 머리카락을 모두 밀었을 경우 다리나 몸의 다른 부분에 있는 털들을 뽑아서 검사할 때도 있어요. 손톱이나 발톱으로도 검사할 수 있고요. 손톱이나 발톱은 자라는 데 시간이 오래 걸리지만 검출은 가능합니다.

차클 우리나라 마약 검사 기술의 수준은 어느 정도인가요?

정　저는 굉장히 높다고 생각해요. 2001년에 유엔 마약통제본부가 국과수를 국제 마약 기준 실험실로 지정했어요. 당시 마약을 실험하는 기준 실험실로 뽑혀 국과수의 실험 기준을 인정받는 계기가 되었습니다. 특히 모발 검사법은 국과수가 갖고 있는 뛰어난 기술로서 말레이시아, 싱가포르도 우리의 기술을 배워 갔어요. 그만큼 국과수의 마약 검사 기법은 세계적이라고 생각하고 있습니다.

차클　그런데 우리나라가 마약 범죄에 시달린 건 언제부터인가요?

정　대체로 우리나라는 마약 청정국이라고 알려져 있죠. 마약 사범 1만 2000명을 기준으로 마약 청정국을 구분하는데요. 최근에는 한국도 그 기준을 웃돌기 시작했어요.

차클　한국도 더 이상 마약 안전지대가 아니라니 안타깝네요.

정　그렇죠. 좀 엉뚱한 얘기일 수 있는데 저는 마약이라는 용어가 우리 일상 속에서 지나치게 오남용되는 것도 마음에 걸립니다. 마약김밥, 마

약떡볶이 등등 마약이라는 용어를 아무렇지 않게 쓰는 문화는 문제가 있다고 봐요. 마약의 위험성과 위해성에 대해 잘 모르는 어린 학생들의 경우 마약김밥이나 마약떡볶이란 말을 들으며 마약을 너무 친숙하게 받아들이지 않을까 하는 우려가 됩니다. 이런 문화는 개선할 필요가 있어요.

차클 공감이 가는 말씀입니다. 그런데 국과수에선 마약 외에 다른 분야 사건에 대해서도 과학 수사를 하잖아요. 가장 인상 깊었던 사건이 뭔가요?

정 연쇄 살인 사건과 관련해 국과수가 중요한 과학적인 실마리를 제공한 사건들이 있습니다. 여러분은 연쇄 살인마 하면 누가 먼저 떠오르세요?

차클 유영철과 강호순이오. 그리고 33년 만에 경기도 화성 연쇄 살인을 저질렀다고 특정된 이춘재도 있어요.

정 유영철은 2003년 9월부터 2004년 7월까지 약 1년 동안 총 20명을 잔혹하게 살해했어요. 강호순은 2006년 9월부터 2008년 12월까지 2년 동안 7명의 여성을 납치, 살해한 사람이고요. 이춘재는 1986년부터 1991년까지 10명이 사망한 채 미궁에 빠져 있던 화성 연쇄 살인 사건의 용의자로 특정됐죠. 이 중 강호순 사건을 국과수가 어떻게 해결했는지 살펴보도록 하겠습니다. 이 사건의 경우 2008년 12월 19일 한 여대생이 버스정류장에서 사라지며 수사가 시작됐습니다. 그런데 정류장 인근 CCTV에 실종 당시 상황이 잡히질 않았어요. 그래서 경찰은 차량을 통해 납치됐을 가능성이 크다고 판단했습니다.

차클 국과수는 그때 수사에서 어떤 역할을 했나요?

정 경찰은 당시 그 일대를 지나간 차량들이 찍힌 CCTV 영상을 국과수로 보냈어요. 영상을 통해 살펴보니 차량 수천 대가 그 근처를 지나갔습니다. 그런데 그 많은 차들 중에서 까만색 차량 한 대에서 운전자가 왼손으로는 운전을 하고 오른손으로는 옆 좌석을 누르는 자세를 취한 것이 보인 거예요. 국과수에서 그런 작은 특징들을 포착해서 경찰에 알려주었고 경찰이 차적 조회를 하게 됐습니다.

차클 대단하네요. 그럼 경찰에서 바로 강호순이 여대생을 납치한 차량을 찾아낸 건가요?

정 문제는 당시 강호순의 혐의를 입증하는 데 필요한 차량이 불에 탄 채 발견됐다는 것이에요.

차클 혐의 차량에 불을 질렀다는 것은 증거를 인멸하려는 시도 아닌가요?

정 네. 증거 인멸이죠. 경찰은 또 다른 증거가 있을 것이라고 생각해 집을 샅샅이 수색했어요. 집에서 오래된 트럭을 하나 발견했고, 그 안에서 점퍼 하나를 발견하게 됩니다. 여기에 무슨 실마리가 있을지도 모른다는 생각에 점퍼를 국과수에 의뢰했어요. 점퍼의 앞면, 뒷면에서는 아무것도 찾지 못했어요. 그런데 점퍼의 소매 끝에서 아주 결정적인 증거를 찾아내요. 누군가의 혈흔을 발견한 거예요.

차클 누구의 피였나요?

정 유전자 검사를 했더니 여성의 유전자로 밝혀졌어요. 그런데 당시 경기도 서남부에서 여성 실종 사건이 여섯 건 정도 더 있었거든요. 주부, 여대생, 서비스업 종사자 등이 피해자들이었습니다. 그 사건들의 정황이 여대생 실종 사건과 흡사했어요. 정류장에 서 있다가 그냥 없어진 것이 똑같았죠. 마침 당시 피해자들의 유전자를 미리 채취해놓고 있었기 때문에 강호순의 집에서 나온 혈흔과 비교를 해볼 수 있었습니다.

차클 그들 가운데 혈흔의 유전자와 일치한 사람이 있었나요?

정 그중 주부의 유전자와 일치했어요. 결정적인 증거를 찾은 것이죠. 이 증거를 강호순에게 보여줬더니 자백을 했다는 이야기를 들었습니다. 자신이 다른 사람들도 모두 죽였다는 자백과 함께 연쇄살인범이라는 사실이 밝혀진 거죠.

차클 결정적 증거가 된 혈흔의 양이 얼마나 됐나요?

정 소매 끝에서 발견된 것은 정말 극소량이었습니다. 1나노그램 정도예요. 1나노그램은 1마이크로그램의 1000분의 1 정도로 정말 적은 양입니다.

차클 그렇게 적은 양을 도대체 어떻게 확인한 건가요?

정 먼저 루미놀 반응에 의해 혈흔의 유무를 확인합니다. 혈흔에 루미놀 용액을 분사하면 푸른빛의 화학 작용을 일으킵니다. 그 반응을 보고 혈흔을 확인할 수 있습니다. 그리고 혈흔을 채취해서 유전자 분석을 합니다. 미량의 유전자를 복잡한 과정을 통해 증폭해 분석하는 것이

268

죠. 당시 점퍼에 묻은 1나노그램 정도의 혈흔에서 유전자를 분리해 확인했다고 하니 1나노그램이 어느 정도인지 기자들이 갸우뚱했습니다. 그래서 당시 국과수의 담당 선생님이 모기 눈물보다도 적은 양일 거라고 했더니 그다음 날 신문의 헤드라인으로 보도가 되었습니다. 이렇게 적은 양으로도 확인할 수 있는 것이 바로 유전자 기술입니다.

차클   정말 대단합니다. 유전자 분석 기술로 화성 연쇄 살인 사건의 범인도 밝혀낸 거잖아요. 과거에는 불가능했던 기술인 거죠?

정   예전엔 수감자들의 유전자 검사를 못 했었어요. 그런데 2010년에 'DNA 신원확인정보의 이용 및 보호에 관한 법률'이 시행되면서 가능해졌습니다. 이 법에 따라 수형인, 구속 피의자, 범죄 현장으로부터 채취한 유전자를 확보할 수 있게 된 덕분에 화성 연쇄 살인 사건의 용의자를 찾을 수가 있었던 겁니다. 아주 중요한 발전이죠.

우리의 과학 수사 수준은 어느 정도인가

"결국 프랑스의 언론에서 프랑스가 너무 오만했다는 내용의 기
사를 게재했어요. 정식으로 사과를 하는 기사를 싣기 위해 국과
수로 취재를 하러 오기도 했고요. 국과수의 기술이 세계에서 인
정을 받는 뿌듯한 순간이었죠."

• • •

차클   국과수의 활동 내용을 좀 더 자세히 알려주시죠.

정   굉장히 다양한 분야에서 수사를 돕는 감정을 하고 있습니다. 또 범죄
단서를 찾을 수 있는 프로그램을 자체적으로 개발하는 등 많은 분야
에서 활약을 하고 있습니다. 예를 들어 위조지폐를 찾아내기도 하죠.
사기도박을 위해 카드 뒷면에 숨겨둔 표식을 찾아내는 프로그램도 개
발했어요. 앞서 얘기한 강호순 사건처럼 CCTV 영상을 분석해서 범죄
단서를 찾아내는 일도 있죠. 거짓말 탐지기를 개발해 수사에 도움이
되는 자료를 제공하기도 했어요.

차클   국과수에서 개발한 프로그램들은 수사 목적에만 활용되는 거죠?

정   맞아요. 수사관들만 수사를 위한 목적으로 쓰게 돼 있어요. 국과수에

서 그런 프로그램을 개발한 이유는 증거물을 채취해서 검사를 의뢰하고 결과를 받기까지 너무 오랜 시간이 걸리기 때문이에요. 그 시간을 단축할 수 있다면 현행범을 잡는 데도 많은 도움이 되니까요.

차클 거짓말 탐지기도 국과수에서 직접 개발을 한 건가요?

정 국과수는 특허를 많이 가지고 있어요. 검사를 받는 사람들의 체형에 맞게 조절할 수 있는 의자를 개발한 것이 한 예죠.

차클 거짓말 탐지기의 작동 방식이 궁금합니다.

정 피부의 전도도(傳導度)나 호흡, 맥박, 동공의 변화 등을 측정할 수 있는 장치예요. 그런데 탐지기 자체가 거짓말 여부를 판단해주는 것이 아니에요. 장비는 몸의 신호를 수치화하는 도구에 불과해요. 그 수치로 거짓말 여부를 판단하는 것은 사람의 몫입니다. 조사 상대의 반응을 어떻게 볼지는 전문가의 판단에 달려 있습니다.

차클 거짓말 탐지기 측정 결과가 법정에서 상당한 비중을 차지하나요?

정 아니요. 그렇지는 않습니다. 법정에서 증거로 채택되진 않지만 수사에선 굉장히 많이 활용되고 있어요. 범인의 범위를 축소한다거나 범죄 사실을 증명하는 데 중요하게 쓰이고 있습니다. 실제로 국과수에서 개발한 거짓말 탐지기에 앉자마자 거짓말을 자백하는 사람들도 나타났다고 합니다.

차클 수사에 도움이 된 다른 장비들도 있나요?

정 2008년 9월 25일 전남 가거도 인근 해상에서 중국 어선을 단속하던 중에 해경이 사망하는 사건이 발생했어요. 당시 박경조 경위가 고무보트를 타고 중국 어선에 승선을 하기 위해 접근하던 중에 중국 선원이 휘두른 흉기에 맞아 바다에 떨어져서 사망했습니다. 바다에 떨어진 박

경위의 시신은 한참 후에야 찾을 수 있었습니다. 문제는 당시 중국 선원이 11명이었는데 누구도 자신이 흉기를 휘둘렀다고 자백을 하지 않았던 거예요. 분명 흉기로 사람을 떨어트린 사람이 있었는데 말이죠. 이를 증명하는 것이 아주 중요했습니다.

차클 그럼 범인을 어떻게 찾아냈나요?

정 해경에서 찍은 동영상이 증거가 됐습니다. 그런데 야간에 촬영한 데다 심하게 흔들려서 식별이 굉장히 어려웠어요. 하지만 국과수의 전문가들이 동영상의 프레임을 하나하나 분리해서 흔들리지 않는 영상으로 다시 편집을 하자 형체가 뚜렷해지기 시작했어요. 그 덕분에 흉기를 들고 해경을 공격하는 중국 선원들의 모습도 분명히 보이고, 그 흉기에 맞아 바다로 떨어지는 박 경위의 모습도 드러났습니다. 그 영상을 중국 선원들에게 증거로 보여주자 영상 속에서 박 경위를 삽으로 내려친 사람이 자백을 했다고 합니다.

차클 어떻게든 증거를 밝혀내는 국과수 같은 기관이 있다는 것을 알면 확실히 범죄를 덜 저지르게 될 것 같아요.

정 맞습니다. 아주 중요한 말씀입니다. 그런데 국과수가 갖고 있는 기술을 너무 많이 알리게 되면 범인들이 수사망을 피해갈까 봐 모든 걸 다 밝히진 않습니다.

차클 지금 말씀하신 것들 이외에도 첨단 기술이 많다는 거죠?

정 당연하죠. 지금 말씀드리는 것들은 이미 다 지난 사건들이니까 알려져도 괜찮아요. 그런 의미에서 국과수의 기술이 세계적으로 인정을 받게 된 사건을 하나 더 소개해드릴게요. 바로 방배동 서래마을에서 발생한 영아 살해 사건입니다. 당시 사건을 해결한 국과수의 유전자 검사 기술이 프랑스의 콧대를 꺾었다는 기사들도 많이 나왔었습니다.

차클 뉴스에서 본 기억이 나는 듯해요. 정확히 어떤 사건인가요?

정 아버지, 어머니, 아들 둘이 있는 프랑스 가족이 한국에서 살고 있었는데 여름에 프랑스로 휴가를 갔습니다. 그런데 남편분이 처리해야 할 업무가 있어 혼자 돌아왔습니다. 그런데 마침 냉동 고등어가 배달됐다고 해요. 그래서 고등어를 넣으려고 냉동고 문을 열었는데 그 안에 까만 비닐로 싸인 꾸러미가 들어 있었던 거예요. 이상하게 여긴 그는 비닐 속에 뭐가 들었는지 확인을 했죠. 그런데 그 안에서 아기 시신이 나온 거예요. 다시 살펴보니 냉동고 다른 서랍에 까만 비닐이 하나 더 있었고, 거기서도 아기 시신이 나왔어요. 여러분이라면 이런 경우에 무슨 생각이 들 것 같나요?

차클 끔찍해서 아무 생각도 안 날 것 같은데요?

정 수사를 하는 사람들 입장에서는 아이들이 죽은 채 태어났는지, 살아서 태어났는지가 굉장히 중요해요. 살아서 태어났다면 누군가에 의해 살해가 된 것이니 살인 사건에 해당하죠. 만약 죽어서 태어났다면 시신 유기에 해당됩니다.

차클 죽은 채 태어났는지, 살아서 태어났는지를 어떻게 알아내나요?

정 아기는 태어나자마자 제일 먼저 숨을 쉬어요. 폐 속에 공기가 있는지 없는지를 확인하면 알 수 있어요. 폐 속에 공기가 없다면 죽은 채로 태어난 것이죠. 국과수에서 부검해보니 두 아기 모두 폐에 공기가 있다는 것을 부검 의사가 밝혀냈어요. 그래서 아기들이 살아서 태어났다는 것을 알 수 있게 되었지요.

차클 수사는 어떻게 진행됐나요?

정 그 상황에서 남편분은 가족이 다 프랑스에 있으니 돌아가겠다고 했습니다. 그 대신 유전자 검사를 할 수 있도록 구강세포 채취에 응했습니다. 국과수에서는 프랑스인 남성의 구강세포에서 검출한 유전자와 아기들의 유전자를 검사했습니다. 그런데 놀랍게도 아이들의 아버지가 그 남성으로 밝혀졌습니다.

차클 네? 그 남성이 아버지였다고요?

정 네. 그 남성이 죽은 아기들의 아버지인 걸로 유전자 검사 결과가 나왔으니 아기들의 어머니가 누구인지도 찾아야 했습니다. 그러나 도저히 어머니를 찾을 수 없어 경찰과 함께 그 집에 있는 생활용품으로 실험을 했습니다. 집 안에서 칫솔이나 머리빗, 귀이개 같은 것들을 찾아내서 추가로 유전자 검사를 실시했어요. 집에 있는 어린이 칫솔에서 유전자를 분리해 아기들의 유전자와 비교했더니 죽은 아기와 어린이들이 형제라고 확인됐어요. 최종적으로 두 아기가 프랑스인 부부의 자식인 것으로 밝혀진 것입니다. 국과수에서 이 결과를 발표하자 프랑스인 부부는 프랑스에서 반박하는 기자회견을 열었습니다. 그러면서 절대 한국의 수사 결과를 믿을 수 없다고 했어요. 유전자 검사 결과가 너무 빨리 나온 것을 오히려 문제 삼았어요. 그러면서 우리나라의 기술을 무시하는 듯한 자세를 취했죠.

차클 결국은 국과수의 수사 결과가 맞았나요?

정 네. 프랑스에서 다시 수사가 시작됐고 요청에 따라 국과수는 프랑스 영사가 지켜보는 앞에서 유전자 검사를 할 수 있는 아기들의 조직을 채취했고, 이 조직을 외교행랑에 넣어 프랑스로 보냈어요. 프랑스의 연구기관에서 실험을 했는데, 그 결과가 국과수의 발표 내용과 일치했

Le Monde

MARDI 17 OCTOBRE 2006

Pourquoi plus personne ne la regardait

佛,'영아유기'사건서 "오만했다" 자성

佛 언론, "서래마을 수사 한국 깔봤다" 반성보도 내보내

습니다. 그러자 프랑스인 여성이 자백을 했습니다. 사실은 자기가 아
기들을 낳자마자 죽였다고요.

차클   아니, 왜 자기 아기를 죽인 거예요?

정   그 여성은 임신을 거부하는 질환을 갖고 있었다고 해요. 남편은 그런
사실에 대해 전혀 모르고 있었고요. 결국 프랑스의 언론에서 프랑스가
너무 오만했다는 내용의 기사를 게재했어요. 정식으로 사과를 하는 기
사를 싣기 위해 국과수로 취재를 하러 오기도 했고요. 국과수의 기술
이 세계에서 인정을 받는 뿌듯한 순간이었죠.

차클   국과수에서 근무하시면서 정말 힘들다고 느낀 적은 언제였나요?

정   기억하실지 모르지만 한국전쟁 이후 최대 인명 피해를 낳았다고 하
는 삼풍백화점 붕괴 사건(1995년)이 그랬고요. 또 괌 항공기 추락 사고
(1997년), 대구 지하철 화재 참사(2003년)도 기억에 남습니다. 대구 지하
철 참사 때는 국과수 직원들 중 3분의 1 정도가 대구에 내려가서 석 달
정도 머물면서 신원 확인 작업과 화재 원인 규명 조사를 했었어요.

차클 화재 현장에서 직접 조사를 하시면 정말 많이 힘드셨겠어요.

정 대구 지하철 화재 때 모든 것이 불타버렸고, 시신들이 뒤엉켜 있어 신원을 확인하기 위해 법의학과 직원분들이 정말 노력을 많이 했습니다. 한 차량을 마흔네 개 구역으로 나눠서 살펴봤는데 한 구획을 보는데 9시간씩 걸릴 정도였어요. 화재로 모든 것이 불타버린 상태에서 유전자 분석을 할 수 있는 시신을 찾고, 신원 확인에 쓰일 유류품을 찾는 작업은 정말 시간이 많이 들고 집중력이 필요한 일이었습니다. 법의학이 중심이 되어 엑스레이를 찍고 치아를 확인하고, 조직에서 유전자 검사를 하면서 돌아가신 분이 어떤 분인지를 확인하는 작업을 했어요.

차클 현장에서 직접 일하는 국과수 직원들의 안전엔 문제가 없었나요?

정 화재 현장에 있다고 한번 생각해보세요. 분진으로 가득하고 화재로 인한 유독 가스가 꽉 찬 곳에서 화재의 원인을 찾는 일을 해야 해요. 밤낮을 가리지 않고 매일같이 라이트를 켜고 현장에서 조사를 하다 보면 각막에도 문제가 생길 수밖에 없고요. 화재 현장을 조사하는 국과수 요원들이 정말 힘들게 일을 하고 있습니다. 그럼에도 힘든 것도 아랑곳하지 않고 화재의 원인을 찾으려고 노력하는 분들입니다. 항상 위험한 환경에서 일을 하기 때문에 안전을 최우선으로 생각하고 있습니다.

차클 그처럼 큰 사고나 범죄 현장을 계속 보면 심리적으로도 많은 어려움이 있으실 거 같아요.

정 대구 지하철 참사 때 정말 안타까운 사연들이 많았습니다. 화재 속에서도 유독 편지 하나가 다 타지 않고 남아서 저희 마음을 울린 경우도 있어요. 가족에게 마지막 사랑의 말을 남긴 편지들이 마음에 깊이 와닿았었습니다.

차클	그렇게 피해자들과 공감하면서 과학 수사를 하는 분들이 계셔서 다행입니다.
정	국과수가 하는 일 중 진실을 밝히는 것이 가장 중요합니다. 바로 과학의 힘으로요. 누구 한 사람이라도 억울한 사람이 없도록 돕는 일이라고 생각해요. 마지막으로 하나의 사건을 소개하면서 강연을 마칠까 합니다. 언젠가 한 여성이 뺑소니 차량에 치여서 사망한 사건이 있었어요. 당시 혐의 차량은 있었는데, 그 차량에서 어떤 사고의 흔적도 찾을 수 없었습니다. 경찰로부터 차량을 인계받아 국과수에서 그 차를 조사하게 됐습니다. 담당자는 차량의 밑면을 테이프로 샅샅이 찍어가며 테이프에 묻어나오는 것을 확인하는 작업을 했습니다. 이렇게 집중력과 끈기로 며칠을 차량과 씨름한 끝에 결국 차량 밑에서 청색 모직 섬유를 발견했어요. 나중에 경찰을 통해 알아보니 돌아가신 여성의 치마와 동일한 섬유였죠. 국과수의 모든 전문가들이 이렇게 억울한 피해를 입거나 안타깝게 돌아가신 분들의 사고 원인을 찾기 위해 묵묵하게 집념을 가지고 최선을 다하고 있다는 점을 알아주시면 좋겠습니다.

출연

연사(~2020년 10월)

유시민, 김형철, 김종대, 장하성, 이국운, 박준영, 전상진, 김상근,

문정인, 정재승, 폴 김, 한명기, 황석영, 조영태, 고미숙, 이정모, 유홍준, 박미랑, 이진우,

이나영, 오찬호, 조한혜정, 이명현, 김병기, 조정구, 정재서, 김준혁, 신의철, 김호,

최열, 김덕수, 호사카 유지, 현기영, 김헌, 정석, 박윤덕, 박현모, 김승주, 이유미,

조영남, 기경량, 임용한, 김광현, 정병호, 이익주, 구수정, 김상배, 박환, 송인한, 조은아,

김원중, 김민형, 김호, 최인철, 강인욱, 최재붕, 정병모, 김웅, 신병주,

전호근, 이상희, 양정무, 주영하, 신동흔, 송기원, 이현숙, 김두식, 강대진, 서희태, 한철호,

김태경, 박종훈, 김석, 박형남, 장이권, 계명찬, 박재근, 조법종, 유명순, 이상욱,

최병일, 전영우, 김문정, 프랭크 와일드혼, 장대익, 정재정, 김이재, 신경식,

김경훈, 강봉균, 박현도, 박은정, 정희선, 유현준, 김누리, 박한선, 민은기,

제레드 다이아몬드, 윤성철, 조천호, 강진형, 김예원, 송병건, 데니스 홍, 원일, 우석훈,

김우주, 박승찬, 장정아, 임석재, 이종혁, 허민, 김선교, 조한욱, 권오영, 표창원,

권김현영, 이재헌, 김결희, 기모란, 천종식, 이성현, 하상응, 신주백, 정재찬,

유혜영, 조대호, 이근욱, 황우창

차이나는 클라스: 의학·과학 편

초판 1쇄 2020년 11월 1일
   3쇄 2022년 12월 19일

지은이 JTBC 〈차이나는 클라스〉 제작팀

발행인 박장희
부문대표 정철근
제작총괄 이정아
편집장 조한별
책임편집 최민경

진행 김승규
디자인 [★]규
삽화 디자인 스튜디오마치

발행처 중앙일보에스(주)
주소 (04513) 서울시 중구 서소문로 100(서소문동)
등록 2008년 1월 25일 제2014-000178호
문의 jbooks@joongang.co.kr
홈페이지 jbooks.joins.com
네이버 포스트 post.naver.com/joongangbooks
인스타그램 @j__books

ⓒ JTBC, 2020

ISBN 978-89-278-1169-5   03110